集人文社科之思　刊专业学术之声

集 刊 名：马克思主义文艺伦理研究
主办单位：河北大学文学院

STUDIES ON MARXIST LITERARY AND ARTISTIC ETHIC

《马克思主义文艺伦理研究》编委会

顾　　问：张永清　赵　勇
主　　编：李进书
副主编：郄智毅　张　芳
委员（按姓氏拼音排序）：
冯燕芳　韩振江　李进书　李世涛　刘　洁
郄智毅　王树江　张　芳

第1辑

集刊序列号：PIJ-2022-462
中国集刊网：www.jikan.com.cn
集刊投约稿平台：www.iedol.cn

第一辑 1

李进书 主编

马克思主义
文艺伦理研究

STUDIES ON MARXIST LITERARY AND
ARTISTIC ETHIC·ISSUE 1

社会科学文献出版社
SOCIAL SCIENCES ACADEMIC PRESS (CHINA)

卷首语

《马克思主义文艺伦理研究》是河北大学文学院马克思主义文艺伦理研究团队创办的学术刊物。它旨在通过建立一个学术交流平台，呈现学界在马克思主义文艺伦理研究方面的相关成果，增进我们对这一较新领域的认知和了解；也期望挖掘马克思主义文艺伦理研究方面富有深意的话题，推进我们在这一学术空间内的探索和对话。其实，在本刊创办和征稿的过程中，我们发现马克思主义文艺伦理这个方向拥有丰富的学术资源，也感受到这个领域蕴藏着许多富有启迪性的学术话题，为此，我们努力将本刊办成一个具有探索性、开放性的学术杂志。

马克思主义文艺伦理是一个涉及广泛又具有核心理念的研究方向，其核心理念便是马克思倡导的人的全面发展。依据这一重要概念，不同学科的学者立足于各自独特理解探索着个体的自由契机和人类整体进步的可能性。由此，此处的伦理（ethic）指向人的自由和解放，这种幸福处境与人的现实行为休戚相关，这也是黑格尔强调"伦理是活的善"的缘由所在。奥斯威辛之前，文艺的伦理功能更多地体现在审美教育上；奥斯威辛之后，文艺担负起更沉重的救赎任务和解放使命，但这从不意味着文艺归属于伦理学，而是表明"文艺伦理"这个视角更有助于我们诊治现代性症候，更有益于我们探索个体成长和人类进步等问题。就此而言，今天我们谈论伦理问题主要包含两方面——个体美德的培养和良善生活的建构，而文艺在其中扮演着不可或缺的角色。整体地看，文艺既以审美教育的方式培养着个体美德，又为个体成长和良善生活建构提供着伦理资源，还以审美形式激发着个体伦理潜能。文艺这三个维度的伦理功能的共同目的自然是人的全面发展、个体的健全成长。

由于马克思主义和伦理都具有跨学科特性，马克思主义文艺伦理研究也带有跨学科特征，因此本刊并不局限于征集单纯文艺领域方面的稿件，而是欢迎不同学科学者给予我们支持。大体上，我们依据本刊的宗旨广泛征集稿件，同时根据投稿专家的选题及时地调整本刊的栏目设定；我们在不断学习过程中提升对"马克思主义文艺伦理"的认识，同时在与不同学科学者交流中拓展对这个研究方向的理解；立足于马克思的"人的全面解放"观念，我们探究文艺中的伦理资源，也从跨学科的研究成果中发掘文艺的现实价值。我们相信在大家的帮助下，《马克思主义文艺伦理研究》集刊能够在逐渐形成自己特色的基础上，推动马克思主义文艺伦理研究，促进马克思主义文艺理论发展；我们也期望通过这个交流平台，丰富对马克思主义文艺伦理基本命题的研究，同时也能不断地发现新的话题，为更多人共享，既成就个人的学术地位，也推进这些话题的深入。

《马克思主义文艺伦理研究》编辑部

2023 年 1 月 19 日

目　录

现代性伦理批判与审美救赎

现代性语境中文艺的伦理责任 ·················· 李进书 / 001
阿伦特："平庸之恶"与意志伦理学 ·············· 韩振江　李　颖 / 018
后现实主义及其伦理维度
　　——遵循现实主义的批判逻辑及建构方式 ············ 陈开晟 / 031
不可能的酒神政治：朗西埃对德勒兹的解读 ············ 饶　静 / 051
格林伯格文学批评中马克思主义思想实践及其价值 ······ 王树江 / 071

卢卡奇戏剧理论与艺术伦理思想

青年卢卡奇对匈牙利戏剧的批判 ·················· 秦佳阳 / 086
卢卡奇《审美特性》的艺术伦理思想探微 ············ 闫媛媛 / 102

艺术哲学与技术伦理反思

如何思考文学：马舍雷的"文学哲学" ·············· 刘　欣 / 115
现代艺术的三次转向：重建审美意识的尝试 ············ 张　彤 / 129
数字劳动价值理念及其审美反思 ·················· 冯燕芳 / 143

马克思主义文艺理论中国化

马克思主义与陈独秀的文学批评 …………………… 李金花 / 163
河北马克思主义文论研究流脉探微 ………… 胡镏生 曹桂方 / 175
中国阐释学对当代文艺批评发展方向的启示 ………… 郄智毅 / 193

中国美学与审美正义

方正为善　神采飞扬
　　——《爨宝子碑》之美学思考 ………………… 周子牛 / 208
《春秋繁露》"中正"美学的精神生成及其伦理规定性 … 刘　洁 / 226

笔谈：当代文艺批评和文化伦理研究

新媒体"大众批评"的价值与隐忧 ………………… 孟　隋 / 250
中国现代民间文学批评话语生成简论 ……………… 张琼洁 / 259

笔谈：希望风景与生态伦理美学

论恩斯特·布洛赫"希望风景"美学 ………………… 张　芳 / 270
人类纪的希望风景
　　——论罗宾逊《2312》中太阳朋克式的地球化生态
　　构想 ……………………………………………… 王　珊 / 285
生态伦理视域下的风景审美
　　——论当代西方自然美学的"如画"批判与风景审美
　　重构 …………………………………………… 冯佳音 / 294

书 评

开启事件之思
　　——读刘欣《事件的诗学：保罗·利科的"事件"概念》
　　………………………………………………… 崔国清 / 302

河北大学文学院·"马克思主义文艺伦理研究团队" …………… / 307

本刊稿约 ………………………………………………………… / 309

❈ 现代性伦理批判与审美救赎

现代性语境中文艺的伦理责任[*]

李进书[**]

摘　要：整体地看，在现代性中，文艺所担负的伦理责任包括：培养个体悯爱和团结等意识与观念，为个体发展和良善生活建构提供思想资源，激发个体的伦理潜能。文艺的这些伦理责任既是它主动参与伦理建设的体现，也是现代性症候对它的召唤。而在解答和解决现代性伦理问题的过程中，文艺经历了由自为到自主以及自反的变化和更新，现代性则因文艺的监督和救赎而避免了一些灾祸和报复。未来，文艺仍将在担负现代性的伦理使命中进步和变革，而良善生活将会以更高级形态为人类提供自由契机和团结的可能。

关键词：现代性；文艺伦理；良善生活；自主；团结

自进入现代性之后，文艺便被赋予了更多、更沉重的伦理责任，某种程度上，这使得伦理内化到文艺的创作和鉴赏中，使得人们很自然地把伦理视作检验文艺作品和文艺批评的价值的一个标准。整体上讲，在现代性语境中，文艺体现出三种伦理功能：以审美教育方式使人实现道德提升和相互团结；为个体成长和良善生活建构提供思想资源；激发个

---

[*]　项目基金：国家社科基金重大项目"人类命运共同体视域下的 21 世纪西方激进左翼文论批判研究"（批准号：20&ZD290）。

[**]　李进书，河北大学文学院教授，主要研究方向：西方马克思主义文艺伦理思想。

体的伦理潜能，使其以自主的（autonomous）方式参与良善生活的建构。这三种伦理功能具有交叉性，彼此并不孤立，它们的共同目的是培养出富有自主性的个体，营造一个团结的良善生活，使个体拥有诸多美德和创造力，使社会能更有效地应对多种风险的威胁。这里，我们之所以在"现代性语境"中谈论文艺的伦理作用，很大程度上是因为文艺的很多伦理功能是在现代性语境中才得以凸显的，或者说被人重新阐释的。这些伦理责任和解放使命并非文艺发展和创新的桎梏与枷锁，相反，它们是文艺内在生命力的体现。富有自主性的文艺（作品）在遵循自我法则的基础上，培养着健全的人，推动着良善生活走向更高阶段。

一 文艺的三种伦理功能

就人类幸福的达成和良善生活的建构而言，文艺的伦理作用主要体现在三个方面：通过审美陶冶和审美反思来提高个体的道德水平和增进他们的团结；为良善生活建立提供伦理思想资源，也给予建构者以信心和希望；唤醒个体的伦理潜能，为良善生活探寻动力，也进行着道德监督。这三方面并不孤立存在，而是具有一定交叉性，它们代表着文艺在现代性中的责任和使命。这些责任和使命由作家与理论家等共同担负，他们在共同彰显文艺的自主性的同时，也通过这些伦理责任和解放使命展现着文艺的社会性。

在现代性语境中，审美教育的重心为如何使个体拥有美德、怎样增进个体间的团结，不过，由于现代性不同阶段的时代症候并不一致，因此美德和团结的意蕴呈现多元化和复杂化。在某种程度上讲，现代性是一个制造问题和创造事件的空间，如此起彼伏的局部战争、毁灭性的世界大战、危害巨大的自然灾害、殖民问题以及文化歧视等，这些事件造成了人们财产的损失，致使无数鲜活生命牺牲。知识分子在批判这些问题的基础上，不间断地反思着人们的伦理道德，在他们看来，这些破坏性的事件与人的道德失范、伦理败坏休戚相关。这意味着现代性的审美教育很大程度上是以病理学方式进行的，是带着具体的现实使命展开的，其核心集中在个体美德和人类的团结上。这一点在现代性初期就被知识分子注意到，例如席勒的《审美教育书简》（1795）[1]和康德的《论永久和平》（1795）等都强调了美德和团结的重要性。不过，他们此时的观点更多的是为文艺立法，并不会想到其后文艺要担负怎样的重任。这种重任不仅指文艺始终将个体伦理和人类道德的培养视为己任，更主要指文艺需要依据时代症候来确立它的具体审美教育责任。总的来说，在"个体美德"方面，文艺期望个体：抵制物化的侵蚀，保持亲情和友情等；抗拒工具理性的控制，保持全面发展；减少傲慢和偏执，注重对传统和经验的继承与保护；警惕外来文化的同化，保护自己文化的独立性；提防大众文化和权威的愚弄与控制，捍卫自己的独立判断和良知；尊重异质文化，养成包容和宽容的心态等。这些审美教育责任并不是同时出现的，它们大体上分散于现代性的不同阶段或不同时期，例如"提防大众文化的愚弄"凸显于20世纪30年代至50年代，但是今天它们都化为文艺审美教育所书写的内容，而且文艺可以自主地选择探究哪一方面内容。从今天来看，这些审美教育的最终目的都是期望个体拥有健全的本质力量[2]，确立起自主人格和独立判断，具有悯爱意识、正义感、包容心态和团结观念等。在"个体间的团结"方面，文艺关涉：某个族群的团结；某个文化共同体内部的互助友爱；不同文化群体之间的相互尊重和共同合作以及整个人类当下和未来的团结等。这些团结涉及不同的地域和群体，但是它们最终目的是达成人类的团

---

[1] 某种程度上，席勒是较早提出审美教育观念的文艺理论家。他的这种审美教育观念无论是对当时的文艺创作，还是对今天的文艺创作以及文艺研究，都具有不可忽视的影响。他使我们看到文艺在培养个体美德和营造温馨与团结的伦理生活方面的不可替代作用。

[2] 关于人的本质力量，马克思如是说："眼睛对对象的感觉不同于耳朵，眼睛的对象是不同于耳朵的对象的。每一种本质力量的独特性，恰好就是这种本质力量的独特的本质……因此，人不仅通过思维，而且以全部感觉在对象世界中肯定自己。"《马克思恩格斯文集》第1卷，人民出版社，2009，第191页。其后，无数知识分子基于马克思的人的本质力量观点来诊断时代症候、探究人类解放的契机。

结，使人们共建共享一个安全、温馨的生活家园。文艺在个体团结这方面所担负的责任主要是：阐述和挖掘个体的共同传统、强调他们的共同追求，也凸显他们共同面对的困境，进而阐述他们合作和团结具有哪些益处。

在作为良善生活建构的思想资源方面，文艺可谓一个取之不尽的宝藏，它为人类的这种共同生活提供了"团结""反思"等资源，为人类家园注入了和谐的因素，赋予了光明的前景。进入现代性之后，人们建设良善生活的愿望较之传统社会更强烈些，尤其经历了奥斯威辛集中营事件之后，人们更积极、主动地参与到这种共同生活的建设中，同时良善生活的重要性也更为突出。因为这种生活环境和伦理空间倡导平等、自由和公正等，它可以最大限度地发挥个体的自主性、协调不同文化群体的关系，从而既避免奥斯威辛这样的悲剧再次发生，也可以以更高的集体智慧应对风险的威胁和创造一个团结的公共家园。在建设良善生活的过程中，理论家们从不同学科中吸收了理论资源，其中，文艺就是一个不可或缺的资源宝库。这里需要说明的是，文艺本身就是良善生活的内在组成部分，它体现着人们的审美判断力，同时，文艺与科学和伦理或法律共同参与着良善生活的建设，这三者缺一不可。公允地讲，理论家们从文艺中汲取了很多伦理思想资源，例如，"团结"和"反思"。不言而喻，团结对于个体、文化群体以及人类都是非常重要的，它有助于人们消除隔阂和冲突，凝结出一种集体力量和整体智慧，共同应对困境和一起营造一个温馨的环境。而在建构良善生活的过程中，理论家们发现文艺作品中蕴含着丰厚的"团结"资源，这些资源有益于我们探索一种规范的团结观念以及增进人们的交往和团结。例如雷蒙·威廉斯发现1780~1950年英国的许多文学作品都谈及了团结和共同体，它们在不同程度上都认为团结能够消除阶级差别和身份差异，能够促进一种多元性的共同体确立，能够达成所有人共同富裕和共同进步的愿望。基于这样的理解，威廉斯指出："团结观念把共同利益定义为真正的自我利益，认为个体的发展只有在共同体中才能得到检验,因此这种观念是社会潜能的真正基础。"① 另外,萨特的《什么是文学?》(1948)和伊格尔顿的《文化的观念》(2000)等从不同角度阐述了团结的含义,它们都可以作为良善生活的思想资源。

至于"反思"的重要性,它既是每个自主个体应有的意识和能力,体现了我们的主体性又制约着我们的主体性,也是每个社会应有的机制和人类必备的观念,它有助于我们避免一些人为灾祸,减少财产损失和生命牺牲。尤其自奥斯威辛之后,人们更懂得"反思"在个体幸福和人类福祉方面的重要程度。对于"反思",康德和本雅明等都有过精辟的论述,比如康德在指出反思判断力是得之于自身也为自身确立法则的基础上,强调了审美反思判断力个体的高级智性情感、高级纯粹感知能力的体现。② 在门克(Christoph Menke)看来,康德的审美反思富有伦理指向,它有助于人们确立自主观念和实施其自由,"从这个意义上讲,我们可以将审美视作一种成功生活方式的一个'象征'。审美这种象征用途将具有两层意义:从理论上讲,作为对生活这一维度的关注;从实践上看,作为对这种形式的自由的运用和强化"。③ 从当代理论家建构良善生活的热情和自信来看,有一部分原因在于今天的社会已经确立了自我反思机制,它能够依据民众的诉求与意愿进行自我调整和不断进步,能够凸显民众的主体性和创造性。而文艺所蕴含的反思思想无疑为个体反思和社会反省提供了可信的资源。

在激发个体伦理潜能方面,有深度的文艺作品既可以通过召唤个体自主阅读而培养起他们独立判断的能力和自主人格,也可以邀请多人共同阅读而使他们养成协商和合作的意识,而文学场则可以增强人

---

① 雷蒙·威廉斯:《文化与社会:1780—1950》,高晓玲译,吉林出版集团有限责任公司,2011,第 343 页。
② See Immanuel Kant, *Critique of Judgement*, trans. by James Creed Meredith, Oxford: Oxford University Press, 1952, p. 348.
③ Christoph Menke, "Aesthetic Reflection and Its Ethical Significance," *Philosophy & Social Criticism*, Vol. 34, No. 1-2, 2008, p. 62.

们的自由和民主观念。早在古希腊时期，亚里士多德就指出：悲剧富有激发个体伦理潜能的作用，因为观赏者在观看善良的人遭遇命运不公时，会涌现同情和悲悯情感。这些情感会潜在地影响观赏者的观念和意识，有助于塑造他们良好的品行。不过，只有进入现代性之后，文艺才充分地展现其激发个体伦理潜能的功能。原因在于，此时的文艺具有了自主性，这种自主性使得文艺可以依照自我法则进行创新和反思，也使得文艺能以其审美形式自主地参与到良善生活建构中。结果，既产生了大量的自主作品和有深度的著作，也使得文艺创作和审美活动内在地蕴含着伦理作用。在个体层面上，这些有深度的文艺作品拒绝人们自动阅读（automatic reading），但欢迎自主阅读，也就是期望人们通过文本细读获得各自对这些作品的独特理解和深刻认识，鼓励人们破解作品中的谜团、穿过作品中的迷宫。虽然这样的自主阅读费时耗力，但是它能培养人们的独立判断能力和自主人格，使他们能够在社会中保持和彰显其低限度的良知和正义感。反之，那些讨好大众的文化工业弱化了人们的判断力，也淡化了他们的良知和正义感，从而造成了无数冷漠的人和诸多权威的帮凶。在个体的层面上，那些富有密度和深度的作品召唤多人共同阅读、一起破解其中的谜团。在此过程中，他们协商、交流和争论，最后形成了对此作品的意义和价值的共同评价。在韦尔默看来，这种共同阅读以及一起品赏的行为可以增强这些参与者的协商和合作意识，从而促进他们在日常生活中与他人协商和合作，共同应对困境和营造一个团结的氛围。[①] 在某种程度上，这种共同阅读行为建立在现代性语境中，因为在理论家眼中，能承受起共同阅读的对象是乔伊斯和普鲁斯特等人的作品，它们内部充满了谜团和空白，考验和提升着读者的耐心和智力。而在文学场的层面上，文艺活动所构成的空间既鼓励着参与者进行自由创作和自由鉴赏，使他们发挥出各自的创造才能和

---

① 参见李进书《韦尔默后现代文化伦理思想研究》，《河北大学学报》（哲学社会科学版）2022 年第 2 期。

审美鉴赏力，也给予着每部作品和每种评价以平等尊重，使创作者和鉴赏者的审美经验拥有平等的展现的机会和空间。这种文学场在增强人们的自由和民主意识的基础上，也可以将这种自由和民主的氛围移植到现实的伦理生活中，从而对后者的内在结构形成一种潜在的影响。

二　文艺的伦理性：文艺的自主性表现和现代性症候的召唤

相较于传统社会而言，现代性中的文艺担负了更多、更重的伦理责任和解放使命。这些责任和使命，一方面是艺术自主参与良善生活建构的体现，在此过程中，艺术自身发生着改变和更新；另一方面，它们表明了现代性时常为危机所困，需要文艺和科学等为其提供解答的方法和解决的路径。文艺的三种伦理功能的共同目的就是培养出具有自主人格的个体，使他们拥有悯爱、团结和协商等意识，并且能通过反思完善自己的道德；营造出一个包容的、多元正义的生活空间，为不同个体和不同文化群体的不同诉求创造实现的条件和可能。

文艺之所以要自主参与良善生活的建构，既在于文艺在一定程度上扮演着立法者的角色，它的许多观点和理念富有启发性与指导性，也在于它担负着现代性监督者的身份，它的许多观念和概念能够校正伦理生活的虚假与偏执。我们知道，现代性确立的后果之一，便是文艺拥有了自主性，这种自主性是无数创作者和理论家长期探索和艰苦奋争的收获，而非某种外在力量恩赐之物。依据自主性，文艺，一方面扮演着为现代性和良善生活立法的角色。这里面，既涉及良善生活的内在构成和其终极追求，也关涉着个体美德的内涵和形成过程。这种立法的需求主要在于现代性是一个令人憧憬但又未知的新阶段，而且还潜伏着许多令人担忧的因素，为了给人一种较清晰的世界图景，许多富有敏锐意识的知识分子扮演着言说现代性的急先锋。对于个体，他们认为现代人应富有自由和博爱意识，应具有合作和团结的观念；对于现代性，他们洞察到它的二律背反性,"现代性就是过渡、短暂、偶然,就是艺术的一半,另一半是永恒和不变"①;对于良善生活,他们强调它应以现实的人为中心来建设,并把实现人类解放和人类团结视作终极目标。正因为文艺积极且创造性地率先言说和探究现代性与良善生活,为此,哈贝马斯称赞文艺和审美现代性为现代性确证中的急先锋。需要注意的是,在哈贝马斯的论著中,这是为数不多的对文艺的肯定,总体上,他对文艺持质疑和否定态度。另一方面,文艺扮演着现代性和伦理生活的监督者的角色,对它们的非理性行为进行批评和反思。文艺依据人的健全发展为现代性和伦理生活立法,同样它也以人的全面发展来评判现代性的功绩和伦理生活的合理性。众所周知,现代性主要依靠科技理性来发展,科技理性追求效率但忽视个体的牺牲,这也致使现代性陷入追逐新技术、高效率的窠臼中。虽然现代性获得了极大的物质成功和科技胜利,但是它对个体的健全发展和生态环境的漠视造成了个体的异化和人类生存家园的严重破坏。而富有自主性的文艺一直以监督者的身份批判和反思着现代性,而且它能预言人类灾难的发生。在揭示个体经验贫乏和人类道德败落的基础上,本雅明预测不久之后战争将不约而至。② 至于伦理生活,以往主要是权威依据其主体意志或假借人民的名义来构想和实施的。这样的设计曾经显示出一定的凝聚力,但主体意志的膨胀造成了伦理生活的偏执化和同一化,致使其呈现虚假、全面控制等缺点,导致了奥斯威辛这样的悲剧。对此,理论家揭示了一些真相:"错误生活不能正确地过活"③,同时他们又积极地进行着审美救赎。他们认为,自主艺术和本真作品能够保护个体的本质力量,能够培养他们独立的判断力和健全的道德观,从而使他们展现出良知和团结能力。

从现实意义上讲,文艺之所以担负起越来越重的伦理责任,是因为

---

① 《波德莱尔美学论文选》,郭宏安译,人民文学出版社,1987,第485页。
② 参见本雅明《经验与贫乏》,王炳钧、杨劲译,百花文艺出版社,1999,第258页。
③ Theodor Adorno, *Minima Moralia: Reflections on a Damaged Life*, trans. by E. F. N. Jephcott, London and New York: Vorso, 2005, p.39.

现代性诸多问题都与人类的伦理失范休戚相关，而在拯救人类伦理方面，文艺的角色和身份是其他学科不可替代的。从某种程度上讲，现代性有着鲜明的两面性：它的成就自不待言，而它的问题同样令人记忆深刻。其中，具有典型性的症候有：奥斯威辛集中营事件、文化冲突问题以及生态恶化境况等。对于这些问题，我们可以对某些始作俑者进行批评和指责，但是从根本上讲，它们与人类伦理失范密不可分，与人类短视和偏执关系密切。为此，理论家倡导以伦理学视角审视和反思现代性这些症候，也提倡从不同领域为重塑个体道德和重构良善生活汲取理论资源、思想动力以及合理的方法。由此，这在世界范围内，带来一种意义深远的"伦理转向"（ethical turn）。通过这种伦理转向，人们对现代性的症候有了更清晰的认识，例如对于"奥斯威辛事件"，理论家的思考重点在于：是什么造成了个体冷漠和偏执，是什么导致了一种错误生活的出现、一种虚假社会的形成？对此，政治学家、伦理学家以及文艺理论家等都开具了药方，大体上，他们都倡导培养个体的自主性，并依据自主个体的需求来建构良善生活。而在此中，文艺理论家认为，文艺能够通过保护个体的本质力量，使他们自己确立其自主性，并主动地参与到良善生活的建设中。关于"文化冲突问题"，伊格尔顿指出，一些别有用心者假借文化优劣之名制造着冲突和战争，造成了大批的难民和无数牺牲者，同时也引发了报复和恐怖行为。实质上，"文化不仅是我们赖以生存的事物。而且在很大程度上它也是我们为此存活的东西。情感、友谊、记忆、纽带、地点、共同体、情感履行、智力享受、一种终极意义的感受：它们比人权宪章或贸易协议更接近我们多数人"。[1] 对此，我们可以通过探寻和强调个体之间、不同文化群体之间以及整个人类之间这些共享的因素以及共同需求，同时发挥文艺的审美教育和交往中介的作用，培养人们的包容和宽容的品行，从而逐步确立起一种多元文化共存的良善生活。至于"生态恶化"，理论家们更多把它

---

[1] Terry Eagleton, *The Idea of Culture*, Malden and Oxford: Blackwell Publishing, 2000, p.123.

归结于人的无教养。可以说，现代性既赋予了人以主体性，也放纵了人的主体性，这使得人自以为是自然的主宰，可以肆意破坏生态和任性盘剥自然资源。结果，招致了自然的报复，承受着多种自然灾害的威胁。

文艺的这种伦理性表现拉近了文艺与伦理的关系，使得许多理论家兼顾文艺研究和伦理探究等多重责任；同时凸显了文艺与伦理的共通性，这些共通性有助于我们从不同维度认识人的幸福诉求。文艺基于责任和使命对现代性伦理问题的关注，对文艺与伦理的关系以及对现代性的发展都产生了积极影响。其中，在"文艺与伦理的关系"方面，从理论家的身份上讲，我们发现许多人兼有文艺理论家、伦理学家和哲学家等多种角色，他们是兼顾着文艺、伦理和哲学等研究的星丛式思想家。例如康德、黑格尔、阿多诺和韦尔默等，他们都有研究文艺和伦理的专著，他们在对文艺的审美特征和基本法则进行深刻且独特阐述之外，也对伦理作了精要的分析，如康德指出，自主是个体为自己立法的独立行为；黑格尔认为，伦理是"活的善"。这使得他们在每个领域的研究成果都交织着其他领域的内容，我们需要将他们的文艺观或伦理观放在一个更广阔的领域内分析和研究。反过来，我们通过整体审视他们这些论著，能够对某一阶段的伦理生活形成一种整体性认识，也可以为将来的伦理生活建设提供经验和思想资源。从这些星丛式理论家的文艺论著来看，一方面，他们认为单子式作品就是一个微观世界，就是一个完整的世界图像，里边涉及了人类生活的基本构成要素，蕴含着对人类处境和整体解放的思考，"从荷马到高尔基，诗人们总是从具体的人和具体的人的关系出发。这些为它们的读者提供了陶冶的'认识你自己'，并且在这里微观宇宙的镜子中，适应于几千年来的宏观宇宙的历史，表现出具有任一现实所可能需要的历史意义的映象"。[1] 另一方面，他们的论著，或者挖掘着文艺中的伦理因质，以此肯定文艺富有真理有效性，在这方面，韦尔默与哈贝马斯有过论争；或者将文艺安置于

---

[1] 卢卡奇：《审美特性》（下册），徐恒醇译，社会科学文献出版社，2015，第1222页。

良善生活建构中探讨，这样既可以凸显文艺的重要性，也能够探寻出良善生活对文艺新的要求，例如门克认为尼采的《快乐的科学》就在思考着良善生活的问题，"向艺术家学习意味着采用艺术家方式来行事——只要'更睿智'——使用从艺术家那里学来的'力量'去回答某种不同的问题：睿智问题、哲学问题、关于良善生活的问题"。[①] 至于在"现代性发展方面"，文艺既为现代性探寻着发展的动力，也为它的发展提供了经验教训。在现代性最初的自我确证阶段，文艺倡导以人为中心建构此岸世界，这使得现代性获得了巨大生机和无限活力。而在现代性继续发展层面上，文艺则将自主个体看作伦理生活的基石和主体。由原来普遍意义的人转到自主个体，这是文艺以及现代性的一个进步，因为奥斯威辛事件在很大程度上就是因为某个超级主体僭越了民众的权利，从而给人类造成了不可估量的破坏。而"自主个体"这个概念强调每个个体都是独立判断的自主体，而非权威的仆从和强权的附庸。以自主个体为基础的伦理生活，既可以充分发挥他们的创造力，也能够有效避免超级主体的重现和同一性死灰复燃。而且立足于自主个体谈论现代性，更有助于展现文艺的伦理作用。这些自主个体具有自主阅读、自主书写和自主鉴赏的意愿与能力，这就有益于文艺对其进行审美教育和激发其伦理潜能。这也是当代文艺理论家有信心谈论文艺伦理的原因所在，这一点，我们可以从阿多诺、伊格尔顿和朗西埃等人的文本中可见一斑，他们在不同程度上基于创作者的自主书写和接受者的自主鉴赏来谈论文艺不同的伦理功能，使我们看到文艺在个体成长和伦理生活发展方面的整体作用。除此之外，文艺还为现代性发展提供了许多经验教训。无论是作为现代性的清醒剂，还是作为社会的反题，许多文艺作品和论著以一种反思立场和预言方式为我们揭示了人类某种偏执行为隐藏着的诸多危机。这类作品带有反乌托邦色彩和特

---

① Christoph Menke, *Force: A Fundamental Concept of Aesthetic Anthropology*, trans. by Gerrit Jackson, New York: Fordham University Press, 2013, p. 83.

征，它们虽然不能带给人类以快意和自豪，但是能使人类沉静下来，反思当下的一些非理性行为，从而减少一些人为的灾祸，同时也可使人类未来少些报复和惩罚，共享一个团结的家园。为此，詹姆逊在设计人类未来共同体时，强调奥威尔等人作品的重要性。

三　文艺自主发展与更高级的良善生活

虽然文艺的监督和救赎功用使现代性避免了一些危机，但是基于科技理性发展的现代性仍旧问题不断，这意味着文艺的伦理责任依旧沉重，且会增添些新的使命。而在解答这些伦理问题的过程中，文艺依据自身逻辑和社会症候不断地发展和更新，呈现了不同形态，具有了更多样的救赎方式和解放手段。在不同学科的合作下，人类将会拥有更大的自由，将会共享更高级的良善生活。

就文艺的发展而言，它大体上经历了自为（fürsich）、自主和自反（reflexivity）等阶段，每个阶段的文艺担负着相应的伦理责任，承担这些伦理责任也使得文艺拥有了多种救赎方式。历时地看，文艺自为主要指文艺逐步拥有了自我意识，文艺尝试以单子形式与科学等一起构建彼岸世界。在卢卡奇看来，现代性初期阶段，文艺的伦理功能就是将人从宗教控制中解放出来，使之成为世界图景的绘制者和享有者。在某种程度上，文艺自为是文艺自主的雏形，它培养着个体的自我意识，营造着以人而非神为中心的伦理生活。文艺自主重点指文艺基于自我法则进行创作和鉴赏，通过审美形式实施救赎个体和解放人类等使命。从阿多诺等人的角度看，文艺自主原初凸显着资产阶级的自由意识，"它的自主性，即逐渐独立于社会的特性，是资产阶级自由意识的一种功能，这种意识本身有赖于社会结构"。[①] 而进入整合程度日趋紧密的极权社

---

① Theodor W. Adorno, *Aesthetic Theory*, trans. by Robert Hullot-Kentor, Minneapolis: University of Minnesota Press, 1997, p.225.

会后，文艺在坚守自我法则和捍卫其本真性的基础上，努力地培养个体的自主人格，揭示极权之下生活的欺骗性、野蛮性。至于文艺自反，主要指文艺对自身的反思和突破，以此，文艺加强了对偶然性中个体生存状态的揭示，进而为人类的未来团结找到更多契机。在某种程度上，文艺自反是文艺自主更高阶段的表现，它体现了拥有自主性的文艺对自身的持续反省；通过自反，文艺增加了对"小语言的"运用和对自身的重复，加强了对偶然性的分析和对未来的探究，从而期望人类未来的家园少一些人为灾难，多一份合作和团结。[①] 虽然文艺自为、文艺自主和文艺自反并不完整地呈现文艺的历史发展过程，但是在某种程度上，它们基本上展现了文艺的发展和变化；这里面流溢着文艺的自我意识和自主观念，也蕴含着现代性不同阶段的个体的自由求索和幸福诉求；从中，我们看到现代性的不同症候和人类不同形式的困顿，也看到文艺为个体自由和人类解放所做的努力，更看到文艺为人类幸福赢得的希望和动力，当然，文艺也由此拥有了多种救赎方式和解放手段。今天，人类整体上处于反思现代性阶段，曾有的神学束缚、极权统治已淡出人们的视野，不过，它们还在世界某个角落里闪现着魅影。现在，人们面对的主要问题是如何构建多元正义的良善生活，以便能更合理地处理多元文化共处，更有效地应对多种风险的威胁。而在这些问题上，富有自主性的文艺既以审美教育的方式培养着人的自主意识、反思观念和团结精神等，也为个体美德和良善生活的建立提供着伦理资源，还激发着个体的自由、民主和协商等意识。正是基于文艺以往的功绩和其现实的生命力，所以我们肯定地说：不同形式的文学终结论只是文艺发展过程中的插曲和闹剧罢了，文艺依旧在场，且不可缺席。

文艺的这些伦理表现促使人们反思着重大事件，增强了人们对各自自主性的认识，增强了我们对本真生活的理解。对于文艺以往的功绩，自不待言。由于文艺的批判和救赎，现代性避免了一些危机，人类

---

① See Fredric Jameson, *The Ideologies of Theory*, London and New York: Verso, 2008, p.458.

避开了一些灾祸。而就今天的语境来讲，人们把多元正义良善生活视作主要追求目标，期望能共享一个相互尊重、彼此包容的家园。人们之所以对这种家园有着强烈愿望，是因为，一方面，曾经的历史教训深刻、沉重，某些极权者使用文化欺骗等手段制造了一个错误生活和虚假社会，从而造成了个体道德麻木、性格偏执，酿成惨绝人寰的奥斯威辛悲剧。在理论家看来，错误生活的出现、奥斯威辛事件的发生很大程度上，与民众所受的教育和所处的文化环境休戚相关。这种教育和文化环境排斥差异和独立思考，赞赏同一和平庸，结果，造成了虚假的团结和偏执的集体力量。为此，阿多诺等人在反思奥斯威辛事件时，不同程度上论述了教育对个体美德培养的重要性，尤其强调了儿童时期的教育是减少暴力、增进团结的关键阶段。"唯一具有全部意义的教育是一种指向批判性的自我反思的教育。但是依据深刻的精神分析的研究，所有个性，甚至包括在以后生活中承认暴行的人的个体，都早在其孩童时期就已经确定，因此希望阻止这种重复（the repetition）的教育方式就必须集中在人的孩童时期。"[①] 从根本意义上讲，阿多诺不相信一个错误生活能培养出富有自主判断能力和美德的个体，相反他认为，只有在良善生活中才能有效地评价个体的品行和社会的公正。正是立足于阿多诺的良善生活观念，其后的理论家将这种完善的伦理生活视作个体的自由之所和人类团结的家园，他们依据自己的理论需求和解放兴趣构建出各自的良善生活理论，如哈贝马斯将包容和宽容等作为良善生活的核心原则，门克将平等和团结看作良善生活的主要宗旨等。另一方面，当代的文化矛盾和信仰冲突推动了人们对多元正义良善生活的构建，这些矛盾和冲突除了本身影响人们的生活之外，它们还会引发大规模的社会运动，给人们造成物质损失和生命的威胁，而最有效的解决方式便是营造一种多元文化共存的良善生活。在这里，不同文化群体都得

---

① Theodor W. Adorno, *Can One Live After Auschwitz*? trans. by Rodney Livingstone and Others, Stanford: Stanford University Press, 2003, p. 21.

到平等尊重，异质文化的特殊诉求能得到辩护的机会，人们相互协商、共同合作，以集体智慧应对风险和为未来赢得前进的动力。在认可这个共同目标的基础上，不同理论家所商榷和论争的只是何谓规范的多元正义良善生活，如何建构这种共同生活？有的理论家基于文化多元来阐述正义多元，他们认为，一个公正的社会应该保证每种文化的平等地位、应该给予它们的价值以公正的认可；有的理论家则立足于个体的完整性来论述正义多元，他们相信，个体完整有助于他们在良善生活建构中彰显其自主性和创造力，从而形成更高级的集体智慧。虽然理论家们对多元正义良善生活有着不同的看法，但是他们都强调应该立足于自主个体构建这种伦理生活，因为由此建立的良善生活才可以称得上本真生活[1]，才可能达成自主个体的伦理诉求，也促使自身走向更高阶段。

这种更高阶段的良善生活是一种具体的乌托邦，它依旧由科技、法律或伦理与文艺等共同建构，而担负多种伦理责任的文艺促使良善生活进行着内在革命和持续进步。有别于过去的理论家以一种完美方式称谓完善的伦理生活，当代的很多理论家则采用比较级方式来界定人类为之奋斗的美好前景，例如霍耐特和弗斯特等人都使用了这种表述方式。用比较级的良善生活称谓人类下一阶段的幸福人生是客观的，因为以往的历史经验告诉我们，此岸世界和地上之城无法实现十全十美，人们总是在自省和完善生活环境中蹒跚而行。而且这些年的文化问题以及偶然性冲击证明了我们的生存环境还无法达到一种完美的境地。因此采用更高级的表述方式是一种智慧行为，它既肯定了人类为之奋斗的成就，比如良善生活这种理念已经为人接受和受人重视，这种共同生活的内在构成大体上已确立——个体美德和社会公正，也指出了人类进步的目标，那就是齐心协力将已有的共同生活推到更高阶段，使它

---

[1] See Jürgen Habermas, *Justification and Application: Remarks on Discourse Ethics*, trans. by Ciaran Cronin, Cambridge, Massachusetts and London: The MIT Press, 1994, p. 10.

能为更高级的自主个体和社会形态带来更多自由和动力，也使它有效地应对新的风险威胁，使人类享有一个安全和团结的家园。这个具体的乌托邦仍然需要科技、法律或伦理与文艺等共同建构，它们相互依存、缺一不可，曾经的伦理生活之所以制造出种族大屠杀这样的丑闻，是因为人们崇信工具理性，而放逐了道德监督和自我反省；极权下的伦理生活之所以被批判为错误生活，是因为它是权威意志的产物，这使得其中的价值观和真理性都被颠倒和扭曲。为此，深刻反思那种错误生活，当代理论家既为良善生活的建立树立了基本的禁忌，如避免同一性，也为人类的这种共同生活确立了基本法则，那就是要基于自主个体的需求来设计和发展它。在此过程中，我们要注意科技、法律或伦理与文艺之间的合作，它们三者分别对应着工具理性、实践理性以及审美判断力，它们三者相互合作有助于保证个体的完整性，有益于良善生活健全地发展。个体的需求和诉求发展变化着，新的风险不断地涌现，这意味着良善生活需要在满足个体诉求和应对风险中发展与完善，也意味着文艺和科技等要以发展姿态参与良善生活建构。在某种程度上讲，这是诸多理论家以更高阶段的良善生活称谓人类努力的目标的缘由所在。其中，文艺依旧担负着多种伦理责任，文艺之所以一直在场，是因为它坚持立足于自主个体本身来构建良善生活，基于自主个体的幸福来检验良善生活，这使得文艺一直为良善生活提供着内在动力，制造着微观革命，同时进行着道德监督和价值指引。这种微观革命并不炫目，但它持久；这种价值指引从不引人注目，但不可缺席。

整体地讲，在漫长的发展历程中，现代性有令人赞叹的进步，也有令人惊愕的退步；文艺在整体上表现出自主性和监督作用的同时，有的知识分子也扮演着权威的附庸和虚假社会的卫道士。也就是在这种曲折行进过程中，人类步入今天的反思现代性阶段，文艺拥有了多种审美救赎能力和解放方式，良善生活则成为人们努力构建的完善的集体生活。自奥斯威辛之后，人们通过建构和倡导良善生活，有效地解决了文化冲突、社会矛盾等问题，因此更多人主动地参与到这种生活环境的建设中。而且由于现代性已经确立反思机制，一个比较成熟的社会能够基于个体和群体的需求进行调整和完善，从而避免了某些灾难的发生，减少了某些悲剧的出现。

The Ethical Responsibility of literature and Art in the Context of Modernity

Li Jinshu

(College of Literature, Hebei University, Baoding, Hebei 071002, China)

Abstract: On the whole, in modernity, ethical responsibility of literature and art consist in cultivating individuals' consciousness and opinion of empathy and solidarity, providing thought resources for development of individuals and construction of good life, as well as stimulating ethical potentials of individuals. These responsibilities are not only embodiment of literature and art active engaging ethical construction, also a call from symptoms of modernity. In the course of answering and solving ethical aporias of modernity, literature and art have experienced change and update from for-itself to autonomy and reflexivity, then literature and art has made modernity avoid some disasters and revenges by its supervision and redemption. In the future, literature and art will continue to make progress and transform in exerting its ethical responsibilities on modernity, and good life will provide moments of freedom and possibilities of solidarity for human being in its higher form.

Keywords: Modernity; Literary Ethics; Good Life; Autonomy; Solidarity

阿伦特："平庸之恶"与意志伦理学[*]

韩振江 李 颖[**]

摘 要：在耶路撒冷对艾希曼的世纪审判引发了阿伦特、鲍曼与齐泽克等中东欧的思想家对犹太人大屠杀中罪恶与道德责任的伦理学对话。阿伦特认为艾希曼的恶是把道德责任转嫁于集体责任的、不思考道德责任的平庸之恶。这种平庸性在于其丧失了主体与自我进行对话的机制。道德哲学应该建基于人与自我的对话和反思之上，这不是康德式的理性约束，而是意志的自由选择造就了与纳粹暴行不合作者的道德行为。

关键词：阿伦特；艾希曼；平庸之恶；现代伦理学；自由

在反思奥斯威辛集中营事件的过程中，艾希曼是一个令人深思的研究对象。单从他的外表和举止来看，人们很难将这位唯唯诺诺的平庸之人与纳粹恶魔联系起来，而这种表象也为艾希曼推卸其罪责找到了理由。不过，富有洞察力的阿伦特透过艾希曼平庸的表象，揭示了他本质意义上的罪恶，他需要为诸多遭受杀戮的犹太人负责。可以说，经过

---

[*] 项目基金：国家社科基金重大项目"人类命运共同体视域下的21世纪西方激进左翼文论批判研究"（批准号：20&ZD290）；国家社科基金重点项目"当代西方激进左翼文艺理论研究"（批准号：18AZW002）。

[**] 韩振江，上海交通大学长聘教授，国家社科基金重大项目首席专家，博士生导师，主要研究方向：当代国外马克思主义及其文艺理论；李颖，冀南技师学院讲师，主要研究方向：文艺评论。

阿伦特的批判和阐述，我们知道了平庸之恶的含义，了解到个体在极端环境中的艰难选择。这有助于我们加深对极权主义的认识，有益于我们增进对个体自主性的了解。

一　个人伦理责任与自我反思

阿伦特的《艾希曼在耶路撒冷：一份关于平庸的恶的报告》发表之后，她受到了很多来自朋友的嘲讽和攻击。她在书中描述了一个不是变态杀人狂，不是蠢货，而是来自文明社会的、一心向上爬的、心智平庸的艾希曼。正如很多历史研究所表明的那样，这个平庸的艾希曼不是真实的艾希曼，阿伦特在一定程度上受到了艾希曼精明的欺骗。不过，她指出艾希曼之所以没有道德良知的主要原因不是因为他愚蠢，而是因为他"不思考"，以至于平庸的人做出了极恶之事。艾希曼声称自己没有伦理责任，他只是按照命令行事，其不过是罪恶机器上的零部件而已。阿伦特指出了罪恶机器上的零部件在法庭面前仍是作为个人来受审的，集体罪恶中的个人责任依然存在。

我们比较完整地引述阿伦特陈述艾希曼的平庸之恶的段落，因为它引发了包括齐泽克等在内的思想家的争论。"我也可以想见，真正严肃的讨论将会围绕着本书的副标题展开；因为，当我说到平庸的恶，仅仅是站在严格的事实层面，我指的是直接反映在法庭上某个人脸上的一种现象。艾希曼不是伊阿古，也不是麦克白；在他的内心深处，也从来不曾像理查三世那样'一心想做个恶人'。他为了获得个人提升而特别勤奋地工作，除此之外，他根本就没有任何动机。这种勤奋本身算不上是犯罪，他当然绝不可能谋杀上司以谋其位。他只不过，直白地说吧，从未意识到自己在做什么。就是因为缺乏想象力，他才会一连数月坐在那里……他并不愚蠢，他只不过不思考罢了——但这绝不等于愚蠢。是不思考，注定让他变成那个时代罪大恶极的人之一。如果这很'平庸'，甚至滑稽，如果你费尽全力也无法从艾希曼身上找到任何残忍的、恶魔般的深度；纵然如此，也远远不能把他的情形叫作常态。"①

在我看来，阿伦特的这段话包含了三个意思。第一，负责设计和实施对百万犹太人进行屠杀的人除了为获得提升而努力工作的动机之外，没有其他任何动机。换言之，其作为集体一分子只是服从命令而已，个人没有罪责。第二，他在屠杀犹太人的过程中不知道自己在做什么，也就是说他没有意识到自己在杀戮无辜的平民和实施种族灭绝。第三，他的恶不是来自人性深处的恶，而是平庸的恶，这种平庸之恶源自他对犹太人灭绝这件事情的不思考。换言之，艾希曼不是恶魔之恶，而是平庸的不思考的无意识之恶。顺着这一逻辑下来，平庸的恶无疑就被人们视为对艾希曼的开脱之辞了。

在此，阿伦特提出了平庸之恶产生的关键在于艾希曼之流的不思考，也就是不对自己的处境和行为进行自我的反思和判断，而自我的反思恰好是道德养成的前提。她把在纳粹极权主义政权下的人分成了"合作者"与"不合作者"两类，合作者是指参与屠杀犹太人的纳粹官僚、党卫军等，不合作者指的是拒绝跟政府合作、不参与屠杀甚至反抗政府的群体（其中自然包括犹太人）。这两种人的道德状况是不同的，合作者完全迎合和服从极权主义政府，按照政府发布的"合法"命令而去"非法"地杀戮，他们把道德绑架在服从和义务的概念之上。不合作者在纳粹权力秩序中被视为抵抗或反抗者，会遭到压制或屠杀，但这些人宁可自己牺牲也不会去牺牲别人。有人把不合作者视为对残暴权力统治的软弱，认为犹太人应该组织起来去抵抗集中营里的党卫军，毕竟党卫军的人数只有几千人。但阿伦特认为不合作者并不懦弱，而是一种坚持自我反思和道德判断的人，是真正的"抵抗者"。他们没有在生命威胁之下选择牺牲别人而拖延自己生命的时间，而是选择宁可牺牲自己，也不能去伤害和毁灭别人的生命。在性命攸关之际，选择牺牲

---

① 汉娜·阿伦特：《艾希曼在耶路撒冷：一份关于平庸的恶的报告》，安尼译，译林出版社，2017，第306页。

别人的"小恶"是纳粹经常的决定，而选择沉默、不合作则是极少数人的决定。二者的道德状况和自我良知的结构是不同的。

艾希曼之类"合作者"的平庸之恶是如何造就的？他们的辩护词，一是最高决策者有罪，而他们只是国家机器中的齿轮和小零件，个人对集体罪责应该免责；二是国家体制和法律要求他们以服从命令和完成职责为美德，他们不过是努力的工作者而已；三是在极权主义政权的一体化社会中不得不去做那些恶事，不做就会被威胁。阿伦特很明确地指出这些都是推脱罪责的借口。这些借口或理由归结为一点就是独裁统治下个人伦理责任的问题。

独裁统治或极权主义政权是"军人攫取权力、废除公民政府并剥夺公民的政治权利和自由，或者是一个政党以压制其他所有政党、并因此压制所有组织的反对派为代价而掌握国家机器"。[①] 的确，极权主义国家政权存在要求社会成员一体化的现象，在这种一体化社会之中，多数人以不同的方式参与了政府的决策。其中，只有那些在纳粹政治伦理中"不服从或不负责任"的人才是战后的不合作者。尽管屠杀犹太人的最大责任当然是纳粹党党魁希特勒及其高层人员，但艾希曼之流也难逃其责任。按照艾希曼的说法，他作为齿轮和零部件只能听从命令，但这不过是一种责任转嫁。这种看法把极权统治看作无名统治，每个人只是最高统治者意志和法律的傀儡。这很明显不是事实。阿伦特认为在极权政权下，虽然纳粹通过各种现代手段已经把"你不可以杀戮"变成了"你应该杀人"的道德律令，但是作为一个个体还是具有自我判断能力和道德良知的，因为这些非法的命令你也许不能反抗，但可以不执行或不合作。对于儿童来说，极权主义政权的命令是必须服从的（因为其尚无健全的道德判断能力），但是对于成年人来说，极权主义政权的命令必须建立在单个人的同意基础之上。换言之，同意才是服从的前提条件。非法杀人的命令年复一年，变成了一种以服从为美德的

---

① 汉娜·阿伦特：《反抗"平庸之恶"》，陈联营译，上海人民出版社，2014，第60页。

"新秩序",所以多数人毫不思考地就服从于这个杀人政权。

与此同时,艾希曼之流绝不是被动的没有选择机会的。事实证明,一个独裁者必须获得绝大多数人的同意和支持,这个庞大的杀戮机器才能运作良好。支持与服从的意义是不同的,服从可以是被动接受,而支持却是积极谋划和行动。希特勒这个独裁者正是在无数死心塌地的纳粹党徒支持下完成最终解决犹太人方案的。在阿伦特看来,人们对纳粹政权"支持与否"是非常关键的。如果不是有那么多鼎力支持希特勒的犹太灭绝政策的党卫军零部件和犹太委员会的合作者,毁灭犹太人的计划几乎不可能完成得那么"好"。"对于如下问题,即如果有足够多的人'不负责任'地行动并拒绝支持,甚至不需要积极的抵制和反抗,任何这些形式的政府将会发生什么,只要我们稍作思考,就会明白这将是怎样一种有效的武器。它事实上是我们这个世纪被发现的非暴力行动和非暴力抵抗的诸多变形之一——例如,潜存于公民不服从中的那种力量。"[1] 换言之,人们可以选择沉默、不合作,这样就会使得屠杀行为无法正常完成,或者大量降低被杀害人数。然而多数的人们选择了积极配合,支持希特勒的屠杀行动,使得无数手无寸铁的犹太人丧命。

"不合作者"的伦理责任昭示了道德何为。"那些各行各业中的少数异类,他们如何能不合作并且能拒绝参与公共生活,尽管他们不能也确实没有抵抗?……第一个问题的答案相对简单:那些被大多数人认为不负责的不参与者,是仅有的敢于自己作出判断的人,而他们之所以有能力这样做,不是因为他们建立了一套更好的价值体系,或者旧的是非标准仍根植于他们的灵魂和良知。"[2] 在阿伦特看来,道德良知不能凭借自觉自动发生,而应通过反思判断产生。道德如何产生?她认为从传统社会来看,包括在耶路撒冷审判艾希曼的法官们,都认为道德是人们

---

[1] 汉娜·阿伦特:《反抗"平庸之恶"》,陈联营译,上海人民出版社,2014,第71页。
[2] 汉娜·阿伦特:《反抗"平庸之恶"》,陈联营译,上海人民出版社,2014,第68页。

自发的自动的人性。换言之，道德良知是天生的，只要眼睛不瞎或心非铁打就可以区分非法命令或非法状态与合法状态。人完全是自己的立法者，能够自动自发判断每一个行为和意图是否合法。不幸的是纳粹极权主义政权宣扬了一种服从命令即为美德的伦理秩序，把一切不合法道德变成合法道德，把一切合法伦理变成不合法伦理，这就颠覆了这种自然的天生的人性道德观。鲍曼的研究表明道德的产生不能依赖于社会秩序的外在权威，也不能依靠理性的计算和思考，阿伦特的研究表明道德良知的产生也不依赖于自发人性。

二 独在与理性

道德产生的土壤在哪里？阿伦特认为良知产生于自我反思和判断。现代哲学默认每个个体就是一个自为的主体。经过纳粹大屠杀的灵魂拷问之后，阿伦特认为道德主体应该等于意志加上自我反思，拥有我与自我对话的人才有可能产生良知判断。艾希曼之流是不具备自我反思能力的人，所以他们的恶是平庸的恶。鲍曼认为道德的产生在于人与他人的共处，在于人的接近性和亲历性。阿伦特则认为道德的产生在于人与自己（自我）的共处，不在于外在的东西，而在于做了某件不义之事后还能否与自我和谐共处。"据我们所知，道德行为似乎首先建基于人与他自己的交流。"[①]

阿伦特的伦理学基础来自海德格尔的"共在"哲学观点。按照海德格尔的思想，人这种"此在"被抛进世界之中，不过此在不是孤立的存在，而是与人、动物、自然等相处于共在世界之中。这种此在与此在在此世界之中的共在是讨论生存论的前提条件。作为海德格尔的学生的阿伦特自然是熟悉这种共在思想的，她把此在的人与人的共在，变成了人与自我的共在。人与自己、主体与自我的共在被阿伦特

---

① 汉娜·阿伦特：《反抗"平庸之恶"》，陈联营译，上海人民出版社，2014，第87页。

称为"独在"（solitude），独在是阿伦特伦理学的哲学基础。阿伦特说："道德关乎个体，即单数的人。根据上述分析，是非的标准，即对于我应该做什么这个问题的回答，既不依赖于我与周围的人们共同分享的习惯与风俗，也不依赖于一种有着神圣起源或人类起源的命令，而是依赖于我对我自己作出了什么样的决断。换句话说，我不能做某些事情，因为假如我做了这些事情，我就不能再和自己生活在一起了。这种和自己一起生活（living-with-myself）不只是意识，不只是那种无论我做什么和无论我在什么状态下都陪伴着我的自我意识；在思想的过程中，自我存在和自主判断得到澄清和实现，而每一个思想过程都是一种活动，在其中我与自己谈论所发生的关于我的事情。那种呈现在这种无声的自我对话中的存在方式，我现在把它叫做独在（solitude）。"[①]

比较通俗地说，道德不依赖于外在社会或权力的权威，也不依赖于外在社会秩序，而依赖于我自己对我自己的审视和对话。现代的道德主体被划分为两个部分，即主体与自我，或我与自我。在我与他人对话时或者我从事某件事情的时候，此时的状态是孤独（loneliness）和孤立（isolation）。在孤独和孤立中，自我不能关注自己，实际的行动中主体失去了自我的陪伴和对话。独在虽然可能是独自一人，但却是自我在陪伴着我，在与我进行心灵的对话，或者作为一个监督者依从内心的声音来判断某件事应不应该做。人们应该与自己对话。当我们作为陌生人来到世界时，思考和记忆使得我们能够安身立命。阿伦特把能与自我一起思考和对话的存在称为"人格"。"如果他是这样一个思考着的存在，他沉浸于他的思想和回忆之中，并因此知道他必须与自己生活在一起，那么，对于他可以允许自己做的事情就有一些限制，这些限制不是从外部强加给他的，而是自我产生的。"[②] 也就是说，独在的人们内心有一

[①] 汉娜·阿伦特：《反抗"平庸之恶"》，陈联营译，上海人民出版社，2014，第112~113页。
[②] 汉娜·阿伦特：《反抗"平庸之恶"》，陈联营译，上海人民出版社，2014，第115页。

种反思声音，这种自我的反思声音时刻伴随着行动的决策，并给予善或恶的判断。自我的声音就像康德的道德律令一样，成为人内在的要求。反之，有些人缺乏这种独在状态，也没有自我反思和对话能力，其很可能在外部权威或者社会新秩序的要求下随波逐流，放任道德判断，甚至悬置道德或道德冷漠化，这种状态就会导致艾希曼之流的不思考的平庸之恶。"纳粹罪犯的麻烦恰恰在于，他们自动地放弃了所有的人格性品质，仿佛没有任何人可以被惩罚或被宽恕。他们一而再地抗议说，他们从没有自发地干什么坏事，也完全没有什么意图，无论是好的意图还是坏的意图，他们只是在服从命令。换句话说，犯下最大的恶的是无名之人（nobody），即那些拒绝成为人格的人。"① 在阿伦特看来，拒绝成为"人格"的人就是那些不思考行为是善还是恶的、放弃与自我对话的"艾希曼们"。故此，恶的平庸之处不在于犯罪行为，而在于其主体内部自我监督和自我对话机制的丧失。

那么，有自我反思能力之人依凭什么可以判断是非善恶、可以做出善的行为呢？康德认为道德来自理性力量和理性制约，阿伦特则更侧重于认为道德来自意志的力量和意志的选择。换言之，二者所探究的是，在善恶判断和行为中发挥决定性作用的究竟是自我中的理性部分还是意志部分。

阿伦特在《艾希曼在耶路撒冷：一份关于平庸的恶的报告》的第八章"守法公民的责任"中引述了艾希曼的一段话，艾希曼把自己服从命令而屠杀犹太人的行为看作康德式的美德。"他曾突然信誓旦旦地宣称，自己穷其一生都在实践康德的道德律，尤其按照康德的义务概念行事。"② 阿伦特认为这是不可理喻的，因为康德的道德律令与人的判断能力密不可分，而不是艾希曼之类的盲从。不过，从根源上思考现代道德问题是无法脱离康德的影响的。康德认为道德律令是绝对命令，即

---

① 汉娜·阿伦特：《反抗"平庸之恶"》，陈联营译，上海人民出版社，2014，第124页。
② 汉娜·阿伦特：《艾希曼在耶路撒冷：一份关于平庸的恶的报告》，安尼译，译林出版社，2017，第143页。

你应该做某事，那么你必须做某事。阿伦特认为康德的道德律令有三个特点。第一，道德不是来自外在人的爱，也不是自爱，而是自尊自重。康德把自己对待自己的义务放在对待他人的义务之前，具有优先性，也就是说道德来自那个能使自己面对自己的看不见的自我。第二，道德行为与外在的人类法律或上帝的律法没有任何关系，绝对命令意味着我在服从我自己的理性，而这种理性则是符合社会一切理性要求的。简言之，康德的道德律令可以表述为"我应该"就是"我愿意"，因为"我必须"。阿伦特也指出康德的道德律令是绝对命令，而不是假言命令。也就是说，道德不是达到某个目的的手段，而是无目的的，按道德行事仅仅是形式上的。第三，道德律令是绝对命令，是理性抉择之后的理性强制执行。这一道德律令不具备具体内容，只是纯粹形式的，道德行为的完成在于理性对于意志的强制性。"一个客观原则的概念，就它约束一个意志来说，是一个（理性的）命令，而这个命令的公式被称为绝对的。"[①]

康德的道德绝对命令是在理性与意志之间选择了理性约束意志。理性选择了一种善的行为，那么意志就必须服从，而不管意志是否愿意。通俗地理解康德的道德，就是你应该做的，就是你愿意做的，所以你必须做。"由此，就产生了这样的推论：意志只不过是理性的一个执行工具，是人类各种能力的执行部分……"[②] 阿伦特认为，这样的话就与康德所表述的善良意志是无条件的善的观点冲突了。同时，我们在现实中也可以看到，道德律令虽然很好，但是施行起来太难了，因为很多情况下是我们该做的，不愿去做，不该做的，却去做了。理性抉择下的道德律令并不完全能驱动意志去施行，意志有时候反而违背道德去做不义的事情。

[①] 转引自汉娜·阿伦特《反抗"平庸之恶"》，陈联营译，上海人民出版社，2014，第90页。
[②] 汉娜·阿伦特：《反抗"平庸之恶"》，陈联营译，上海人民出版社，2014，第91页。

三 意志与现代伦理学

对于道德在理性与意志上的矛盾，阿伦特认为意志的自由选择是道德形成的关键。意志可以使主体产生行动，它与道德的善的行为有着本质的联系。阿伦特认为主体的行动在理性与欲望的矛盾中产生，而裁定是听从理性还是顺从欲望则要看意志的选择。简单地说，行动等于意志作为仲裁者裁定理性与欲望去哪个方向。"但新的发现在于，人有某种肯定或否定理性规则的能力，从而我对欲望的屈服就既非被无知也非被软弱所促动，而是被我的意志这第三种能力所促动。单是理性不够，单是欲望也不够。因为——而这正是新发现的核心——'除非心灵愿意被推动，否则它是不能被推动的'。"① 这也就是说，在现实的行为中，康德的"我应该"是理性的要求，而"我想要"则是欲望的要求，而意志则是"我意愿"。在这里，主体就出现了理性、欲望与意志的分裂和矛盾状态。理性告知应该做的善的行为，但意志不愿意去做，而不应该做的欲望的事情，意志却吩咐心灵去做。正如圣保罗所说："我应该做的事，我不做；而我憎恶的事，我却做了。"故而"我所愿意的善，我反不做。我所不愿意的恶，我倒去做"。② 这是因为跟我一起出现的意志不知道如何去做善的事情。阿伦特认为，正是圣保罗强调的自由问题与自由意志问题奠定了基督教哲学的基础。

理性或欲望的选择依靠于意志的裁判，这一点在古罗马的基督教神父哲学家奥古斯丁那里有更清楚的证明。奥古斯丁在《忏悔录》中讲述了他皈依基督教的心路历程，特别谈到在花园的树下他的心灵痛苦万分，他的行动就卡在了理性指引他说信仰基督耶稣、信奉上帝才能

---

① 转引自汉娜·阿伦特《反抗"平庸之恶"》，陈联营译，上海人民出版社，2014，第125页。
② 转引自汉娜·阿伦特《反抗"平庸之恶"》，陈联营译，上海人民出版社，2014，第130页。

找到心灵的安静，而欲望则引诱他说顺从自身的欲望和罪恶而生活，在理性的信仰与欲望的生活之间，他主体中的我与自我发生了强烈的冲突。冲突的结果导致意志的犹豫不决。不过，当他扑倒在尘埃之中，呼唤上帝何时才能把他从欲望的罪孽和软弱之中拯救出来的时候，突然听到一个孩童的声音说："翻开，读书吧。"于是他翻看《圣经》，当看到了圣保罗书信中的一段话时豁然开朗，马上宣布皈依上帝。意志在奥古斯丁生命中的突然降临，其选择了上帝的信仰，而放弃了世俗的欲望。通过圣保罗和奥古斯丁对意志的论述，阿伦特认为决定心灵属性的、抉择行动走向的是意志。"意志是理性和欲望之间的仲裁者，就此来说，只有意志是自由的。"[1] 理性是所有人类所共有的，是不自由的。欲望是所有动物或生物所共有的东西，也是不自由的。只有意志，具有选择理性或欲望的心灵能力是自由的。

不过，尽管人们拥有选择理性与欲望的自由意志，那么为何还有人选择作恶呢？因为意志之间存在分裂，即有两种甚至多种意志，导致我与自我的激烈斗争和冲突。也就是说，阿伦特所推崇的道德存在于我与自我的对话中，其是一场我与自我、好意志与坏意志的无情斗争。奥古斯丁曾经指出，意志对心灵有绝对的支配力，但当心灵命令心灵本身的时候却经常遭到抵抗。"换句话说，意志自身被一分为二，而且不仅是在这种意义上说的：我有点儿想要善，又有点儿想要恶，仿佛在我心中有一场两个相反的原则的斗争，而我就是战场。"[2] 不过，这种意志之间的斗争并非完全是坏事。阿伦特认为人主体本身就是二合一的存在，一种意志发布命令，另一种意志表示同意而服从，好像主体分成了发表命令的我，与表示同意而服从的自我，在道德行为中，二者应该始终处于对话状态。这两种矛盾的意志也许应该叫作意志的两种功能：命令作用与仲裁作用。在意志的命令作用下个体会做出理性的判断或者欲望

---

[1] 汉娜·阿伦特：《反抗"平庸之恶"》，陈联营译，上海人民出版社，2014，第126页。
[2] 汉娜·阿伦特：《反抗"平庸之恶"》，陈联营译，上海人民出版社，2014，第132页。

的要求。意志的仲裁作用则是要在相互冲突或者矛盾的要求之间做出判断。只有当意志的命令作用消失时，意志的仲裁和判断是非的功能才凸显出来。所以，"艾希曼们"只是用意志的命令功能选择理性地作恶，而失去了或者遮蔽了意志的选择、判断是非的功能。总而言之，在阿伦特看来，意志的裁决作用是判断人们行为是否道德的决定因素。"仲裁者最初是这样一个人，他作为一个独立的旁观者、一个目击者对一件事情作出分析（adbitere），而由于这种无关性他就被认为能作出公平的判断。故而，作为自由判断（liberum arbitrium）的意志自由意味着意志的公正无私——而不意味着把人们带入行动之中的那种无法解释的自发性源泉。"[1]

总之，通过对艾希曼平庸之恶的批判和反思，阿伦特揭示了极权环境下人性的普遍堕落，加深了人们对极端氛围下个体生存境况的了解。这种个人的悲剧既与个体道德失范有关，也与整个生活环境密不可分。在某种程度上，齐泽克不同意阿伦特的平庸之恶观点，他认为艾希曼之流杀戮犹太人是一种权力下的主动行为，他们自觉成为纳粹德国屠杀他者的工具，在屠杀中享受一种虐待快感，他们存在一种不可饶恕的深入人性中的根本恶。这种彻底的根本恶是以善的形式出现的，是深藏于人性之中的非人性成分。

Arendt: "the Banality of Evil" and Ethics of Will

Han Zhenjiang　Li Ying

(1. School of Humanities, Shanghai Jiao Tong University,
Shanghai 200240, China; 2. Jinan Technician College,
Handan, Hebei 056000, China)

Abstract: The trial of Eichmann in Jerusalem triggers an ethical dialogue

---

[1] 汉娜·阿伦特：《反抗"平庸之恶"》，陈联营译，上海人民出版社，2014，第145页。

among thinkers in Central and Eastern Europe, such as Arendt, Baumann and Zizek, on the sin and moral responsibility in the Holocaust. Arendt believes that Eichmann is the banality of evil who transfers moral responsibility to collective responsibility and does not care about moral responsibility. Eichmann banality of evil consists in his loss of the mechanism of dialogue between the subject and the self. Moral philosophy should be based on the dialogue and reflection between man and himself, it is not Kantian rational restraint, but the free choice of the will that created the moral behavior incompatible with the Nazi atrocities.

Keywords: Hannah Arendt; Adolf Eichmann; the Banality of Evil; Modern Ethics; Freedom

后现实主义及其伦理维度[*]

——遵循现实主义的批判逻辑及建构方式

陈开晟[**]

摘 要：现实主义的极端、形式美学的发展极致以及实在论的唯物主义转向为我们重新进入现实主义提供了历史性契机。只有回到现实主义的形而上维度与唯物主义基础，方能看清现实的生产机制以及现实主义的内核。自在之物、自在之我的本体批判、勘察与先验还原，显露了现实与幻象、实在的认知与道德伦理的内在关联以及文学艺术与道德属性在投射、虚构方面的同源性。依照唯物主义、现实主义的批判逻辑与构建方式展开对后形而上学的批判，从中显露了后形而上学现实主义的当下与未来走向：伦理道德维度的凸显，科幻文类的本体确立以及批评文类与后批判哲学方法的构建。

关键词：现实生产机制；后现实主义；元伦理学转向；科幻文类

一 重新进入现实主义的问题起点与契机

现实主义一度声名狼藉，其话题多少有些令人生厌，刚要为之立论

---

[*] 项目基金：国家社科基金项目"实在论的当代批判与科幻诗学本体研究"（批准号：22BZW044）。

[**] 陈开晟，闽江学院人文学院教授，主要研究方向：西方美学、文艺理论与批评。

就可能引发嫌疑——你在为一种狭隘、僵化的观念辩护，这似乎是一件吃力不讨好、十分背时的事情。至于在这一术语之前加上所谓的"后""新"的修饰，也不过是步入加罗蒂的后尘，干着"无边现实主义"的"行当"。现实主义在历史上从来就不缺定语，就像格兰特所列举的那样，诸如"主观现实主义""低级现实主义""动态现实主义""怪诞现实主义"等①，没完没了。这种操作给人的印象是，现实主义无所不能，"免疫力"十分强大，只要遭到批判便可凭借繁殖变体的方式来化解问题。毫无疑问，重新进入现实主义十分困难，除了这些已有"先见"之外，在学理上也并非易事。从发生学层面上看，现实主义也绝非铁板一块，在不同的时期、国家、地域，差异很大，文学创作与理论构建除了互相印证之外更多地在互相消解；其家族内，不乏理论的自我反思、纠错、还原与拓展，卢卡奇在这方面的开拓堪称典范，他的一系列文艺著述"恶补了"现实主义在形式美学方面最为薄弱的环节。现实主义的相关研究已汗牛充栋，诸如韦勒克在批评、学术史层面的梳理，不管当代学人是否同意，现实主义显然是学术研究无法绕开的命题。如此看来，重提现实主义，确实需要像当年恩格斯肯定哈克奈斯面对"老套故事"时的"现实主义勇气"。

不过，在经历后现代主义（后形而上学）之后的当下，理论界有关现实主义、唯物主义的回归、转向思潮与实践却悄然涌动、喷薄欲出。梅亚苏（Q. Meillassoux）、哈曼（G. Harman）、格兰特（I. Grant）与布拉希耶（R. Brassier）等引领的"思辨实在论"就是当下唯物主义转向的一道"亮丽风景"。意识、语言、文字、形式媒介的透明化、工具化或缺席曾被作为指责、清算现实主义的"利器"，无论是西方马克思主义还是结构主义、解构主义概莫能外。思辨实在论转向最具冲击性的亮点则是其试图摆脱语言、意识、文字的囚禁与束缚，再次向唯物主义所眷注的"实在""实体""真理"发出冲击，从而重新迈向形式牢

---

① 参见达米安·格兰特《现实主义》，周发祥译，昆仑出版社，1989，第2页。

笼之外的"伟大外部"。思辨实在论的唯物主义转向,并非传统唯物主义的回归,它一方面试图避免传统唯物主义的独断,即对语言、文字、意识媒介的忽视;另一方面又必须避免以主观精神的绝对化代替对外部的探问,而陷入隐蔽的唯心主义。外在地看,思辨实在论与现实主义似乎相去甚远,目前思辨实在论也确实并不像齐泽克、詹姆逊他们直接论及或深度介入的现实主义、后现实主义。不过,我们发现在现实主义与实在论之间有一个颇有意思的问题:"现实主义""实在论"的词源完全一致,英文都是 realism,在后现代主义之后,realism、antirealism、critical realism 在英语世界中出现的频率非常高,但说的并非"现实主义""反现实主义""批判现实主义",而是"实在论""反实在论""批判实在论",主要涉及道德实在论或元伦理学;相比之下,无论是数量还是热度,从理论方面谈论文学、美学领域的现实主义则少得可怜。我们知道"实在论""反实在论"问题可追溯到古希腊,根据韦勒克的考察,"实在论"(realism)这一术语很早就出现在哲学领域,但真正引入文学领域是在 18 世纪,估计是由席勒、施莱格尔首次用在文学领域的。[①]

这样,现实主义与实在论之间到底有怎样的渊源?它同思辨实在论的唯物主义转向又可能是怎样的关系?尤其是,它同实在论、反实在论的道德伦理学之争是否也可能存在关联?如果它们之间的关联不只是术语范畴的表面相关或论者的强制嫁接、含混结合,那么它们究竟存在怎样的内在逻辑?以上无疑是非常值得考究与发掘的问题。我们将通过后现实主义厘清传统现实主义问题之所在,借助现实主义的哲学还原,呈现现实的生产机制以及它同形而上学问题的牵连;进而在现实、实在、真理的先验、本体层面显示现实主义信念与实在的认知、审美与道德伦理的亲缘关系,发掘道德在先验、本体层面同文学艺术之间的同源性,即虚构性、投射性。在这一还原与发掘过程中,探讨文学艺术能量

---

① 参见勒内·韦勒克《批评的诸种概念》,罗钢等译,上海人民出版社,2015,第 213 页。

与文艺门类的未来趋向，深度回应道德伦理的虚无主义以及文学艺术的伦理学转向等重大问题。这些考察与诊断及其可能性，不是理论或哲学思辨上的冒险，而完全得益于问题的充分发展以及症候的成熟。现实主义的极端、形式美学的发展极致、实在论的唯物主义转向为我们重新进入现实主义提供了历史性契机。在这点上，可以说比格尔考察先锋派内涵的做法无疑具有启发性，即通过借助作为先锋派反面的自律美学的极端——唯美主义——从自律美学症候的强度暴露中看到了先锋派的内核，最终使先锋派摆脱模糊性而实现了与现代主义的有效区分。[①]现实主义，只有发展到"社会主义现实主义"，而形式主义美学只有发展到极致而在内容、真理上陷入极度匮乏，道德伦理只有在遭遇后现代伦理的虚无主义、相对主义，才能够再次回到认识、审美与道德的本源，对其问题的同源性、本体机制、未来趋向以及共享的范式、框架加以诊断。当然，这一切都不是现成的，只有遵循唯物主义、现实主义的批判逻辑与构建方式，方能得到澄清与实现。

二　现实主义生产机制的显露与本体还原

面对现实主义这一庞杂、模糊以及几乎难以隔断的定语繁殖，如何有效辨识与把握？在我们看来，阿多诺（又可译作阿多尔诺）、韦尔默对形而上学的诊断同样也适用于现实主义。面对真理与虚妄、教条混杂的形而上学，阿多诺发现反而是当它衰落而不是发展、上升时才为把握真理提供了重要契机。[②] 现实主义或许只有经历了自然主义（客观的极端）、社会主义现实主义（主观的极端），甚至是现代主义、后现代主义之后，而不是在它繁盛或充满争议时期，我们才能看清它的内在机制。

---

① 参见彼得·比格尔《先锋派理论》，高建平译，商务印书馆，2002，第102、121页。
② 参见特奥多·阿多尔诺《否定的辩证法》，张峰译，重庆出版社，1993，第402~403页。

齐泽克对现实主义有一个非常经典的说法，这或许正是得益于现实主义的充分发展、衰落、终结为他提供了有利于观察的后现实主义视角。他通过《包法利夫人》中爱玛与莱昂上了马车这一细节引出现实主义、后现实主义的区别。这个细节是典型的现实主义写法，也是当时诉讼案中公诉人指控其充满淫秽内容的主要段落。小说写了马车没有目的、没有方向地在大街上游荡，写了教堂、石子路、路人眼光、马车内的声音以及马车的密不透风等，却始终不写恋人在车内的情况，最后也只是"帘子探出一只裸露的手臂"。齐泽克借此给现实主义、后现实主义做了辨析与界说："我们或可以给'现实主义'下一个可能的定义，一个天真的想法是这样的：在再现的帘子后面确实存在着某种现实（在《包法利夫人》，这一现实就是性行为）。'后现实主义'（Postrealism）则质疑'在那个帘子的后面'是否真的存在某种现实，换言之，后现实主义非常有预见性的发现，正是那个试图隐藏的姿态本身构造了要隐藏的东西。"① 相对于过去模糊的界说，这个说法辨识度很高，它包含这么几层重要意思：显露了现实主义的秘密，后现实主义的特质，后现实主义有助于看清现实主义的面容，触及现实主义的生产机制，等等。现实主义与后现实主义的区分关键在于：如何看待"实在""真相"及其构造、显现方式；对实在是否存在起码的质疑与反思？看到的究竟是实在本身还只是表象（姿态所构造的）？现实主义主体对看清（性行为）的实在、真相充满欲望，朴素地相信它是存在的，倘若没看到也只是暂时的；后现实主义则表示怀疑，实在、真实、性行为是根本缺席的，我们看到的只是形式所构造的表象。实际上，齐泽克所涉及的"质疑""否定""形式的中介"，从文学艺术及美学、艺术理论的历史进程看，无疑是审美现代性、后现代性非常重要的美学范畴，并具有一系列变体。现代主义的否定性、抽象性、不和谐、分裂性等都是

---

① 斯拉沃热·齐泽克：《延迟的否定：康德、黑格尔与意识形态批评》，夏莹译，南京大学出版社，2016，第149页。

"质疑"的美学表征,形式主义、结构主义、后结构主义的形式、语言、符号、文本观念,更是对媒介自身的凸显与放大,甚至大有走向形式/媒介唯心主义之嫌。作为美学的"质疑""形式"要从内容、主题、质料的黏滞中超拔出来,在艺术形式或美学范畴尚未得到充分发展的情况下并非易事;而在经过现实主义之后,尤其经过现代主义、结构主义、解构主义、后现代主义之后,就非常容易看到现实主义在形式美学方面的先天不足。在质疑与现实主义关联的问题上,利奥塔的观点非常具有代表性。他将质疑、质询能力视为艺术、绘画的本质,而现实主义恰是这种能力的丧失。在利奥塔看来,市场、体制、技术等都能造成真正现实的缺乏,使现代艺术、先锋派沦为现实主义,而最极端的则是"极权式的现实主义"等。[1]

回到文本所描绘的细节,恐怕大家还是会对帘子背后的真相/实在非常感兴趣、十分好奇而不甘罢休。如果一定要越过帘子、跑到马车里面看个究竟,那情形又会怎样呢?齐泽克告诉我们,大家若一定要强制穿越、看看帘子后面的真相,那就直接意味着现实主义走进"死胡同",现实主义画家古斯塔夫·库尔贝的《世界的起源》对此作了最好的印证。这个作品,直接描绘一具"不知羞耻地暴露着的、无头的、裸露的"女性身体,整个画作尤其集中在"生殖器部位",这是十分色情的,也几乎是令人厌恶的。[2]

到这,还很难说我们就已弄清了现实主义的真面目,其中许多关键点有必要做进一步追问:质疑、否定与批判的能量来源于何处?主体对真相、实在的欲望与冲动仅是心理层面的吗?即便被告知或知道了所看到的只是语言媒介构造的表象而非真相/实在本身,那么为何还无法停止冲动与欲望?实在、真相究竟能否彻底在场或被完全再现?显然,齐

---

[1] 参见让-弗朗索瓦·利奥塔《非人——时间漫谈》,罗国祥译,商务印书馆,2000,第101~104页。
[2] 参见斯拉沃热·齐泽克《易碎的绝对——基督教遗产为何值得奋斗?》,蒋桂琴等译,江苏人民出版社,2004,第33~34页。

泽克并非就文学本身就事论事，其对现实主义的分析并不局限于经验主义层面，所谓的质疑、实在、幻象、欲望都另有所指，他的雄心是要通过从康德的物自体、拉康的自在之我的本体层面来谈论帘子背后的"实在"以及现实/实在的生产机制。达米安·格兰特也提醒我们，要弄清现实主义那些"交叉又相近""含糊其词"的问题，还是要回到哲学层面，然后就能看到它同唯物主义、唯心主义以及认识论等之间的渊源及复杂关联。[①] 齐泽克作为"理论黑马""跨界好手"最擅长在哲学文本与文学艺术文本之间暗度陈仓，声东击西。

我们知道，康德对物自体（本体）的勘察与批判显示，本体是不可知的，知性理性不适用于物自体。物自体虽然不可知，理性却始终对它有着不可遏制的冲动，而理性一旦进入本体，就会出现先验幻象（二律背反的变体）。这种幻象不同于经验的情况，尽管主体意识到，也无法消除，它具有先验的客观性或主观的客观性。拉康则从主体层面分析自我本体或绝对自我，从想象界、符号界、实在界（the real）探讨其可能性，最后告诉我们绝对自我的不可能，即不可能之真（不可能却又真切的现实），主体（subject）在本体上是分裂的，它始终背负着删除号，即 $；而对象 a 则是主体闯入实在界的剩余物，就像《世界的起源》中那具裸露的、有些令人不适的女性身体。从认识论的二元框架看，康德的物自体与拉康的对象 a 正好在主客体的两端，从存在论看二者相互交叠；指向《包法利夫人》中帘子背后的真实，既是主体对外部绝对客体把握的冲动，也是主体内心欲望对绝对的冲动，而帘子背后真实的不可能也就是绝对本体或绝对自我的不可能。在这里，哲学文本与小说文本形成了互文，其主旨、结构可以相互隐喻、生发与推衍：卡夫卡小说中的"城堡"（小说《城堡》）、"法屋"（小说《在法律的面前》）就是不可能的本体，我们或人类理性都是土地测量员 K，都是"在法律的面前"的那个"乡下人"。我们几乎可以按照土地测量

[①] 参见达米安·格兰特《现实主义》，周发祥译，昆仑出版社，1989，第 4~7 页。

员 K 寻找城堡或乡下人寻找法屋的故事结构去演绎《纯粹理性批判》的内容，也可以相同的故事模式阅读拉康主体穿越三界的历程。在面对本体是否进入的问题上，康德、福楼拜、卡夫卡比较接近，他们都不主张直接闯入，而是绕道或围绕缺席的目标始终踌躇；而齐泽克、德里达都闯入了本体禁区，从而给我们呈送了诸如"空无""乌有""雌雄体""奇异体""地带""幻象之屏""黑夜""残骸""莫比乌斯带"等一系列美学范畴，并在文学艺术文本上进行酣畅淋漓地演绎与创构。① 拉康总体上处于他们之间，德里达对"在法律的面前"的重构，几乎是哲学文本、小说文本、批评文本叠合的极佳范例。

从康德、拉康对本体的勘察以及德里达所做的阐发，就能够明白"实在"为何无法再现，现代主义为何充满了矛盾或裂痕以及高度形式化、抽象性，也从中看到了质疑、否定动力的本体之源，等等。齐泽克借助拉康并通过拉康凸显了康德那里的先验幻象、先验图式，并在幻象公式"$\$ \lozenge a$"中将现实生产的先验机制昭告天下。首先，幻象不是一个客体、对象或东西，而是一个（幻象）框架（fantasy frame），它生产、输送着现实。同样现实也不是客体或对象，"现实"只能是"对'现实的丧失'（loss of reality）的体验"。② 其次，不只是经验层面主体或理性对实在、本体层面有欲望而产生趋近它们的冲动，更关键的是对象 a 或不可能的实在界、自在之物对主体有蛊惑、塑造的能量。③ 从这里我们才能真正看清现实主义对"绝对之物"的信念与驱动背后的生产机制，看到现实主义的真正内核。

可见，当现实主义走向教条与僵化或被宣告能量枯竭时，若不局限

---

① 参见拙文《元电影、后电影与后人类药理学——贝尔纳·斯蒂格勒电影理论的跨越性批判与发掘》，《北京电影学院学报》2020 年第 8 期；《后文学性及言说方式的规范——德里达〈在法的面前〉的跨越批判与发掘》，《合肥工业大学学报》（社会科学版）2020 年第 4 期。
② 斯拉沃热·齐泽克：《延迟的否定：康德、黑格尔与意识形态批评》，夏莹译，南京大学出版社，2016，第 129 页。
③ 参见斯拉沃热·齐泽克《意识形态的崇高客体》，季广茂译，中央编译出版社，2002，第 166~177 页。

于社会历史向度或经验层面去考察现实主义的发展，不局限于通常所聚焦的文学艺术创作或作为艺术风格、形式技巧层面的现实主义，而是还原到先验、本体或形而上层面则更容易看清其问题所在。这样，也就非常有必要将现实主义还原到唯物主义哲学基础上。关于现实主义，文艺理论界通常主要关注马克思、恩格斯对现实主义的具体论述，而忽视了马克思、恩格斯（尤其是马克思）唯物主义哲学批判所包含的现实主义内核。即便韦勒克，也不能避免这种局限。他认为在马恩早期著作中都找不到"现实主义"术语，直到1888年恩格斯在给哈克奈斯的信中才有"现实主义"的说法，[①] 即我们非常熟悉的"现实主义的意思是，除细节的真实外，还要真实地再现典型环境中的典型人物"。[②] 当然，国内大多数学者都知道，若仅就术语而言其可以追溯到1859年恩格斯给费迪南·拉萨尔的信，即"不应该为了观念的东西而忘掉现实主义的东西，为了席勒而忘掉莎士比亚"。[③] 实际上，这里的关键还不是时间细节上的迟早问题，而是有些人从根本上对现实主义背后唯物哲学的支撑视而不见，就像格兰特所指出的那样，韦勒克在论述现实主义的问题上故意避开了"艺术同现实关系的整个基本的认识论问题"。[④] 我们知道，马克思在19世纪40年代完成的《1844年经济学哲学手稿》、《黑格尔法哲学批判》、《神圣家族》、《关于费尔巴哈的提纲》、《德意志意识形态》（与恩格斯合著）等著述，通过对黑格尔形而上学、费尔巴哈直觉唯物主义的双重批判与超越，发展与确立了唯物主义认识论，也确立了不同于唯心主义观念论或直觉唯物主义客观论的"现实""现实性"。马克思唯物论的核心在于其把被形而上学观念论所颠倒的世界倒过来，当然怎么倒过来才是唯物论的关键，因为弄不好就容易陷入经验论、客观论、经济决定论而缺乏超越性、能动性、现实性。

[①] 参见勒内·韦勒克《批评的诸种概念》，罗钢等译，上海人民出版社，2015，第218页。
[②] 《马克思恩格斯选集》第4卷，人民出版社，2012，第590页。
[③] 《马克思恩格斯选集》第4卷，人民出版社，2012，第442页。
[④] 勒内·韦勒克：《批评的诸种概念》，罗钢等译，上海人民出版社，2015，第4页。

马克思唯物论所构建的现实不是抽象观念，当然也不是人之外的客体、实体。按当代学者柄谷行人的说法，其是经验论与观念论的视差或在二者移动中而构建起来的"现实性"。这种"现实"不是现成的、封闭的，它是"理想"与"现状"不断扬弃的"现实运动"，是否定、批判之源，也是"现实力量"。① 马克思唯物论对形而上学的有效批判与爆破，堪称批判哲学、批判理论的典范，即不是简单地取消形而上学，而是在实现唯物主义的颠倒时仍然保有形而上学合理内核及形而上视域。正是这样，马克思在《资本论》中发现了"商品""货币""剩余价值"的"形而上学的微妙""神学的怪诞"。② 正是基于这种形而上或本体维度，后来拉康从"剩余价值"中衍生出"剩余快乐"（绝对的快乐），而"经济危机"就是资本理性为实现绝对（闯入实在界）而造成的创伤。从辩证唯物主义到历史唯物主义，以及对形而上学、资本主义的批判中，马克思在认识论上并没有所谓的"断裂"。马克思批判哲学对形而上学批判的这份遗产，在后形而上学的语境下变得越发清晰与重要。在很大程度上，阿多诺、德里达、韦尔默都秉承了康德、马克思形而上学批判的这种清醒态度，即韦尔默所说的，对形而上学的克服一定不可避免同它有着某种牵连才是可能的。③

从马克思唯物论角度对现实主义进行考察，我们从中可以看到一般从文学艺术谈论现实主义所看不到的东西，即它的过去、将来、潜能以及它同形而上学、认识论之间的关系。现实主义作为浪漫主义的颠倒不可能彻底抛弃浪漫主义。鉴于浪漫主义同形而上学的亲缘关系，现实主义同理念、绝对、理想及超越性必然有更多牵连，比如，既要客观性又要理想性的"典型"就集中暴露了这种关联痕迹。现实主义同它之后的艺术流派或理论同样可能存有更多联系，就像有论者所指出的，

---

① 参见柄谷行人《跨越性批判——康德与马克思》，赵京华译，中央编译出版社，2011，第4、98、103页。
② 《马克思恩格斯全集》第23卷，人民出版社，1972，第87页。
③ 参见阿尔布莱希特·韦尔默《后形而上学现代性》，应奇、罗亚玲编译，上海译文出版社，2007，第314~315页。

"现实主义的有些特征后现代主义无法抛弃,后现代主义的有些特征并非在现实主义文学之外",因为它们都在"西方形而上学传统之内"。① 当然,我们说现实主义没有死亡,它仍然在现代主义、后现代主义中延续,这一判断只有从形而上学或本体角度展开,才能避免经验主义的似是而非或"每个作家都认为自己是现实主义"这种泛泛之说,从而真正触及现实主义的内核。

三 元现实、元机制的伦理内蕴及元伦理学转向

通过后现代主义回到现实主义机制及其哲学基础,打开了我们重新审视传统现实主义问题的视角,从问题本源处看清其机制、潜能与趋向。我们首先以新的角度重审通常阐释现实主义的那个著名古希腊画家比赛的例子,帕拉修斯(Parrhasius)的画作已反向提醒观者要注意媒介或形式本身,进一步思考"现实""逼真"令人"着魔""迷恋"的形而上或真理原因——现实/幕布背后无限庞大的"非现实"支撑。我们从中看到了,支撑现实主义忠于事实、寻求客观与真实背后的认识论基础及其对绝对、实在与真理的态度。现实、真实、客观背后的认识论框架及其真理指向说明,现实主义同伦理价值、道德意志的天然关系,也就是说对真实、真理的追问并非只涉及认知,更关乎伦理。正像有论者指出的,"现实主义伦理的根本问题也就是真实/真理的问题""真实/真理是现实主义伦理的核心关切",它"既是一种信念伦理学,也是一种责任伦理学"。② 正是这个看似给"现实主义"之"现实"造成一系列干扰的"真实"同真理、实在的深层关联,凸显了后形而上学语境下重新考察现实主义问题的可能与必要,这也是思辨实在论唯

---

① Niall Lucy, *Postmodern Literary Theory: An Introduction*, New Jersey: Wiley-Blackwell, 1997, p. 127.
② 张士民、何树:《现实主义伦理——文学伦理学关于真实/真理和张力关系的调节原则》,《外语研究》2011 年第 3 期。

物主义转向给这一问题带来的启发。我们通过进一步发掘现实主义背后的幻象机制同伦理学之间的深度关联,能为文学艺术门类的未来以及现实主义在其中的位置作相应诊断与预示。

根据问题的来源及其触及的领域,我们可以把齐泽克从拉康那里所衍生出的幻象公式"＄◇a"细化或拓展为,"＄=a（对象a）=s◇实在（拉康的Real）/自在之物（康德）/绝对（Absoule）"。这个公式不只限于现实及其机制的显露,还是认知、美学、价值伦理最为丰富的地带,它从本体层面显示真理认知、伦理眷注、文艺本源三位一体的同源性。理性、人类或主体对物自体、自在之我的绝对欲望与冲动,既是对认知的应用,也为终极目的或价值、道德开辟了施展空间。齐泽克、拉康、康德那里显示了认知的不可能性;而斯蒂格勒（又可译作施蒂格勒）在这个问题上通过对康德、胡塞尔先验统觉或意识机制的考察进一步发现了绝对自我、我思的统一性、纯粹意识、意识统一性的不可能性,从而发掘了"意识犹如电影"的重要命题。[①] 顺着斯蒂格勒的提醒,回到《纯粹理性批判》,我们确实看到康德在纯粹意识统觉方面的冲动及其对统觉困难的清醒意识。[②] 在这一问题上,胡塞尔的做法尤其值得考究,其涉及的问题更加深刻。现象学拒绝任何的超越,甚至康德的"物自体"也遭到不彻底还原的苛责。胡塞尔尽管极力想通过彻底还原,找到纯粹自我,但结果非常遗憾的是自我只能体现为"非我"。更令人匪夷所思的是,他在解决现象学难题（意识如何意识自身）的过程中同样出现了矛盾与游离：一方面他认为意识的统一或绝对意识是"空无""无内容",另一方面又宣称其中"空而不空",有"朝向""关联能力"。[③] 斯蒂格勒由此宣告,纯粹或绝对我思、自我及其同一性只能是"投射""映射""虚构""预设""假定",具有"不

[①] 参见贝尔纳·斯蒂格勒《技术与时间：3. 电影的时间与存在之痛的问题》,方尔平译,译林出版社,2012,第80~85页。

[②] 参见康德《纯粹理性批判》,邓晓芒译,人民出版社,2004,第90~104、320页。

[③] 倪梁康：《自识与反思：近现代西方哲学的基本问题》,商务印书馆,2002,第436~437页。

相符性"。当然这是在先验层面而非经验或独断本体层面而言的，它具有客观性、现实性和唯物性。

实在、本体的幻象地带蕴含着最为丰富的美学内涵，是先验层面对文学艺术类型的界说，也是文学艺术故事的胚胎，在生产现实的同时也生产着文学艺术，而这现实集客观、唯物、幻象、虚构于一体，是生产现实的现实，即元现实、元机制或现实主义的元理论。毫无疑问，它同样蕴藏着丰富的伦理与价值主题：主体在朝向绝对本体或自我中，无疑充盈着行动的动机、价值与意义，而一旦进入自在之物或绝对自我的本体域，除了可能遭遇幻象的现实，齐泽克、德里达更提醒我们将濒临虚无或空洞。德里达在重构"在法律的面前"时称，法门始终是打开的，就像马格利特《望远镜》中那扇开启的窗门，乡下人之所以不敢进去是因为担心在门后看到虚无。在这点上，齐泽克向我们讲述了海史密斯（P. Highsmith）小说《黑屋子》的伦理意义：刚来到镇里的工程师探究荒郊古屋真相并宣称所谓的真相没什么可怕后，之所以被打死，原因在于他撕毁了供那群男人们投射的幻象——维系他们生活意义的屏幕，工程师毁掉了支撑他们活下去的价值与意义。无论是元小说《黑屋子》《在法律的面前》，还是德里达、齐泽克的阐释，都在本体层面昭示了文学艺术创造的元机制的伦理关联，它在呈送、构造现实的同时抵挡、抗击着虚无以及乌有的深渊，维系着主体自身的一致与和谐，看护人生的价值与意义。

文学艺术与价值的本源关联可见一斑，但其中的伦理道德并非像康德的道德律令那样不证自明，它在后形而上学语境下遭遇到前所未有的挑战。在现代性进程中，知性、审美、德性开始分化与独立，三驾马车并非并驾齐驱，美学、道德虽也曾一度同知性各领风骚，但随着世界祛魅进程的加快，尤其第四次工业革命的到来，道德自身的形而上学支点急遽松动，道德相对主义、主观主义、虚无主义迫使并推动道德哲学的元伦理学转向寻求道德价值的客观属性，而对道德客观属性的可能性的探究则成为元伦理学研究的焦点。元伦理学越过了规范伦理学所管辖的社会文化范围，回到了道德实在本源。它秉承分析哲学、实用主义的逻辑实证以及语义、命题形式化的方法对道德前提、假设进行最为严苛的分析与拷问。从与传统形而上学视域下道德问题的关联看，元伦理学转向呈现出这样的重要特点与问题意识：以道德话语化、语义化、命题化方式，将道德问题极力转化为事实陈述，将传统道德所奠基的形而上学送上形式命题分析的"绞刑架"，重创了形而上学的神秘性、模糊性、强制性，但最终却又都发现无法将道德问题彻底命题化、形式化，从而无奈承认道德的特殊性、非认知性、不可分析性，即元伦理学的疑难。在这个意义上，与其说它们重创了形而上学，毋宁说也是从更高层面对形而上问题的激活与复归，道德所奠基的实在是它们无法绕开的。这再次证明了由于形而上学具有合理性、唯物性，反形而上学必然与它形成某种牵连才具有合法性；从中可以看到，元伦理学的疑难同知性无法抵达的领域一样，将为文学艺术留出空间。

元伦理学围绕道德属性可能性的勘察，几乎同现实主义一样形成了庞大的家族，有自然主义、非自然主义、认知主义、非认知主义、道德实在论、反道德实在论以及它们之间内部的复杂交叉等。尽管元伦理学采用了与批判哲学、现象学还原不一样的方法，但我们若将其与批判哲学对传统实在论的批判相互参照、对应，那么它的走向及问题内核将会更加清晰：自然主义伦理学将道德与自然等同，遵循利弊、得失、效果、本能原则，体现了前批判、前康德的理论特质；摩尔（G. E. Moore）的"未决问题论证"粉碎了自然主义的"毒药"，却走向了一种"非自然又无法证实""怪异"的道德"观念论"；以艾耶尔（A. E. Ayer）为代表的情感主义学者主张道德伦理属性的主观性、不确定性则具有浓厚的休谟感性主义色彩；而麦克道尔（John McDower）、布莱克本（Simon Blackburn）等提出的"准实在论"或"弱实在论"可视为对自然主义、客观主义、主观观念论的双重克服与超越。元伦理学在寻找道德属性的客观性过程中，排除了道德的纯自然属性（自然客观性），而具有人的主观性，避免走向主观的绝对化，也就防止了道德神秘主义、道德宗教化、超意志化；它在寻求客观、实在的道德客观属性（转化为认知问题）的同时，保持了开放性，即与自然、社会具有沟通的可能性，而在与后者沟通中又保持了自身的超越性与形而上维度。在这点上，布莱克本的准实在论、麦克道尔的非自然主义实在论总体在这一正确的方向与轨道上，代表了整个元伦理学转向在从"是"到"应该"这一难题上推进的高度。麦克道尔大致按照洛克处理物体的第一、二性质的方式措置道德的属性。道德属性，就像声音、颜色那样，是物体第一性质与主体感官相互作用的结果，它兼具主观性与客观性；而布莱克本则通过"道德属性"之自然属性的"随附性"来解决相应的问题。[1]

撤开繁芜、苛严、形式化以及几近教条的论证，我们从元伦理学转向中发现了道德的非道德性，即道德的"投射性""虚构性""情感性"。道德权威性丧失后，道德如何施展其影响力与动力？在道德虚构主义那里，其甚至把这种功能直接同电影、小说、神话、广告等相提并论。[2] 这无疑显示了道德与文学艺术、审美判断的亲缘关系。倘若把元伦理学在转向中所发掘的（道德的非道德性），与批判哲学对实在论的批判、思辨实在论转向、齐泽克对实在界的分析、斯蒂格勒的相应还原关联起来，我们将再次从包蕴认知、审美、道德的本体或实在处看到它们的内里关联及其移动的方向：康德将第一批判知性无法解决的问题给道德理性批判留出了地盘，后又通过审美判断进行摆渡；梅亚苏思辨实在论的转向，在批判相关主义、奠立绝对的偶然、发掘形而上学机制之后探讨了"科外幻"的虚构类型[3]；而元伦理学转向在探求道德客观性的过程中，传递了道德与美学的交互性以及道德给美学、文艺留出了空间的事实；等等。在我们看来，元伦理学转向对道德美学因子或虚构

---

[1] 参见龚群、陈真《当代西方伦理思想研究》，北京大学出版社，2013，第68~72页。
[2] 黄益民：《道德虚构主义》，《社会科学战线》2008年第8期，第44页。
[3] 参见陈开晟《科幻文类的本体转向及其可能——梅亚苏的形而上学批判与科幻虚构机制发掘》，《外国文学动态研究》2021年第4期。

空间的显露，无疑是对德里达通过理念隐喻化的发掘而作"哲学文学化"宣告的印证。当然，这绝非经验主义、相对主义或泛泛而谈地宣称道德的美学化、哲学的文学化！

四　遵循现实主义批判逻辑与构建方式

通过对现实主义及其背后生产机制、形而上学、元现实、道德伦理关联的考察与论证，再联系当下文学艺术、现实构造、美学与道德伦理的走向，我们遵照（包括前文所实践的）现实主义/唯物主义批判逻辑与方式，便可对后现实主义/后形而上学现实主义作相应构建。所谓后现实主义，只有在后形而上学的框架下方能避免流俗化，它不同于传统现实主义，而是带着对走向本体、实在域的困难与幻象的自觉意识，毅然决然地走到了"帘子后面"，走向了本体、实在、绝对、先验、形而上的位置，去再现不可再现的 X。由此，所谓的后现实主义，确切地说就是，后形而上学现实主义或后本体现实主义。我们只有从元理论、元美学层面定位后现实主义，才能保守住它的内涵，以区别那些在现实主义前面所增加的修饰语。当胡塞尔、拉康分别对纯粹我思、绝对主体孜孜以求，人类理性对实在、本体无限冲动以及元伦理学探取道德客观属性而不得或不能时，基因工程、生命技术引领的工业革命再次引发了"哥白尼式的革命"，它在神经科学、人工意识方面迈开的一小步都可能是传统哲学非常巨大的一步。它不会取消康德、胡塞尔、拉康、齐泽克、麦克道尔、布莱克本等所遗留下的问题，但无疑改变了问题的提问方式或思考方向。后形而上学现实主义，显露了文学艺术的动力、能量、文艺门类走向，我们对它们的当下与未来，起码可做如下判断与申说。

其一，伦理道德将会是文学艺术言说、呈现的重要主题，文学艺术与道德伦理亲缘关系的不断凸显，意味着文学艺术伦理学本体转向的到来。元伦理学所显露的道德虚构性将为文学艺术提供空间，而文学艺术对无法命题化的道德属性，将以更具生趣的方式加以呈现，以美学的方式展开对道德客观属性的探讨。生命、基因等技术的挑战已不局限于向哲学思辨层面的主体或从现实人类之外部逼近，而是从肉身、感知、情感层面对主体、自我的渗透、织入与改变。在神经影像技术、神经科学、意识智能面前，元伦理学探求道德客观属性时对主体意识状况的忽视或搁置已变得不可能。ChatGPT 之所以比 AlphaGo 引起更大震撼与不适，在于它在意识情感方面的加速推进；普特南的"缸中之脑"已在 DishBrain 中得到外化，电影《超验骇客》所表现的意识拷贝与传输的现实化比任何时候都更加切近了，隔岸观火地谈论仿生人的伦理问题已变得有些不合时宜。神经科学、基因科学对道德品质与神经元或个体基因内在关联的发现，已掀开了道德来源之神秘面纱的一角。这种情势无疑催化了文学艺术与道德伦理的本体联姻，加剧了文学艺术对道德伦理言说与表现的速度、广度与深度。

其二，科幻艺术过去登不了大雅之堂的局面将被实质性改变，它很快会告别过去低俗、大众、模糊、臆断、浮夸色彩以及美学规范的缺席，在文类秩序链中从边缘走向中心，从经验上升到本体层面，并在后形而上学背景下作为文艺的本体文类得到确立。自在之物、自在之我的本体世界曾先后给神话、哲学、宗教留下空间与地盘，文类之间的更替同本体域的祛魅密切相关，即便小说也曾被卢卡奇遴选为基督教衰退之后的"史诗"以避免意义瓦解而留下的虚无。[①] 现象学、批判哲学对本体或绝对的勘察无不说明，这一空间将由神话、宗教、哲学更多地让渡给文学艺术，而科幻将是文艺门类中最有资格的候选者。科幻文类的本体转向，既是文学艺术在终结论之后潜能与动力的体现，也是后形而上学下宇宙、人类本体域的再现需要对它的召唤。从美学二元结构来看，科幻迎来自己的黄金时代所凭借的并非形式而是主题、质料及言说对象的天然空间，即原先形而上学、心而上学所腾挪出的地带。在生命

---

① 参见卢卡奇《小说理论》，燕宏远、李怀涛译，商务印书馆，2012，第 79 页。

科学、基因工程的发力下，当下对人类小宇宙的勘察比对外太空的探索更显成效与影响力，科幻在这一领域将会有更出彩的表现，从而也使自身在美学上获得升级。"幻象/现实"不但被虚拟、仿真、数字技术得到印证，还会加快生产，《黑客帝国》《雪崩》等正是在这一语境下从通俗走向了经典；包括神经元在内的人类一系列感官的拓展，无机物与有机化的沟通等，将成为科幻艺术的亢奋点、增长点。幻象与真理的冲突，将是表现外宇宙探索方面的重要主题，而对这一问题的表现在很大程度上会更自觉地融入主体意识的疑难问题，因为就像我们所分析的，对自在之物的探索一刻也无法离开绝对自我的叩问。传统现实主义的手法某种程度上将在以语言文字为载体的科幻作品中实现回归。以二维媒介为载体的艺术似乎在经历现代主义、后现代主义之后，已经耗尽了形式潜能，我们很容易发现即便一些非常经典的科幻作品，在形式上并没有出现先锋试验，在形式试验、创新上几乎也没什么可圈点的或显得非常现实主义的；而关于外空探索的科幻作品同样离不开现实主义所信奉的理想与信念，这种人类理性的尊严将在乌托邦与恶托邦的较量中得到充分展示与倡扬。当然，传统现实主义不再可能有过去那种高光时刻或出现那种先锋姿态，它的悄然回归只会是在科幻的名义之下。

其三，后形而上学现实主义作为源自本体否定、反思、质询的批判方法或批评文类构建的可能性及其重要性。我们在"帘子后面的真实"分析、现实主义机制、幻象/实在机制的还原中施展了这一方法，它也曾以质疑、分裂的形式辩证地栖居于现代主义、后现代主义一系列文艺文本中。这一方法，可以作为元理论、文本的有机构成，在包括科幻类作品在内的后形而上学下的美学实践中更普遍、自为地存在，它作为开展文本批评实践的重要批评文类将获得美学构建。作为后批判哲学的重要方法，后形而上学现实主义源自对形而上学的爆破与提炼，康德、马克思对此都做了卓越实践，并在齐泽克、斯蒂格勒、梅亚苏等一批后马克思主义者那里得到延续。形而上学并非已经终结，它在后形而上学语境下得到了升级，其诸多变体制造了更多幻象：商品、符号、病毒、媒介、资本、数字产品、智能人造物等在虚拟、数字技术的催产下制造了新的形而上学怪诞与神话；自在之物、先验意识、本体理念在批判哲学的祛魅手术中丧失了绝对显现的资格与可能，但在新兴科技的催化下又开始外化、流窜到现象界、经验界，这种越界制造了混杂难辨的幻象。康德、马克思在本体问题上曾通过批判规范区分了本体/现象、第一自然/第二自然、先验/经验，并批判性地措置了二界的交错及误用问题。形而上学在后现代语境下借助技术媒介颠覆、篡改、模糊了这一规范与界限，而齐泽克、斯蒂格勒等后马克思主义者所开展的本体幻象批判在显示批判的深刻时也暴露出平庸，显露了非批判的形而上学魔性。这种非批判的平庸在很大程度上是批判在本体与经验层面的误用；它在元伦理学的实在论批判中同样存在，即将本体层面的道德属性、情感与虚构投射误用到现实层面的应用伦理领域，导致相对主义、虚无主义等误认或误用；等等。后批判哲学便是为顺应、应对这一情势与挑战，在后形而上学迷误中爆破与穿行，使之显露合理的面容与内核。批判哲学担负的是对本体的批判这一特殊而艰巨的任务，因此批判哲学家族内的成员在开展批判时都会有相应的盲区、遗漏、搁置或疑难。后哲学批判不是对批判哲学内部的差异性方案的取代或独断抛弃，而是要充分发挥它们之间的视差，最大限度地把被颠倒的幻象拉回现实，实现超越性的保真，才能应对形而上学的升级，以及更好直面自在之物、绝对自我不可能的新变体，诸如绝对偶然、绝对未知、后人类庞大而空洞的主体等。

Post-realism and Its Ethical Dimension—Follow the Critical Logic and Construction Mode of Realism

Chen Kaisheng

(School of Humanities, Minjiang University,
Fuzhou, Fujian 350108, China)

Abstract: The extreme of realism, the extreme development of formal aesthetics and the materialist turn of realism provide historical opportunities for re-entering realism. Only by returning to the metaphysical dimension and materialist basis of realism can we understand the production mechanism of reality and the kernel of realism. Ontological criticism, investigation and transcendental reduction of the thing in itself and the self in itself reveal the inner relation between reality and illusion, reality cognition and moral ethics, as well as the homology of literature, art and moral attributes in projection and fiction. The postmetaphysical criticism is carried out according to the critical logic and construction mode of materialism and realism, from which the present and future trend of postmetaphysical realism is revealed: the highlighting of ethical and moral dimensions, the establishment of the noumenon of science fiction and the construction of critical and postcritical philosophical methods.

Keywords: Realistic Production Mechanism; Post-realism; Metaethics Turn; Science Fiction

不可能的酒神政治：朗西埃对德勒兹的解读

饶 静[*]

摘 要：本文聚焦于朗西埃对德勒兹的解读，并从中勾勒出激进民主的三种思想来源，并以酒神意象来理解德勒兹美学思想的非人之维；从中，我们既能看到朗西埃与德勒兹的审美政治的内在联系，也能看到他们之间的根本性差别，而这种复杂关系为我们理解审美政治的主体之维带来新的方式和新的思路。由此，我们深入了解到主体的责任和使命、他们遭遇的困难和阻碍，而在主体履行其应有责任和使命的过程中，艺术和美学能够赋予他们敏锐的感知力和无穷的创造力，从而使他们充分认识自己的权利和充分展现自我潜能。

关键词：酒神；民主；非人；审美政治

朗西埃并不是一位德勒兹研究者，不过，德勒兹在其思想中却有重要象征意义，他是理想的审美革命者，其思想潜能中包含着一种将民主和平等推进到底的激进力量。可是，对这种民主潜能，朗西埃并不是那么信任，还显得颇为犹豫。在一篇讨论德勒兹的文章中，他曾有这样一句判断："文学没有给德勒兹的政治打开任何通道。不存在任何狄奥尼索斯的政治。"[①] 这一判断反映了朗西埃本人思想中的一个纽结，一方

---

[*] 饶静，中国人民大学文学院副教授，主要研究方向：西方文艺理论与批评。
[①] 雅克·朗西埃：《词语的肉身：书写的政治》，朱康、朱羽、黄锐杰译，西北大学出版社，2015，第242页。

面，他认同审美革命的感性解放潜能，这一潜能正是政治解放和平等的前提；另一方面，他也质疑这种感性平等是否真正有助于政治平等。这一悖论是朗西埃的核心关切之一，即存在论与共同体政治之间的扭结，也就是说，"每一个主体的同等价值，一切表象的等级制度被还原为生成性的伟大的平等主义权能，这些都涉及文学和平等间的关系。但是，确切地说，哪一种关系呢？为文学革新奠基的分子平等，与政治共同体能够实现的平等之间是什么关系？"[①]

在朗西埃对德勒兹为数不多的评论文章中，就隐含着他对这一问题的回应，这些回应并未给出一个明晰的答案，却分别从神学、哲学以及神话学角度勾勒了激进民主的思想起源。本文就聚焦于朗西埃的德勒兹解读，并以此理解审美平等与激进民主的思想来源，并以狄俄尼索斯（又可译作狄奥尼索斯）的神话意象来理解德勒兹的审美政治诉求。朗西埃的审美机制构想与德勒兹的酒神式民主既有内在承继，也有根本性差异，这种关联为理解审美政治的主体之维提供了新的启发。

一　激进民主的三种思想来源

在《存在一种德勒兹式美学么》一文中，朗西埃引用了德勒兹的两段论述，开启了对其美学思想的评析，一是"艺术作品是感觉的一种存在物，而不是任何别的什么：因为它自在地存在。……艺术家创造感知和情动的聚合物，唯一的创造法则是那些聚合物必须独立地自成一体"。[②] 二是"在绘画中，歇斯底里成为艺术。歇斯底里患者没有能力做的，一点点艺术、绘画就可以做到"。[③] 第一段论述强调了艺术创

[①] 雅克·朗西埃：《词语的肉身：书写的政治》，朱康、朱羽、黄锐杰译，西北大学出版社，2015，第232页。
[②] Gilles Deleuze, *What Is Philosphy?* trans. by Hugh Tomlinson and Graham Bruchell, NewYork: Columbia University Press, 1994, p.164.
[③] 吉尔·德勒兹：《弗兰西斯·培根：感觉的逻辑》，董强译，广西师范大学出版社，2017，第68页。

造的感觉特性及其创造聚合的形式自律原则,第二段论述则在艺术创造中引入了冲撞形式自律的歇斯底里,两者的张力关系就体现在德勒兹对弗朗西斯·培根的画作评论中。

在《弗朗西斯·培根:感觉的逻辑》一书中,德勒兹从形象(figure/figural)角度切入了培根画作,所谓形象,"就是被拉到了感觉层面的、可感觉的形状;它直接对神经系统起作用,而神经系统是肉体的。抽象的形式诉诸头脑,通过头脑而起作用,它更接近于骨头"。[①] 诉诸神经而非头脑的形象是感觉的明证,这种感性形象总是对具象轮廓线的逃逸和打破。德勒兹对形象的理解受到了利奥塔的启发,形象并非已然成形的图形,而是能量在无意识领域循环往复的图形空间。[②]

具体到绘画实践,解除具象有两条道路,"通过抽象而达到纯粹的形式;或者是通过抽取或孤立而达到纯形象性"。[③] 这两条道路分别是转向抽象以及走向形象。前者导向了纯粹形式,在极简主义、立体主义以及观念艺术的实践路径中都可以看到,但这种创作方式诉诸大脑而非神经,抵达的仅仅是骨头而非肉。无疑,培根的方法是后者,其画作中的肉身形象致力于对轮廓和外观的突破,这一突破即是对纯粹感性,以及感性异质性的绝对证明。这一纯粹感性力量以歇斯底里的方式逃避具象轮廓,最终抵达了事物的分子结构,以此将自身非组织化,并返回有机的生命本源。艺术作品的歇斯底里症候就是以去形象化(de-figuration)的方式来抵达形象的途径,这是一种独异的肉的生命,一种不断抵抗,充满野性又带来救赎的生命。

德勒兹对"形象"的理解与其"拟像"观紧密相连,形象对具象

---

① 吉尔·德勒兹:《弗兰西斯·培根:感觉的逻辑》,董强译,广西师范大学出版社,2017,第46页。
② 参见让-弗朗索瓦·利奥塔《话语,图形》,谢晶译,上海人民出版社,2012,第195~196页。
③ 吉尔·德勒兹:《弗兰西斯·培根:感觉的逻辑》,董强译,广西师范大学出版社,2017,第7页。

的突破也就是拟像对摹本的抵制。① 这种突破与抵制也呼应着其一以贯之的思想核心，即对表象系统的批判。就此而言，培根的绘画可以被视为拟像反摹本的生成运动，是感性异质性的纯粹显现，这种显现就是拟像的幽灵之舞，这一拟像之思与这种独异性哲学联系在一起，前个体的生成力量突破了表象机制，由此进入集体无意识的创造性世界，"恰恰相反，这是一个产生遭遇与共振的世界，它是狄奥尼索斯最后的面孔，它是那超越了表象并使拟像到来的深邃之物与无底的真正本性"。②

这种突破应和着朗西埃对民主的理解，民主不是一种政治类型或社会状况，他从转喻角度将民主理解为象征性断裂，即"物体和词语之间确定的关系秩序的断裂，说话方式、做事方式和生存方式之间的断裂。正是在这个意义上，人们能够将'文学民主'与古典表现秩序对立起来"。③ 民主不一定会导致平等的结果，但其却是打破既有感性秩序的进程。如德勒兹所言，那种打破表象制度的非人的个体化过程，或者前个体的独异者的世界，"就是尼采提到的'既非上帝，也不是人'，这就是被加冕的无序（l'anarchie couronnée）"。④ 这种无序代表着一种无限表象的涌现和自在延展。于是，朗西埃将德勒兹对"个体性"诗学书写视为民主化身，这是"纯粹个体性的无人称潮流"，是无意识层面流溢着的尚未被任何形式化力量统御的感性平等之流。

对德勒兹而言，拟像反形象的个体化运作模式还可以追溯至唯名论哲学传统，即"存在着一种个体化的模式，它迥异于一个人、一个主体、一件事物、或一个实体的个体化。我们将 *heccéité* 这个名字保留给它。……尽管此种个体性有别于一个事物或一个主体的个体性。它们是个别体，在其中，所有的一切都是粒子和分子之间的动与静的关系，

---

① 参见董树宝《差异与重复：德勒兹论拟像》，《苏州大学学报》（哲学社会科学版）2018 年第 4 期，第 30 页。
② 吉尔·德勒兹：《差异与重复》，安婧、张子岳译，华东师范大学出版社，2019，第 460 页。
③ 雅克·朗西埃：《文学的政治》，张新木译，南京大学出版社，2014，第 15 页。
④ 吉尔·德勒兹：《〈荒岛〉及其他文本：文本与访谈（1953—1974）》，大卫·拉普雅德编，董树宝、胡新宇、曹伟嘉译，南京大学出版社，2018，第 202 页。

影响与被影响的能力"。① 所谓个体性（haecceitas）也就是"thisness"，意味着单独的"这一个"，来自中世纪经院哲学，是邓斯·司各特（Duns Scotus，1265~1308年）首创的术语，意指使一事物成为一事物的独特性质以及特征等。这种"个体性"思想是哲学唯名论思想的核心，其以不可替换的独特性来反对共相秩序，以探求一种非中介的思想，从而使特殊性与普遍性获得直接连接，感性独异性的平等地位得以奠定。然而，对感性独异性的强调也侵蚀了实在秩序本身，伟大的"存在之链"逐渐崩溃了。

在纯粹个体性的无人称潮流中，德勒兹看到的是酒神起舞的狂欢景象，朗西埃却深深忧虑那随之而来的牺牲，在狂欢中被撕成碎片的狄俄尼索斯，与被钉在十字架上的人子耶稣的形象重叠了。朗西埃将艺术的形式自律与歇斯底里之间的搏斗称为阿波罗原则与狄俄尼索斯式歇斯底里的搏斗，而且"这不仅是艺术家身体内作品强力的流动，而是作品必须损坏的却又内在于作品中的被给予形象（données figuratives）"。②对被给予形象的解除，就是艺术作品去形象化的过程。在培根画作中，人物面容和身体的崩坏指向了外观的撕裂，这种毁灭是对"被给予形象"的拒绝，这些需要被打破的形象就是摹本世界，代表了一个以人类为中心的世界的感性秩序，界定了感知的意义秩序。艺术的功能作用则在于解除这一辖域，从而显现可感物的真实量度。但是，当艺术品抵达这一不可估量的极端感性时，则取消了自身或成为疯狂。从这个意义上说，艺术作品总是形象的十字架（cross of figuration），而形象是以遭唾弃的基督身份被展现的。悖论即在于此，艺术作品的完成又将自身重新置于形象的位置上，这是十字架上基督受难的位置。并且，由于现代艺术对人子形象的拒绝，其自身便沦为受难的讽寓图像了。

---

① 德勒兹、加塔利：《资本主义与精神分裂（卷2）：千高原》，姜宇辉译，上海书店出版社，2010，第367页。

② Jacque Rancière, "*Is there a Deleuzian Aesthetics?*", trans. by Radmila Djordjevic, Qui Parle, *Critical Humanities and Social Sciences*, Vol. 14, Iss. 2, 2004, p. 6.

以基督教"道成肉身"（incarnation）理念来解读德勒兹的形象，也反映了朗西埃对审美革命之平等理念的矛盾态度，书写民主不仅具备反权威的无政府主义力量，也在不断重塑着不可见的权威中介，即那位难以辨识的、与人世共同受难的人子形象。由此，作为民主精神之化身的"德勒兹式美学"成了一个寓言，即美学反"道成肉身"的躯体化过程，是既抗拒又朝向皈依的站台。① 从摹本中脱身而出的形象—拟像是耶稣与上帝相似的面庞及其受难的身体。简言之，培根的形象是德勒兹拟像的具体化，成了圣像的延异，"圣像，也就是说基督教神学的'第一张图像'，即圣子，他与圣父毫不'相像'，而只是属于圣父的本质。人们不再为分离这个图像与他者的区区小事而相互厮杀。然而我们还是能从中看到一种肉体的许诺，用以驱散全部相像的拟像（simulacres）、艺术的技巧和文字的专制"。② 不同在于，"圣像"代表着化身原则，是"道成肉身"的身体，而形象—拟像则打开了躯体的空间，是无组织无系统的自由身体形象。

简言之，通过对德勒兹美学思想的重构，朗西埃勾勒了激进民主思想的三个来源，一是"道成肉身"的神学理念；二是唯名论的哲学传统；三是酒神狄俄尼索斯代表的神话形象。由"道成肉身"的神学理念以及哲学唯名论思想传统所孕育出来的审美平等理念，在酒神起舞的狂欢精神中得到了绽现，这代表着一种激进平等的意象，其对形象以及感性独异性的强调，不再汇聚在任何表象规则之下，从而打破了知识的再现秩序。

二 父亲之名：法则 vs. 精神分裂

现代美学在"道成肉身"的宗教观念中获得了启发，一方面反对

---

① See Jacque Rancière, "*Is there a Deleuzian Aesthetics?*", trans. by Radmila Djordjevic, Qui Parle, *Critical Humanities and Social Sciences*, Vol. 14, Iss. 2, 2004, pp. 1-14.
② 雅克·朗西埃：《图像的命运》，张新木、陆洵译，南京大学出版社，2014，第12页。

超越性精神的主宰，反对为某种宗教声音赋予意象和身体；另一方面，又将神性本源赠予了肉身和躯体，由此，形象—拟像的诞生就是一种既非抽象也非具象的世界之肉的无限延展。"巴特比"这一人物形象就是德勒兹在培根画作中所发掘的肉身形象的文学类比物，《巴特比，或文学表述》是德勒兹晚年的评论文章之一，是对梅尔维尔的中篇小说《书记员巴特尔比》（在文中统一用巴特比这一译名）的评论，其中浓缩了他的哲学思考和政治关切。

在这部小说中，叙事者是一位华尔街律师，他雇用巴特比做法律文书抄写工作，可这位抄写员却固执地拒绝了抄写之外的任何工作，并以一句"我宁愿不"（I would prefer not to...）作为拒绝的口头语。后来他干脆连抄写工作也拒绝了，却仍旧如幽灵般地出没在"我"的办公室中。"我"不得不抛下巴特比，落荒而逃，巴特比被警察带走之后，在监狱中绝食而死。结尾时，叙述者还为巴特比的不幸找到了一个缘由，原来他曾担任过华盛顿死信处置所的低级职员，专门处理那些难以投递的信件，"这些信件，本要救人性命，却都匆匆地走向了坟场"。[①]这篇小说带有荒诞的悲剧色彩，文中对巴特比的情感具有双重性，这种双重性在叙事者"我"的表述中也得到了展现，一方面"我"对孤苦无依的巴特比充满怜悯和兄弟情谊，另一方面，"我"又对他不可理喻的拒绝感到愤慨和无解。巴特比这个人物形象是具有高度寓言性的，梅尔维尔也多次暗示他就是受难的基督。

德勒兹从巴特比的独特句式入手，"我宁愿不"构成了文学作品的陌生化表达，这种陌生化表达是对叙事秩序的打破，从而将巴特比从言语输送到了图像。巴特比与梅尔维尔小说中的其他角色类型，如《白鲸》中的船长亚哈形成了鲜明对比，亚哈代表着一种朝向无限和扩张的意志，这种意志对决在尼采的一段论述中也表达了出来："人宁愿愿

[①] 赫尔曼·梅尔维尔：《书记员巴特尔比》，张淮海译，外语教学与研究出版社，2018，第53页。

望虚无,也不愿空无愿望。"① 这两种类型的权力意志分别是过度意志与无效意志的表征,成了父与子的根本对立,即"只有恶魔般的、吞噬人的父亲,和失去父亲的、僵化成石头的儿子。如果说人类能够获得拯救,独特者能够互相和解,那也只有在父亲功能的分崩离析中才能实现"。② 德勒兹特别指出,父子之间的这一根本对立正是梅尔维尔的思想主题,即"这一对立就是兄弟情义同基督教的'仁慈'或充满父性的'博爱'之间的对立"。③ 同时,让儿子和个体从束缚性的父权制度中解脱出来,从血缘性的宗法制的共同体中解放出来,成为新世界的平等者。这种无父社会正是美国精神的核心,"美国人是那个摆脱英国父亲功能的人,是一个化为粉末的父亲的儿子,是所有国家的儿子"。④ 这位儿子带来了平等,也让父亲—国家化为齑粉。在这篇文章结尾,德勒兹将基督之名授予了巴特比,他周身笼罩着沉默的受难气息,也蕴含着革命乃至治愈性潜能,"这是一项精神分裂般的使命:尽管患有精神紧张症和厌食症,但巴特比并不是病人,而是那个身患重症的美国的医生,是疗伤大师,新的基督,或者我们所有人的兄弟"。⑤ 巴特比,何以成为我们所有人的兄弟,乃至美国的疗愈师呢?这是德勒兹留下的悬而未决的问题。

在《德勒兹、巴特比与文学表述》一文中,朗西埃同样以巴特比的独特表述开启了评论,"表述"是故事和象征之间的循环往复运动,体现了一种文学新颖性,这种新颖性是以语言的物质性抵制表象系统等级制度的能力。语言自身的物质力量是文学自律观念的重要基石,然而,这种将自律归为语言之陌异性的做法也是一种他律。在对句式的讨论中,朗西埃挖掘了德勒兹思想中的斯宾诺莎传统,表象的形式权威不

---

① 尼采:《道德的谱系》,梁锡江译,华东师范大学出版社,2015,第155页。
② 吉尔·德勒兹:《批评与临床》,刘云虹、曹丹红译,南京大学出版社,2012,第177页。
③ 吉尔·德勒兹:《批评与临床》,刘云虹、曹丹红译,南京大学出版社,2012,第178页。
④ 吉尔·德勒兹:《批评与临床》,刘云虹、曹丹红译,南京大学出版社,2012,第180页。
⑤ 吉尔·德勒兹:《批评与临床》,刘云虹、曹丹红译,南京大学出版社,2012,第191页。

得不让位于思想的物质性和质料性潜能,思想与质料潜能的同一就是文学的平等。朗西埃始终认为,平等就是文学的形而上学政治,即"这种政治把人类诸个体在社会中的平等,引向一种更伟大的平等——一种比贫民和工人要求的平等更为真实、更为深刻的本体论的平等。这种平等仅仅在分子的层级上进行统治。在友爱的伪装背后,有一种将宇宙的纤维都连接在一起的同情"。① 这种平等的情感意味着文学仅仅取消模仿规则和等级制度还是不够的,还要求"文学必须取消表象的形而上学,以及其建基于其上的'自然':个体在场的模式以及个体间的联系;因果和推断模式;总而言之,整个意义系统"。② 正是从这个意义上,文学平等归之于语言的质料性,是反自然乃至反意义的,表象技艺依据自然设立等级秩序,而自律文学试图以风格确立自身之时,已经与既有的表象秩序形成了对抗。据此,朗西埃指出,当德勒兹的巴特比—基督以兄弟共同体取代父系共同体时,并未实现文学平等,因为兄弟共同体并没有超越古老父辈共同体的特权。

巴特比—基督构成了一种"道成肉身"式的美学,朗西埃强调的是美学与"道成肉身"之间的根本差异,美学并不能满足于为一种宗教意象赋予声音。③ 相比于德勒兹给予"巴特比—基督"的希望,朗西埃质疑甚至是否定了巴特比的革命潜能,认为他是一位沉默的基督,或者说,他只是基督的模仿者,"这一形象是思想的美学模式所固有的,也是自律和他律联合体的核心固有的。不过这一形象似乎也阻碍了文学的中介作用,阻止了人们来到共享的杜撰之路上"。④ 这种阻碍在小说中化为一堵墙,"而巴特尔比仍旧站在他那扇窗户边,对着那堵死

---

① 雅克·朗西埃:《词语的肉身:书写的政治》,朱康、朱羽、黄锐杰译,西北大学出版社,2015,第 233 页。
② 雅克·朗西埃:《词语的肉身:书写的政治》,朱康、朱羽、黄锐杰译,西北大学出版社,2015,第 219 页。
③ See Jacques Rancière, *Aesthetics Against Incarnation: An Interview by Anne Marie Oliver*, Critical Inquiry, No. 35, 2008, pp. 172-190.
④ 雅克·朗西埃:《词语的肉身:书写的政治》,朱康、朱羽、黄锐杰译,西北大学出版社,2015,第 239 页。

墙，沉浸在他深邃的思绪里"。① 德勒兹对文学的理解又退回到了象征逻辑之中，巴特比—基督以一种沉默和不可再现的方式成了意义贮藏空间，同时也是文学无为和非功效的体现。

在这篇文章的最后，朗西埃提醒读者关注巴特比和查拉图斯特拉之间的平行关系，两人都是酒神狄俄尼索斯的传信者，"德勒兹指控巴特比的正是尼采指控查拉图斯特拉的，这一狄奥尼索斯的使者，基督或敌基督者，被控告宣布了一个唯一的真理。他知道的不是上帝已死这一消息——这一消息只会让末人感兴趣——而是他已精神错乱"。② 相比于"上帝已死"的消息，一位精神错乱的上帝意味着超我原则的分崩离析，以及破碎的父亲之名，但其幽灵般的复身并不会消失。在对父亲原则的探讨上，朗西埃与德勒兹有根本差异，朗西埃并不赞同简单地摧毁或取代父亲原则，"正如我们看到的，问题在于当精神分裂的父亲取代律法的父亲时，其他种类的友爱并未正常地形成，只有原子、原子群，偶然及其不间断的修正。除了差异性的无限权能和无限的无差异的同一之外，没有什么在形成"。③ 此处，"差异性的无限权能和无限的无差异"这种表述与朗西埃对"无区分"的理解是一致的，所谓"无区分"是他对美学与政治伦理转向之核心特质的概括。所谓伦理（ethos），并不是特定的道德状态，而是意味着最佳状态以及与之相适应的存在方式，意味着人们未曾与其生存根基割断联系。因而，伦理法则基于特定的空间地域，这一空间地域是以家的意象为基础的伦理共同体。伦理可以从两个方面得到规定，一是共同体的内部决定性，即共同体内部的感性分配及分享，共同体外部的他者是不能共享这一内部经验的。二是共同体与外部他者的关系，这一外部维度具有不可测与不可

---

① 赫尔曼·梅尔维尔：《书记员巴特尔比》，张淮海译，外语教学与研究出版社，2018，第37页。
② 雅克·朗西埃：《词语的肉身：书写的政治》，朱康、朱羽、黄锐杰译，西北大学出版社，2015，第241页。
③ 雅克·朗西埃：《词语的肉身：书写的政治》，朱康、朱羽、黄锐杰译，西北大学出版社，2015，第240页。

度量的特性。伦理法则在感觉和智力类型之间进行了区分，也区分了内部和外部，由此达成了共识（consensus）和异议（disagreement）的对立，构成了共识共同体与异议共同体的对抗。① 但是，在共同体内部（共识）和外部（异议）的"内部"场域中，区分却停止了，那么，必须以歧义（dissensus）来打破这种共同体秩序的无区分状态。

巴特比—基督就是一种无区分的意象，朗西埃特别指出，差异也必须由他调和出来，"他必须用存在的巨大混沌，用沙漠的正义对抗古老的父系律法。不过，他同时必须将这一正义转化为另一种正义，将这种混沌变成以柏拉图模式构造的正义世界的原则：在这个世界，人类多样性根据其功过排序"。② 在这段描述中，朗西埃似乎暗示了一种可能性，一种基督教式的兄弟社会向古典的柏拉图世界的回归。巴特比与查拉图斯特拉都肩负着相同使命，即清理存在论和政治之间的悖谬性关系，但两位使者带来的却是不同的消息，对查拉图斯特拉而言，"'正义'的未来有必要切断（同时也不可能切断）查拉图斯特拉的'超人'的美学教育和他们利用这种教育制作的喜剧（'愚人节'，或者，可能非常简单的'查拉图斯特拉主义'）之间的关联"。③ 同时，他本人也成为等级制的立法者。而巴特比—基督所代表的是友爱和正义，不同于尼采的"等级制"。

作为酒神使者，查拉图斯特拉和巴特比分别带来了等级制和友爱平等的讯息。作为平等主义的信徒，朗西埃难道不应该赞同德勒兹的立场吗？一个令人困惑的问题产生了，当德勒兹以兄弟共同体取代父系共同体时，朗西埃质疑其文学观念不够激进和平等，未能进入质料潜能的分子革命层面；另外，当他以等级制的真相揭示友爱平等的愚人节的狂

---

① See Jacques Rancière, *The Aesthetic Dimension: Aesthetics, Politics, Knowledge*, Critical Inquiry, Vol. 36, No. 1, Autumn 2009, p. 3.
② 雅克·朗西埃：《词语的肉身：书写的政治》，朱康、朱羽、黄锐杰译，西北大学出版社，2015，第240页。
③ 雅克·朗西埃：《词语的肉身：书写的政治》，朱康、朱羽、黄锐杰译，西北大学出版社，2015，第241页。

欢时，酒神式民主成了一种平等神话，只是柏拉图式高贵谎言的另一种形态。这一矛盾其实与朗西埃对平等的看法是一以贯之的，他并不认为平等是一种值得追求的结果，平等只是一种预设，而非结果，如其所言："社会平等的观念是一种词语矛盾。为了追求其实现，人们只会遗忘平等。"①

德勒兹并未将巴特比视为酒神使者，巴特比只是与一种过剩意志相对立的虚无意愿，意愿的虚无化反而构成了生命的皈依，巴特比因而成了生命政治的重要象征。② 可是，作为上帝之子的巴特比—基督，正是尼采之酒神意志所反对的最大敌人，他何以成为酒神使者呢？考察德勒兹著作中的狄俄尼索斯意象有助于我们进一步地理解朗西埃与德勒兹的分歧所在。

三 酒神式肯定：高人向超人的生成

和尼采一样，德勒兹也是一位被酒神附体的哲学家。就价值重估而言，酒神所代表的本源生命力，成了价值重估的起点。酒神精神的核心是一种肯定精神，"他肯定生命，而非为生命寻求更崇高的答案或辩护理由"。③ 也就是说，生命以其自身之力与美、清白和无辜而得到肯定，不必再从外在的知识、道德抑或宗教形式中得到辩护。

在《尼采与哲学》一书中，德勒兹就聚焦于尼采思想中的肯定性，肯定精神关心文化形式和生命的协调，始终在探求一种以整全生命为视野的非异化的可能。肯定精神的敌人就是导致悲剧之死的诸多要素，悲剧不再依据生命自身被接纳，却要在知识、伦理或宗教的棱镜下才能被承认，生命失去了舒展自身的自然。因此，酒神的肯定精神是在一种

---

① 雅克·朗西埃：《政治的边缘》，姜宇辉译，上海译文出版社，2007，第80页。
② 如阿甘本所言："不书写的抄写员（巴特比是其最后的、被耗尽了的形象）是完满的潜能，现在，则只要一个无就可以把它和创造的行动分开。"见乔吉奥·阿甘本《潜能》，王立秋、严和来等译，漓江出版社，2014，第444页。
③ 吉尔·德勒兹：《尼采与哲学》，周颖、刘玉宇译，河南大学出版社，2016，第27页。

对照性场景中出现的，即"悲剧人在纯粹肯定中寻找自己的元素时，必须认识到谁是他最深刻的敌人，即是谁在以真正的、确定的、本质性的方式进行否定"。① 与狄俄尼索斯形成对立的形象包括阿波罗、苏格拉底、耶稣等。狄俄尼索斯与阿波罗的对立其实是一体两面的互为依存，没有阿波罗的表象原则，酒神意志也是不可见的；狄俄尼索斯与苏格拉底的对立体现了生命及其形而上学之矫正之间的对立，狄俄尼索斯与耶稣之间的对立则是生命与道德本能之间的对立，"人们理解我了吗——狄奥尼索斯反对被钉十字架者……"②

在这三种对照性关系之外，还有狄俄尼索斯与阿里阿德涅之间的互补性关系，"阿里安是尼采的第一个秘密，是第一种女性权力，是酒神式肯定的灵魂，是与它不可分割的未婚妻"。③ 尼采对阿里阿德涅的钟情来自一则希腊神话，雅典王子忒休斯曾亲自前往克里特岛斩杀困于迷宫的公牛，在这个过程中，他幸运地得到了公主阿里阿德涅的帮助，她的线团引导他走出了迷宫，并顺利地杀掉了公牛。忒休斯本来要把阿里阿德涅带回雅典做王后，可是在返回希腊的途中，她遇见了酒神，于是离开了忒休斯，"金发的狄俄尼索斯娶弥诺斯的女儿，／栗发的阿里阿德涅做他的如花娇妻，／克洛诺斯之子赐她远离死亡和衰老"。④

斩杀公牛的英雄未能收获阿里阿德涅的爱，后来他娶了阿里阿德涅的姐姐淮德拉为妻。忒休斯与狄俄尼索斯，成了尼采高人与超人形象的神话原型，阿里阿德涅的选择反映了两种灵魂类型的差异。作为人道主义的象征，"高人"代表着一种太过人性化的理想，尼采对高人的论述，担负着揭示人道主义最深刻危险的重任，"高人声称要带领人类走向完美，走向完善。他声称要找回人的所有属性，克服所有异化，实现

---

① 吉尔·德勒兹：《尼采与哲学》，周颖、刘玉宇译，河南大学出版社，2016，第29页。
② 尼采：《瞧，这个人——人如何成其所是》，孙周兴译，商务印书馆，2016，第167页。
③ 吉尔·德勒兹：《尼采与哲学》，周颖、刘玉宇译，河南大学出版社，2016，第44~45页。
④ 吴雅凌撰《神谱笺释》，华夏出版社，2010，第372页。

完整的人（l'homme total），将人推至上帝的位置，令人成为一种肯定他者并肯定自身的力量"。[1] 高人使自身成了父亲乃至上帝意志的化身，隐含着启蒙主义、人道主义价值观的暗淡前景。与之相反，"超人"则卸下了存在重负，"不是在高级的甚至英雄主义的价值重压下给生活增加负担，而是创造新的价值，这些新的价值便是生活的价值，它们令生活变得轻盈，具有肯定意义"。[2] 被忒休斯斩杀的公牛，正是酒神的象征之一，代表着人自身的动物性精神，这种精神是内在于人类的自然，将其赶尽杀绝是对生命的戕害。高人忒休斯成了一种自我圣化的傲慢物种，其切断了自身的动物性根源，也斩断了神性的超越之维。

高人向超人的生成是尼采思想中的一个重要主题，这一生成需要象征阿尼玛的阿里阿德涅做中介，这种结合被德勒兹解读为一种双重肯定，"狄俄尼索斯是纯粹的肯定；阿里阿德涅是阿尼玛，是被撕裂成两半的肯定，是向'是'做出的'是'的回答"。[3] 在荣格的精神分析学说中，代表灵魂的阿尼玛是一个重要原型，她被理解为男性心目中的女性投射。就此而言，狄俄尼索斯和阿里阿德涅的结合是一场炼金术意义上的圣婚，超人将从两人的结合中诞生。

巴迪欧曾指出，在德勒兹充满独异性言说的文本中，仍然可以辨认出一种"大写的一的形而上学"。[4] 尽管德勒兹反对柏拉图的理念论哲学，其哲学思想也在致力于构建一种大写之一的形而上学。"大写的一"并未被抛弃，只是被转化了，大写的一的形而上学不再是外在的彼岸世界，或抽象精神原则，而是一种持续不断的生成，酒神和阿里阿德涅的互补性关系为这种生成提供了神话场景，这是意识与灵魂的相遇，是高人向超人的生成，也是道之而成的过程。"大写的一"预示着一种新的主体性原则，就是自身将"一"修炼出来，是感性而非理念

---

[1] 吉尔·德勒兹：《批评与临床》，刘云虹、曹丹红译，南京大学出版社，2012，第216页。
[2] 吉尔·德勒兹：《批评与临床》，刘云虹、曹丹红译，南京大学出版社，2012，第217页。
[3] 吉尔·德勒兹：《批评与临床》，刘云虹、曹丹红译，南京大学出版社，2012，第229页。
[4] 阿兰·巴迪欧：《德勒兹：存在的喧嚣》，杨凯麟译，南京大学出版社，2019，第13页。

意义上的一。在德勒兹酒神政治的核心中，其是一种个体化原则，这种个体化指向了创造本源，同时也带来了生命的转化与提升。

这种状态，也就是从自我到自己的转变，在《查拉斯图拉如是说》（一般译为《查拉图斯特拉如是说》，在此保持局部统一）中，尼采多次提及创造的本源，就是"你的自己"。[①] 其中也包含了一个从自我到自己的心理炼金术过程，"上帝先是被自我取代，最终自己又取代了自我。但现代唯心论已经隐含了自我，关键的变化是从自我到自己的转变、再到整个人独特的核心——人创造力核心的转变"。[②] 人的创造性核心从意识领域转向了无意识领域，"大写的一"就是回到创造性的生命整体，这是德勒兹哲学中的最高可能性。对创造的高度强调完全是一个现代事件，如斯特劳斯（又可译作施特劳斯）所言，古典与现代对于人之最高可能性的认知是不同的，"在古典概念中灵魂的最高可能性某种程度上超越了灵魂，即精神、理智超越了灵魂。就人的最高可能性而言，理智作为认知对象的能力隶属于精神：人的最高可能性不是创造。对尼采而言，人的最高可能性和最深刻之处是创造"。[③] 对创造的迷信给现代人带来了无尽的焦虑，不断地开展除旧布新的魔鬼式行动，既然"自己"已经不能在原型中得到辨认和安慰，就必须从重复中汲取源源不断的差异和拟像。

然而，我们不得不承认，这场从自我到自己的创造性转化是一项艰难的任务，狄俄尼索斯与阿里阿德涅的结合构成了神话的圆满场景。作为酒神化身的尼采终生寻觅他的阿尼玛——阿里阿德涅，先是柯西玛，然后是莎乐美。然而，尼采从没能从忒修斯身旁带走阿里阿德涅，这些阿里阿德涅们并没有离开她们的"高人"。没能获得阿里阿德涅的肯定，狄俄尼索斯最终预示了那个与之对立的形象——被钉上十字架的基督。

---

① 见尼采《查拉斯图拉如是说》，尹溟译，文化艺术出版社，1987，第27~28页。
② 施特劳斯讲疏《尼采如何克服历史主义——尼采〈扎拉图斯特拉如是说〉讲疏》，维克利整理，马勇译，华东师范大学出版社，2019，第63页。
③ 施特劳斯讲疏《尼采如何克服历史主义——尼采〈扎拉图斯特拉如是说〉讲疏》，维克利整理，马勇译，华东师范大学出版社，2019，第63页。

某种程度上讲，个体的完美世界是难以企及的，也意味着他们需要在前进中寻找自己的幸福。德勒兹多次强调，"对他来说，重要的是发现某种既非上帝也不是人的事物，让那些非个人的个体化过程和前一个体的奇异体发声……"① 这正是所谓的狄俄尼索斯或超人的意义所在，然而，走向个体化之途的民众却迈入了酒神开怀畅饮的愚人节剧场，这和政治共同体的平等有什么关联呢？对于此种场景，朗西埃认为，这种去主体化与共同体并不太吻合，这也是他不太提倡激进革命的缘由所在。②

德勒兹希望将酒神精神引向个体化进程的创造本源，这一审美动因具体化在酒神狄俄尼索斯的神话形象上，巴特比只是酒神个体化进程中的一个阶段，其沉默、逃逸乃至死亡之中蕴含着复活的潜能，这一思路与基督复活的奥秘紧密相关。朗西埃则坚决地拒绝了这一基督教式神学解释，他始终要与道成肉身理念划清界限，他关注的是狄俄尼索斯个体化的真理在共同体政治中的不可逾越的限度。

四　审美政治的人/非人之维

朗西埃有关感性分配与审美机制的思想，是大家最为熟知的部分，他划分了三种连接知觉、实践以及相应艺术表现的方式，分别是艺术的伦理机制、再现机制与审美机制。初看上去，朗西埃似乎是审美机制的捍卫者，这一机制引入了平等之维，并张开了感性平等的独异性逻辑。然而，审美机制却受困于"虚无之熵"的现代性烙印，"背弃了世界的完美表象和再现系统的因果次序，以此直面着世界本身的晦涩、幽暗与无意义。这一模式强调赤裸生命意志的无意义，以及本质上欲求虚无的

---

① 见吉尔·德勒兹《〈荒岛〉及其他文本：文本与访谈（1953—1974）》，大卫·拉普雅德编，董树宝、胡新宇、曹伟嘉译，南京大学出版社，2018，第 203 页。
② 参见饶静《民主之疾：朗西埃的书写政治学解读》，《中国人民大学学报》2018 年第 5 期。

意志悖论，它拒绝选择任何一种赋予意志以终结或修正意义的模式"。①与其说他在寻求审美机制带来的各种可能性和解放，毋宁说，他更为关注审美机制状态下的主体分裂状态。

有别于后现代哲学家对启蒙精神的解构，朗西埃则较多地继承了启蒙运动中的美学遗产，他力图通过美学赋予现代性更多的生机和活力。朗西埃的审美政治理念是建立在"歧义"这一思想上的，歧义既不屈从也不对抗，而是一种自我赋能的过程，是对可见、可思、可做之秩序的扰乱和重组，是对既有的感性分配的扰乱。朗西埃的歧义美学仍处于启蒙主义的主体架构之下。相比于德勒兹为无序加冕的行动，朗西埃更愿意退回到再现机制所维系的那个不完美却温和的实在论世界。也就是说，审美机制开启的革命性平等力量，只有再次导入再现性秩序才能超克虚无之熵，再现机制与美学机制之间的博弈构成了朗西埃清理存在论与政治之悖谬关系的一种方式。

对于德勒兹而言，朗西埃试图将审美能量重新纳入到秩序中的做法，仍然是固守在高人的位置上，尚未实现向超人的转化，其背负着启蒙精神留下来的价值碎片，以席勒式美育的暗淡理想作为基本的行动准则，并未成为新价值的创造者。在《巴特比，或文学表述》这篇文章中，德勒兹借用叙事者这一形象已预言了这一类型。小说的叙事者"我"愿意为巴特比提供庇护，也是他首先打破了两人约定的规则，为平等的兄弟关系强行引入父亲法则。德勒兹认为，叙事者"我"是人类第二天性的代表，他们承担着父亲的重任，他们无法对抗恶魔，也无法保护无辜者，他们拥有双重天性，"他们是无辜者，他们对无辜者有一种真正的爱，他们也是魔鬼，因为他们以自身的方式中断了同他们所爱的无辜者之间的协议。因此，他们也是背叛者"。② 这种被两种天性所撕裂的人物，背叛了某种作为律令的生命潜能。

---

① Jacques Rancière, *The Aesthetic Unconscious*, trans. by Debra Keates and James Swenson, Cambridge and Malden: Polity Press, 2009, pp. 29-30.
② 吉尔·德勒兹：《批评与临床》，刘云虹、曹丹红译，南京大学出版社，2012，第169页。

德勒兹对酒神精神之个体化进程的强调开启了非人之维，并朝向更广阔的万物互联，这亦使其成为女性主义、新物质主义、普遍的物活论的精神导师。"艺术对德勒兹而言，就像批判哲学一样，是一个高强度的联系，致力于创造新的思考、感知和了解生命的无限可能性（德勒兹和瓜塔里，1994）。通过将我们从束缚性的身份中解放出来，艺术必然在非人类意义上变得非人性。"[1] 这一去主体化的后人类转向，既是危机，也是机遇。狄俄尼索斯的随从们跨越了巴特比—基督的自由石块之墙，在酒神民主剧场中开怀畅饮。然而，朗西埃不认同这一教义，至少，他认为这并不是尼采的意思。他重拾了查拉图斯特拉对等级制的强调，父亲之名并不一定是绝对的压制和权威，也是秩序之根基。一个无父的社会，固然推翻了权威，可是等级依旧存在，让等级成为可能的秩序正是精神分裂之父留下的价值碎片。

然而，朗西埃对德勒兹的质疑其实也瓦解了他本人的立论根基。对存在论与政治的划分也呼应着朗西埃对政治（politics）和治安（police）的划分。他对政治的理解总是与歧义相关，甚至可以说，政治和歧义在其思想语境中几乎是同义的，"政治的本质就是对于纷争的揭示，作为在同一世界之中的两个世界的呈现"。[2] "政治的本质就是纷争，纷争并不是不同利益或观念的交锋。它是对于一种可感者与其自身的差异的体现。"[3] 在某种意义上讲，治安与共识是相通的，它们具有相辅相成的关系。这意味着，朗西埃对政治的理解已经是一种审美—歧义政治了；治安政治被简单地归属于一种需要歧义来打破的共识秩序，政治的发生必定是一场感性分配事件，打破了既有的共识秩序，构成了一种差异化的走向平等的过程。那么，当他从一种非人的审美机制回归再现秩序时，他也落入了其一开始就反对的共识秩序。就此而言，政治与治安的划分，并不是一种好的区分，这一划分在其成立之初就沾染了

---

[1] 罗西·布拉伊多蒂：《后人类》，宋根成译，河南大学出版社，2016，第157页。
[2] 雅克·朗西埃：《政治的边缘》，姜宇辉译，上海译文出版社，2007，第130页。
[3] 雅克·朗西埃：《政治的边缘》，姜宇辉译，上海译文出版社，2007，第131页。

审美机制的非政治之维。因此，巴迪欧同样以非政治视角来批评朗西埃在政治—治理之间进行的划分。"朗西埃无法说出的是，每一种政治过程（即便是他自己理解的政治过程）都将自身展现为一种有组织的过程。他倾向于用幽灵般的大众来反对无名的国家。但恰恰相反，真正的情况是，需要让极为稀少的政治战士来反抗代议制国家的'民主'霸权：在这个舞台上，斗争业已展开，而这个舞台上的一切与朗西埃自己试图描绘的对象相去甚远。"①

朗西埃思想中的核心矛盾，可以归结为主体位置问题，一是他对启蒙主体的坚持，及其对平等主义的追求；二是激进民主潮流中那种去主体化的非人视角。我们如何在坚持理性主体的情境下，再次实现民主之承诺？微观的审美平等与共同体的政治平等有何联系？在新自由主义的资本秩序下，朗西埃的歧感美学是一种启蒙主义的美学乌托邦，微观审美平等只是另一种新型宗教鸦片，混合着动物性与神性迷魅，唯独人性失去了尺度，使人的异化也许更甚。朗西埃未能赞同德勒兹美学构想中的非人之维。在朗西埃看来，虽然"非人"这种观念体现了对人类中心主义等的批判意识，但是它也展现了个体对某种绝对他者的依赖性。② 这种"非人之维"是一种非政治处境，它对政治世界的实在性构成一种侵蚀，具有使政治虚无化的功能。③

不过，朗西埃本人的美学思考亦沾染了这一非政治思想倾向，这一基调也成了激进思想共享的精神遗产。那么，非政治思想的根源何在，这些基本的思想范型如何内在地塑造着其理论思考的意识根基，这都是值得进一步深思的问题。

---

① 阿兰·巴迪欧：《元政治学概述》，蓝江译，复旦大学出版社，2015，第108页。
② See Jacques Rancière, *Aesthetics and Its Discontents*, trans. by Steven Corcoran, Cambridge and Malden: Polity Press, 2009, p.119.
③ 如埃斯波西托（Roberto Esposito）所言："现代政治清空了意识形态实质的宗教冲突，将其从基本原则的冲突减弱为纯粹的利益博弈。从这个意义上说，现代似乎是一个空洞的组织，它更多地剥除其自身的实质，而非'补救'它，并消除了任何整体性的伪装。由此古代城邦意义上的政治失去了所有的合法性。" Roberto Esposito, *Categories of the Impolitical*, trans. by Connal Parsley, New York: Fordham University Press, 2015, p.6.

The Impossible Dionysian Politics: Rancière's Interpretation of Deleuze

Rao Jing

(School of Liberal Arts, Renmin University of
China, Beijing 100872, China)

Abstract: This paper focuses on Rancière's Deleuze interpretation, outlines three ideological sources of radical democracy, and uses the image of Dionysus to understand the non-human dimension of Deleuze's aesthetic thought; From this, we can see both the internal relationship between Rancière and Deleuze's aesthetic politics and the fundamental difference between them. This complex relationship brings us new ways and new ideas to understand the subject dimension of aesthetic politics. From this, we have a deep understanding of the responsibilities and missions of such subjects, as well as the difficulties and obstacles they encounter. In the process of implementing their due responsibilities and missions, art and aesthetics can give them keen perception and infinite creativity, so that they can fully understand their rights and fully display their potential.

Keywords: Dionysus; Democracy; Inhuman; Aesthetic Politics

格林伯格文学批评中马克思主义思想实践及其价值

王树江[*]

摘　要：克莱门特·格林伯格指出，诗歌会以语言内在的节奏塑造生活的情感和规律，诗歌兼具实现自我和改造生活的双重功能，但只有越出作为艺术的目的后，它才能关注世界并承担对世界的责任；文化、宗教等上层建筑的变动不会对艺术价值产生直接影响，艺术会从社会生活中抽离，以审美的方式与现实保持联系。格林伯格的文学批评是以马克思主义为方法论和思想方式进行的批评实践，它渗透着马克思主义的唯物主义思想和人本主义精神。格林伯格认为，文学的内容和形式会统一于形式主导的动态结构，使其成就一种特殊的政治关怀；批评应坚持批评主体的"在场"，切入具体作品明晰其价值。这对当前的马克思主义文艺批评具有参考价值和借鉴意义。

关键词：格林伯格；文学批评；唯物主义；犹太特性；政治关怀

克莱门特·格林伯格（Clement Greenberg）是20世纪最重要的艺术批评家之一。他青年时期极为关注文学，在从事艺术批评的同时，也以当时的诗歌、戏剧、作家为研究对象，撰写了20余篇文学批评文章。这些批评文本渗透着格林伯格对马克思主义思想的接受和实践。其中，

---

[*] 王树江，山西传媒学院讲师，主要研究方向：马克思主义文艺理论和美学。

格林伯格对文学与现实的关系、内容与形式的关系的整体分析，对当前的马克思主义文艺批评具有参考价值和借鉴意义。

一　格林伯格文学批评的主要观点

格林伯格的文学批评可分为两个部分。第一部分是1939~1942年的诗歌批评。这一时期，格林伯格分析了布莱希特的创作，评论了约翰·惠尔赖特（John Wheelwright）、玛丽安娜·摩尔（Marianne Moore）、乔治·巴克尔（George Barker）、斯特凡·乔治（Stefan George）的诗歌。第二部分是1944~1955年对卡夫卡和艾略特的作品及观念做出的解读。

在诗歌批评中，格林伯格主要表达了三个观点。第一，诗歌语言以自身的"重量"、结构、节奏赋予诗歌美感，诗歌不是探讨道德或其他内容的媒介。在评价布莱希特诗歌的滑稽模仿时，格林伯格以"打油诗般的节奏、干巴巴的风格、陈腐的俗语"描述了布莱希特对民谣的使用。[1] 他还用大量篇幅分析了奥斯卡·威廉姆斯编纂的《新诗：1940》中的音节、韵律等问题。[2] 类似的关注在对玛丽安娜·摩尔、乔治·巴克尔诗歌的评论中也有出现。[3] 此间，在评论斯特凡·乔治的诗歌时，他引用恩斯特·莫维茨（Ernst Morwitz）的话："语言不是激发幻象的手段；它以自身为目的，新生活的智慧和法则源于一种内在的节奏。"[4] 可见，在格林伯格看来，诗歌语言的目的不是复现现实世界的

---

[1] 参见克莱门特·格林伯格《艺术与文化》，沈语冰译，广西师范大学出版社，2015，第345页。

[2] John O'Brian, ed., *Clement Greenberg: The Collected Essays and Criticism* (Vol. 1), The University of Chicago, 1986, p. 75.

[3] 譬如他认为摩尔小姐的诗歌是敏感于语言的结果；在评论乔治·巴克尔的诗时，他指出，巴克尔的诗歌充满着激情、非理性和准超现实主义的意象，重音、头韵、内在的押韵和长元音比比皆是。See John O'Brian, ed., *Clement Greenberg: The Collected Essays and Criticism* (Vol. 1), The University of Chicago, 1986, pp. 86-87.

[4] John O'Brian, ed., *Clement Greenberg: The Collected Essays and Criticism* (Vol. 1), The University of Chicago, 1986, p. 147.

内容，它不是探讨道德或其他内容的媒介；诗歌应以自身为目的，以内在的节奏塑造生活的情感和规律。这就将诗歌的语言归纳成一种内指性的存在，即语言以自身的"重量"、结构、节奏赋予诗歌美感。简言之，诗歌的价值是内在的。第二，诗歌的内在价值会指向外在的人与社会，诗歌具有实现自我和改造生活的双重功能。针对布莱希特的诗歌，他表示，诗歌的构造原则不是韵律或音乐性，而是修辞性和论辩性，它的目的是改造那些聆听它们的人的生活。① 在评论新一代英国诗人时，他也提出，诗歌是完成和实现自我的手段，诗人应当关注作为人的诗歌，并从诗歌中获得超越成功的满足感。② 可见，虽然格林伯格强调诗歌价值的内在性，但他也承认诗歌的内在价值会指向诗歌之外的人与社会，诗歌兼具实现自我和改造生活的双重功能。第三，越出艺术的目的后，诗歌才能转向关注自身对世界的责任。格林伯格在评析布莱希特的《穷人的一便士》时，分析了这一作品的现实背景。在有关美国文学和美籍青年犹太人的研讨会上，他指出，写作是某些犹太作家应对世界的方式。③ 这都证明他没有割裂文学与现实的关系。不过，在格林伯格眼中，文学与现实的关系不是直接的："他超越了作为艺术的诗歌的目的后，开始看到了向穷人和无知者表明如何改造世界的责任。"④ 这句对布莱希特皈依布尔什维克主义的评价印证了这点：诗人和诗拥有对世界的责任，但只有越出作为艺术的目的后，他才能转向关注对世界的责任。换句话说，艺术首先是艺术，其次才能以艺术的方式服务人类。正如格氏在评价乔治的诗歌时所说："诗歌除本身外没有任何意义，但却在神经和感官上发挥着作用，仿佛它完全是具体的经验，而不

---

① 克莱门特·格林伯格：《艺术与文化》，沈语冰译，广西师范大学出版社，2015，第354页。
② John O'Brian, ed., *Clement Greenberg: The Collected Essays and Criticism* (Vol.1), The University of Chicago, 1986, p.120.
③ John O'Brian, ed., *Clement Greenberg: The Collected Essays and Criticism* (Vol.1), The University of Chicago, 1986, p.178.
④ 见克莱门特·格林伯格《艺术与文化》，沈语冰译，广西师范大学出版社，2015，第352页。

仅仅是我们通过文字收集到的某种意义。"①

在第二部分的文学批评中,格林伯格从讨论作品上升至解读作家,也阐述了自己对艺术与现实关系的认识。首先,他表示,宗教和文化的变化没有影响艺术的地位和价值。在批评艾略特的宗教观和文化观时,格林伯格表示,随着文化世俗化,宗教的中心功能已经减弱,其关注点逐步转向终极性和形而上学问题,地位也逐步被伦理所取代,但这并没有影响到艺术,不能因为宗教和文化的问题就贬低或抬高艺术。② 简言之,宗教的演变和社会文化结构的变化没有影响艺术的地位和价值。其次,他分析了艺术与政治的关系。在1948年的某次研讨会上,格林伯格针对时局提出,美国作家应当参与反斯大林的斗争,但是他们没有任何道德或美学的义务参与这场斗争;倘若作家个人只对写作感兴趣,那就不能强迫他完全投入当时的政治斗争。③ 显然,格林伯格是以典型的美国式自由主义和个人主义,把作家的创作自由与个体的自由联系在一起,质疑了当时要求艺术家投入政治斗争的态度。最后,在评价卡夫卡时,格林伯格还就艺术与道德的关系提出了自己的看法。他认为,卡夫卡艺术的成功说明了"文学艺术的最终标准是它所探索的道德'问题'的深度"这一观点是不可信的。④ 卡夫卡短篇小说中的主要角色总会在最后一刻通过彻底摧毁他们身处其中的现实而得以胜出,这些角色总在"与现实趋势和现实秩序作斗争",他们无须承担道德的责任。由此来看,格林伯格虽未完全否定道德和艺术的联系,但他确实将艺术和道德问题划分到了两个相去甚远的空间。

除分述宗教、文化、政治、道德等与艺术的关系外,格林伯格还宏

---

① John O'Brian, ed., Greenberg Clement, *Clement Greenberg: The Collected Essays and Criticism* (Vol. 1), The University of Chicago, 1986, p. 148.
② John O'Brian, ed., *Clement Greenberg: The Collected Essays and Criticism* (Vol. 1), The University of Chicago, 1986, p. 218.
③ John O'Brian, ed., *Clement Greenberg: The Collected Essays and Criticism* (Vol. 2), The University of Chicago, 1986, p. 257.
④ 克莱门特·格林伯格:《艺术与文化》,沈语冰译,广西师范大学出版社,2015,第367页。

观分析了艺术与现实隔离（isolation）的关系。卡夫卡的作品不同寻常是因为它抛弃了当时大多数西方作品所处的历史现实，在一个远离现实的维度上重新构造了人类存在的基本要素。但远离并非绝对的割裂，因为卡夫卡虽然认为生命是被不可知的力量封闭和支配着的，但是这种从具体生活情境中抽离的状态反过来又与日常生活存在联系。从这段分析可知，格林伯格认为，艺术与现实分属两个空间，但二者又非完全割裂。这种"隔离"的状态可以被描述为：艺术远离现实，却又以艺术的方式重构现实；艺术从具体的社会生活中抽离，又以审美的（艺术的）方式保持与现实的联系。在发文与利维斯交流卡夫卡问题时，格林伯格再次解释了这一观点。[1] 一方面，他指出，成功的艺术不会提高对生活可能性的认识；艺术只是为了艺术，它不能承担额外的责任，也不是生活和经验的实际替代品。另一方面，他也委婉地表示，艺术作品必须尊重道德对想象行为的限制。[2] 这里的观点与他早先的诗歌批评中的思想倾向是一致的。

从上述梳理中可以看出，格林伯格的文学批评主要体现了他对艺术与现实关系的认识。从分析诗歌如何承担自身对世界的责任到解读艺术与现实的关系，格林伯格本质上实践着一种将文学与社会、政治、道德拉开距离的批评策略。这和他思想中内蕴的马克思主义观念密不可分。

二 作为方法论和思想方式的马克思主义

从对艺术和文化的总体认识到具体的文学批评，在格林伯格这里，

---

[1] 1955 年 4 月，格林伯格在《评论》杂志上发表《卡夫卡的犹太特性》一文，此后 F.R. 利维斯多次致信格林伯格，双方就卡夫卡相关问题进行了交流，往来信件刊载于同年 6 月和 8 月的《评论》杂志上。

[2] John O'Brian, ed., *Clement Greenberg: The Collected Essays and Criticism* (Vol. 3), The University of Chicago, 1993, p. 214, p. 216.

马克思主义更像是一种渗透其中的基本方法论和思想方式。① 这可以从三个方面来理解。

第一，格林伯格把马克思主义当作分析社会文化和文学文本的工具。在《前卫与庸俗》中，格林伯格以马克思主义为立场，分析了社会分化和文化对立。② 他把庸俗文化批判成麻木、机械、具有欺骗性和毒性的"新颖的"老古董，抨击了极权主义利用庸俗文化剥夺民众审美趣味并为其政治利益服务的做法。③ 他肯定前卫艺术的纯洁性，认为前卫艺术是唯一一种活的文化。④ 他认为，前卫艺术是社会主义才能够保存的活的文化，是一种具备历史意识的、拒绝投入革命政治却又与革命政治相共鸣的文化发展方向，它暗示着抽象是一种革命的形式。⑤ 事实上，格林伯格这种文化观与马克思主义的文化观在很大程度上是相契合的。马克思主义认为文化生产活动受客观环境的限制，格林伯格也从社会和历史语境出发分析了当时的艺术及文化所面临的考验。这种对文化的认识延续到文学批评领域，使他没有顽固地坚持康德式的形式主义美学，而是对内容和形式的辩证关系有了新的理解。他对诗歌语言的分析即是运用这种方法论的结果。

---

① 格林伯格艺术批评的思想来源极为复杂，一般认为，其思想中的托洛茨基主义成分较为明显（马克思主义是托洛茨基主义产生的理论基础，托派成员将托洛茨基主义视作真正继承了马列主义的"正统"思想。而事实上，托洛茨基主义是对马列主义极端化阐释的产物）。事实上，对格林伯格而言，接受马克思主义和托洛茨基主义思想时其所侧重的角度是不同的，对马克思主义，他更多地将之视为哲学，对托洛茨基主义则怀抱复杂的情绪将之延伸到了艺术上。所以这里回避了马克思主义和托洛茨基主义的关系，着重分析格林伯格对马克思主义的继承和运用。
② 《党派评论》是反斯大林主义的集结地，这里的知识分子以马克思主义为分析工具，试图寻找一种文化激进主义，把人从资本主义大众文化的陈腐中解放出来。受此影响，格林伯格完成了他的成名之作《前卫与庸俗》。Caroline A. Jones, *Eyesight Alone: Clement Greenberg's Modernism and the Bureaucratization of the Senses*, University of Chicago Press, 2008, p. 33.
③ 参见克莱门特·格林伯格《艺术与文化》，沈语冰译，广西师范大学出版社，2015，第15页。
④ 参见克莱门特·格林伯格《艺术与文化》，沈语冰译，广西师范大学出版社，2015，第7、10页。
⑤ 参见克莱门特·格林伯格《艺术与文化》，沈语冰译，广西师范大学出版社，2015，第26、391页。

第二，格林伯格吸收了马克思主义的唯物主义思想。考察现代主义时，格林伯格指出，现代主义通过批判自身以确立自身的合法性。这一观点参照了康德的自我批判，其中也渗透着马克思主义的辩证唯物主义思想。事实上，格林伯格以辩证法为核心把康德式的自我批判逻辑演化成了辩证否定逻辑，即艺术通过自身的运动进行自我否定，并通过自我否定达成自身的发展。从这一立场出发，文学艺术的发展就变成一个相对独立的空间的内部运动，这也使格林伯格对文学与现实的复杂关系有了更独到的认识。另外，马奎斯在《艺术沙皇》中指出，《艺术与文化》阐述了某种（控制艺术发展的）马克思的历史必然性。[①] 在这部著作中，格林伯格把艺术置于历史的视野中，以求明确其在工业革命之后所处的社会位置以及它的历史发展进程。他将抽象艺术视为一种革命性的运动，给先锋文化附加明确的历史意义。这都流露出历史唯物主义的思想。延续这些对总体性问题的分析，在文学批评中，格林伯格也将这种唯物主义的思想方式渗透到批评写作的各方面。他重视具体作品、以"在场"为核心的批评策略就集中体现了他对唯物主义的接受和运用。

第三，马克思主义的人本主义精神也渗透在格林伯格的文学批评中。马克思主义坚持以人为本的原则和取向，蕴含丰富的人本主义精神要素。不过，马克思主义谈及的"人"是社会的现实的人，而非抽象的人，它更关注具体的人的主体性，强调人既是目的又是手段。尤为重要的是，这一原则使马克思主义坚持的人的自由全面发展落脚到了更具体的社会实践层面。这种人本主义精神作为一种思维方式隐含在格林伯格的文学批评中。从这个角度看，格林伯格的文学批评表面上看似混乱无章，但事实上正是因为这种精神气质才使其具备了内在的统一性。具体而言，这种关注具体的人的主体性的人本主义原则使格林伯格

---

① See Alice Goldfarb Marquis, *Art Czar: The Rise and Fall of Clement Greenberg: A Biography*, MFA Publications, 2006, p. 205.

更强调批评主体的"在场"和主观感受。他对卡夫卡的解读和批评证明了这一点。此外，马克思主义将人的自由和全面发展落脚到社会发展的总体进程中。在格林伯格的艺术批评中，艺术走向抽象的过程实质上对应着社会政治的变革和发展过程，同时它也和人的自由、全面发展相同步。所以说，格林伯格的批评在保留历史唯物主义思想的同时，也张扬着马克思主义的人本主义精神。[①]

整体来看，马克思主义更像一种思想立场，影响着格林伯格对文学和艺术的理解。它作为一种方法论和思想方式，隐于格林伯格的文学批评中，使格林伯格实践了一种将艺术与社会、政治、道德拉开距离，聚焦艺术作品本身的"在场"批评，这也衍生出了他对形式与内容、艺术与现实关系的独特理解。

三 马克思主义的具体实践：形式、内容与艺术的政治关怀

就文学批评而言，格林伯格对马克思主义的接受和运用不是僵化的。客观上讲，他的批评实质上是在马克思主义与康德形式主义美学等思想交融的前提下，以唯物辩证法为核心，具体阐释艺术形式、艺术内容与社会现实的复杂关系，明确了艺术实现政治关怀的动态方式。

在格林伯格的诗歌批评中，形式指语言、结构、技巧等问题："里尔克、乔治和冯·霍夫曼斯塔尔三人给德国的诗歌带来了新的更加严格的形式观念，他们试图通过摒弃明确的内容，并强调象征、感官细节、肌理和技艺的技巧使他们的诗句更为密实和自足。"[②] 这里，形式被理解成了技术性问题，也包含诗歌语言的风格、音节、韵律等。至于

---

① 表面上，格林伯格的马克思主义思想倾向在 20 世纪 40 年代逐渐稀释、消失，并最终无关于艺术。但事实上，直到 60 年代，马克思主义仍旧作为一种潜在的思想立场影响着格林伯格对艺术的分析和批评。

② John O'Brian, ed., *Clement Greenberg: The Collected Essays and Criticism* (Vol. 1), The University of Chicago, 1986, pp. 143-144.

内容，在评价安东尼·特洛鲁普（Anthony Trollope）[①] 时，格林伯格指出，特洛鲁普是一位"实事求是的鉴赏家"，而形式是他最后考虑甚至随时准备放弃的因素。[②] 这就把"内容"界定成了文本中的社会事实，也把道德等主题包含在了其中。如卡夫卡在其小说中对犹太人境遇的拷问，对人类存在状态的思考都属于"内容"。延续这一认识，格林伯格在批评艾略特时表示，艾略特在关注非文学主题时，其作品质量开始下降。质言之，内容的改变影响了形式呈现的美感。乍看之下，这似乎是将形式与内容的关系塑造成了一种文学内部与外部相对立的关系状态，但事实并非如此。因为在格林伯格看来，特洛鲁普作品形式的不足没有影响其作品的价值；当艾略特的作品没有过多的"弦外之音"，而着重关注艺术（形式）本身时，他就是成功的。可见，按格林伯格的理解，无论偏重形式或内容的哪一侧可能都会影响作品的质量，但也不会必然使作品的质量下降。形式与内容不可分割，它们以一种复杂的关系缠绕在一起。对这一形式与内容关系的描述正是格林伯格运用唯物辩证法的明证。

上述格林伯格对形式与内容关系的理解可以概括为：内容和形式统一在以形式为主导的结构中。对此，可以从格林伯格对艾略特的批评中来解读："文学中的形式问题被归结为各部分的正确联结问题。当人们获得这种正确性时，形式和内容就真的不可分割了。不过，不可分割性不应该与同一性相混淆。形式的统一并不意味着主题的逻辑统一。……内容或主题的真实性也并不必然能够约束形式，或者从批评的目的来看，事实至少会如此。"[③] 这就是说，内容与形式的统一实质上

[①] 安东尼·特洛鲁普（1815~1882年），是维多利亚时代的英国小说家和公务员。他的作品多数是围绕着想象中的巴塞特郡展开的，被统称为《巴塞特郡编年史》。他还写了关于政治、社会和性别问题以及其他热门话题的小说。
[②] 见克莱门特·格林伯格《艺术与文化》，沈语冰译，广西师范大学出版社，2015，第334、330页。
[③] 克莱门特·格林伯格：《艺术与文化》，沈语冰译，广西师范大学出版社，2015，第327页。

是以形式为核心的，将内容纳入形式的控制范围。内容不会必然约束形式；相反，形式会约束内容。在这一结构中，艺术会获得自身的统一性，并以不涉外部意义的姿态取得其本质效果。事实上，对于这一结构，格林伯格早先评价摩尔的诗歌时已做过论述。他认为，摩尔习惯从材料中演绎严肃的道德观，但是其作品呈现的是情感的统一，它不包含知识的一致、宏大的观点等思想性内容，复杂的诗歌形式是摩尔控制情感的手段。[1] 可见，如果将情感的统一归结为内容与形式在形式上的统一，思想的统一安置于内容与形式在内容上的统一，那么格林伯格当然更强调前者。其随后的一席话也印证了这一立场："她（摩尔）诗歌的中心缺陷是现实的统一性及其方向是由一种极为私密且无法超越其自身的情感决定的。"[2] 所以说，格林伯格是将形式与内容的辩证统一导向了以形式为主、内容为辅的新结构。虽然表面上他不认同文学作品对非文学主题的接纳，但实际上他没有完全切断（内部）形式与（外部）内容的关联，从而走向唯形式论。

就这一形式主导的辩证结构，我们还可以通过比较形式主义批评和社会历史批评，来判定其地位与价值。在1948年的一次研讨会上，格林伯格曾就美国20世纪40年代的新文学趋向指出，这一时期的文学是先锋派的组成部分，它坚持重估传统。[3] 在这一重估过程中，关注技巧和程序的形式批评虽然得到重视，但人们并不相信纯粹的形式批评是唯一的批评方法，同时也不相信专注于阐释艺术与人类其他活动关系的批评家。如果格林伯格将这一认识贯彻到他的文学批评中，那么他的批评与纯粹关注形式的新批评和形式主义、强调文学社会历史价值的社会历史批评必然存在区别。事实确实如此。在批评特洛鲁普的

---

[1] John O'Brian, ed., *Clement Greenberg: The Collected Essays and Criticism* (Vol. 1), The University of Chicago, 1986, p. 85.

[2] John O'Brian, ed., *Clement Greenberg: The Collected Essays and Criticism* (Vol. 1), The University of Chicago, 1986, pp. 85–86.

[3] John O'Brian, ed., *Clement Greenberg: The Collected Essays and Criticism* (Vol. 2), The University of Chicago, 1986, p. 256.

《美国参议员》时,虽然格林伯格认为该作品结构上存在缺陷,但他还是坦率地指出该作品是"英语小说中最令人叹为观止、最有趣的小说之一"。① 这显然与形式主义批评排斥文本主题和社会价值的思路相违背。但格林伯格也没有完全倒向关注文本社会内容的社会历史批评。譬如他认为艾略特的注意力转向非文学主题时,其批评和诗歌质量开始同时下降。这显然又回到了强调形式的立场。另外,在格林伯格的诗歌批评中,可以发现他对诗歌形式问题的强调(形式是辖制情感和内容的手段)、对文学应当探讨道德问题的观点所持有的怀疑,这显然也与侧重文学作品与社会生活的关系、重视作家思想倾向和作品社会作用的社会历史批评不符。由此来看,格林伯格的文学批评更像一种中间路线,他试图调和内容与形式的关系,同时挖掘文本的内在价值和社会功能。②

秉承这种中间路线,格林伯格进一步明确了艺术实现政治关怀的方式,即艺术会以形式为方式呈现作家对世界的认知和理解,成就一种特殊的、直接的政治关怀。在分析卡夫卡时,格林伯格指出,"卡夫卡在犹太人被驱逐的命运中获得了一种关于犹太人境况的极其生动的直觉,以至于将有关它的表达转化为它本身的一部分;也就是说,这种直觉是如此彻底,以至于它在风格和意义上都成了犹太式的了"。③ 这里,

---

① 克莱门特·格林伯格:《艺术与文化》,沈语冰译,广西师范大学出版社,2015,第330页。
② 这种路线或许要归咎潜藏于他思想深处的一个重要观念——"关于一件艺术品的事实,优于对它的诸种诠释"这一从艾略特《批评的功能》中得来的观点解释了格林伯格何以对形式和内容给予了同等关注以及他为何强调形式的主导作用。艺术品的在场引导着他从具体作品出发,或是侧重形式、或是侧重内容,展开批评。他会因叙事内容肯定特洛鲁普的价值,也会因形式的优点给予斯特凡·乔治高度赞扬。在这种以艺术品的"在场"为前提的批评实践中,因为形式是文学艺术呈现自身审美和社会价值的主要方式,那么确立以形式为主导的辩证结构自然就无可厚非了。
③ 克莱门特·格林伯格:《艺术与文化》,沈语冰译,广西师范大学出版社,2015,第358页。另,这段表述引用自《艺术与文化》一书中的"卡夫卡的犹太特性"一节,颇为有趣的是,该篇章初发表于1956年的版本与《艺术与文化》一书中收录的版本存在一定的差别,若将这两个文本视为格林伯格前后思想变化或许会稍显拔高该文的价值;或许只是因为与利维斯的交流,格林伯格才在后来调整了自己在该文中的一些表述。这里,我们主要参考《艺术与文化》一书中的"卡夫卡的犹太特性"来讨论卡夫卡的犹太特性问题。

"风格和意义上的犹太式"是卡夫卡的"犹太特性",它是渗透在作品中的独特精神特质。对此,格林伯格又解释道:"卡夫卡的主人公们在其中找到其唯一安全和可认知现实的日常生活与逻辑的单调乏味,或者毋宁说合理性的单调乏味,在许多方面(无论是经过扭曲的还是未曾扭曲的)都与所有遭驱逐的犹太人两千年来一直在寻找其形状、身份及其生活安全感的体制相似。"[1] 从这一论断可知,在格林伯格的认识里,卡夫卡的小说从内容上看是在观照犹太人的生活境况;从形式上看则是在犹太式的风格和意义上阐述了"犹太特性"。犹太人的时间观、历史观渗透在卡夫卡的小说中,作为一种形式逻辑存在,并且将对犹太人精神和境况的内容表述统一了进来。概言之,"犹太特性"渗透在卡夫卡作品的内容和形式中。由此来看,卡夫卡的作品中蕴含的直接政治关怀,当然不(只)是内容与主题上的描述,它也以形式呈现了作者对犹太人生存政治和生活哲学的理解。可见,格林伯格对卡夫卡的分析实质上揭示了作品实现政治关怀的方式,即文学艺术会以其自身特有的形式表达对现实世界的理解。

需要注意的是,格林伯格的形式可能不是传统意义上的形式。一方面,格林伯格坚持文学作品只是一个对象,所以在评价卡夫卡时,他表示艺术不是生活和经验的替代品,文学艺术的最终标准不是它所探索的道德问题的深度。按他的理解,艺术是个体自由的实现,这种实现更多指向以形式为核心的审美理想,而非与艺术存在距离的政治、道德等问题。但另一方面,他又指出,卡夫卡以独特的宗教形式阐述了犹太人独特的现实观。这表明,他希望在实现形式的审美理想的同时,能够以形式完成对现实社会以及人的生存状态的追问,进而达成对现实世界的关怀。可见,所谓"犹太特性"可能既是关乎作品形式的,又是关

---

[1] 克莱门特·格林伯格:《艺术与文化》,沈语冰译,广西师范大学出版社,2015,第361页。

乎作品内容的,它同时承载着审美理想和社会功能。从这个角度看,虽然格林伯格多次强调马克思主义在他眼中只是一种哲学,但其文学批评中潜在的某些原则与马克思主义所坚持的美学和历史的批评标准确实是一致的。

基于上述分析,可知,格林伯格确实将艺术作品的内容、形式及其二者与社会现实的关系设想成了一种复杂的动态结构。在这一动态结构中,艺术作品与社会现实的关联是内容和形式、思想与情感纠缠在一起的——渗透于内容和形式中的"犹太特性"各自(同时又纠缠地)与外部世界关联。更普遍地看,在格林伯格这里,具体作品的价值于形式和内容上各有侧重,作品与社会的联系也难以一味地强调形式或内容。所以虽然他坚持侧重形式的文本分析策略,但是因为具体作品的差异,在某些批评篇章中,他也会对艺术作品的内容做出分析。这也意味着文学艺术实现政治(现实)关怀的方式并不同一,内容的、思想的、形式的、情感的都可以作为主要因素,主导艺术在实现审美价值的同时完成其服务人类社会的使命和责任。它是一个内容、形式、社会现实各自相对独立运动却又相互作用的复杂问题。故此,对艺术作品的理解当然要坚持"在场",切入个案和具体作品,从而真正阐明某一作家或作品的意义与价值。

可以说,格林伯格对艺术作品内容、形式及其二者与社会现实关系的书写确实是他接受和运用马克思主义的结果。这些思考体现了格林伯格的文学批评中浓重的唯物主义色彩和观照到个体的人本主义价值取向。相比于僵化地运用马克思主义的批评标准,格林伯格的批评原则更加灵活、标准更加复杂。这也正是其文学批评中实践马克思主义的真正价值所在。

结　语

总体来看,马克思主义作为一种重要的思想资源,影响了格林伯格的文学批评。对辩证唯物主义和历史唯物主义的接受和运用，使格林伯格的文学批评既没有执拗于纯粹的形式主义美学，也没有完全拘泥于传统的社会历史批评。他更多是坚持以"在场"的心态，灵活地聚焦某一作品的形式或内容，具体分析作品的价值。这样的批评策略具备浓重的唯物主义色彩和观照到个体的人本主义价值取向。这样的方法对当前批评理论和批评实践的推进有着重要借鉴意义。此外，在格林伯格的认识里，艺术会在相对远离现实的基础上，以审美的方式承担社会责任。这一观点对我们当前处理艺术与现实的关系也具备一定的参考价值，能够给予我们一定的灵感和启发。

The Practice and Value of Marxist Thought in Greenberg's Literary Criticism

Wang Shujiang

(Communication University of Shanxi, Jinzhong, Shanxi 030619, China)

Abstract: Clement Greenberg pointed out that poetry can shape the feelings and laws of life with the internal rhythm of language, and poetry has the dual functions of realizing itself and transforming life, but only when it goes beyond the purpose of art can it pay attention to the world and assume the responsibility for the world; changes in culture, religion and other superstructures will not have a direct impact on the value of art, art will be separated from social life and keep in touch with reality in an aesthetic way. Greenberg's literary criticism is a critical practice based on Marxism as its methodology and way of thinking, which is permeated with Marxist materialism and humanistic spirit. Greenberg believed that the content and form of literature would be unified in the form‑dominated dynamic structure, making it a special political concern; criticism should adhere to the "presence" of the subject of criticism, and cut into specific works to clarify its value. This has reference value and significance for the current Marxist literary criticism.

Keywords: Clement Greenberg; Literary Criticism; Materialism; Jewish Characteristics; Political Concern

❖ 卢卡奇戏剧理论与艺术伦理思想

青年卢卡奇对匈牙利戏剧的批判

秦佳阳[*]

摘 要：卢卡奇青年时期的著作《现代戏剧发展史》在最后一节专门论述匈牙利戏剧。他首先揭示匈牙利戏剧的现状，进而从戏剧形式和内容角度进行伦理美学批判，并深入社会历史背景做出反思，最后回归主体本身，思考人的生存问题。他直接批判匈牙利戏剧的自然主义形式抹杀了反思性，因而没有产生群众效应，也不具备现实主义反映力。他真正重视的是戏剧中人的问题。虽然卢卡奇尚未提出"伦理美学"，但其在匈牙利戏剧批判中已然充分体现伦理美学内涵。

关键词：青年卢卡奇；匈牙利戏剧；现代戏剧；新型悲剧；伦理美学

卢卡奇早年曾尝试构建一个美学体系。虽然在这一时期，他的思想中既有明确的客观唯心主义思想，亦受到马克思主义思想的影响，体现出理论立场的不确定性（也因此，他没有成功），但这一时期，他对艺术样式、形式美学、伦理美学、现象学美学，以及审美现代性问题，都进行了广泛且深刻的思考，相关理论成果不仅作用于这次美学体系建构的尝试，亦对他一生的美学思想产生了持续性影响。

卢卡奇的《现代戏剧发展史》出版于1911年，共分六个章节，其

---

[*] 秦佳阳，四川大学文学与新闻学院博士研究生，主要研究方向：东欧马克思主义美学。

从戏剧、现代戏剧等戏剧理论的普遍问题开始，通过历时发展与共时比较相结合的具体阐释，实现现实主义现代戏剧的理论构想。卢卡奇创作《现代戏剧发展史》既有前期的实践基础，如塔利亚剧团戏剧表演和剧本、剧评写作实践，也有丰富的理论积淀，如齐美尔的生命哲学，黑贝尔、易卜生等人具体戏剧作品与戏剧理论的影响。卢卡奇在《我走向马克思之路》中，专门就齐美尔的理论影响进行了说明："我必然需要阅读社会学和历史著作来澄清我的想法。也是在这个时期，我第一次接触并熟识了马克思的著作。自然，正如我在其他地方所解释的那样，我是通过齐美尔的眼睛读到马克思的。"① 齐美尔为卢卡奇的现代戏剧理论带来了生命哲学的启示，卢卡奇却在晚年更加肯定齐美尔在马克思主义思想方面对他带来的影响。可见，《现代戏剧发展史》确实受到了马克思主义实质性的影响，卢卡奇自己亦承认这一点。他认为，现代戏剧源于大众，且以大众为目标。现代戏剧既要依赖群众，又应具有明确的现实意义，产生广泛的大众效应。同时，这类戏剧还不能落入反映论的"圈套"，需要具备独特性与美学价值，需要具有理论内涵与召唤反思的力量。在这样的界定之下，卢卡奇提出："在世界现代戏剧史中，匈牙利戏剧文学只能被视为一个例外。"② 匈牙利现代戏剧仅在剧本文学（Buchdrama）方面有所发展，这并不符合卢卡奇理想中现代戏剧的标准。此外，他认为匈牙利戏剧内涵简单，缺乏深刻性，人道主义性质薄弱，群众效应不强。这些批判都是卢卡奇以他心目中现代戏剧所应当具备的特质为标准，对匈牙利戏剧的审视。面对作为他成长的"背景音乐"的匈牙利戏剧，他的批判揭示出他理想中的现代戏剧，也成为他反思匈牙利现代社会本质的媒介。

---

① György Lukács, "*Utam Marxhoz*," *Válogatott Filozófiai Tanulmányok*. I–II, Budapest, 1971, Preface, p. 10.
② Georg Lukács, *Die Entwicklungsgeschichte des Modernen Dramas*, Hermann Luchterhand Verlag GmbH, 1981, S. 539.

一　匈牙利现代戏剧①的存在悖论

卢卡奇在匈牙利度过了童年和青年时代。匈牙利戏剧对于他的意义，如同京剧对于中国人的意义，是深入骨血的触感，是萦绕心间的乡音。一个中国人哪怕不会表演甚至不懂欣赏，京剧仍是中国艺术的象征，承载着每一个中国人的归属感。同样，卢卡奇对匈牙利戏剧的认识和接受首先是体验性的，是格式塔心理学意义上的接受。这种体验甚至一度是无意识的。他在1903年产生了组建塔利亚剧团的想法，并在好友的帮助下实现了这次戏剧尝试。塔利亚剧团时期，他既进行剧本创作、剧评撰写，也亲自上台进行戏剧演出，亲身体验了戏剧这一艺术形式的特性，感受到了戏剧的表现力和影响力。成长的经历与戏剧实践为他的现代戏剧理论提供了感性和理性的丰富资源，他也开始对匈牙利戏剧进行思考，对现代戏剧进行反思。在对戏剧进行了纯粹艺术样式理论的研究，并结合不同社会历史环境对不同国家不同流派的具体戏剧样式进行分析后，在《现代戏剧发展史》的最后一节，卢卡奇专门论述了匈牙利戏剧，这仿佛一曲宏大交响乐的尾声，其用意引人深思。而他直接否认了匈牙利存在现代戏剧这一观点，为进一步领会这一用意提供了明确的指引。现代戏剧的产生和发展需要一定的社会历史条件和审美群体，匈牙利没有产生现代戏剧，这意味着匈牙利不具有这样的基础。在这个意义上，匈牙利的社会历史环境与文化哲学背景则是卢卡奇亲身经历的一个反例，它没能产生现代戏剧的原因正是他所批判的，匈牙利现代社会不具备的特质，则是他想证明的、现代戏剧产生所需要的。在这个意义上，对匈牙利戏剧的论述，不仅是卢卡奇对回归自己生长环境的反思，也是对现代戏剧这一艺术样式的完整建构。

---

① 此处提到的匈牙利现代戏剧并非特指"现代戏剧"这一戏剧样式，而是泛指匈牙利这一时期的戏剧。

卢卡奇的现代戏剧观是现实主义戏剧观，现代戏剧不仅应源于日常生活，更要最终走进日常生活，产生大众效应。现代戏剧的社会历史根源在于阶级意识建构，这在主观领域和客观领域均有体现。以德国、法国等发展了成熟戏剧的国家为参照进行社会历史考察就能发现，这种作为思想根基的意识形态在匈牙利的建构是失败的。卢卡奇提出："在20世纪二三十年代的德国，甚至法国，关于文学公开的舆论讨论十分激烈。"[1] 舆论本身就是大众参与社会意识建构的产物和体现，舆论的公开性则进一步将这种具有集体性和普遍性的社会意识形态与阶级意识形态建构，导向一个群体性、社会性发展的潮流和趋势当中，促进主体间的普遍交流与审美共通感的形成。这样的氛围和社会意识在当时的匈牙利是没有的。而关于这一点，卢卡奇明确指出："匈牙利在1848年革命当中（以及以后），一种与18世纪末19世纪初人民的意识形态一致的世界观从未被建构起来过。"[2] 因此，虽然匈牙利同样存在天资过人、天赋卓越的戏剧家，但个体性品位没有产生普遍审美共通感，这些作品也就只能以个体性的形式存在，在有限范围获得审美感知。匈牙利知识分子的观念和态度一部分来源于封建统治之下的历史，另一部分超越了他们自己的世界观，来源于社会观念，这就意味着匈牙利社会的意识形态基础不是过去的、古老的，就是瞬间、即时的，也因此是断裂的、即兴的。匈牙利戏剧的发展缺乏社会历史根基，缺乏具有普遍性的社会意识形态基础。卢卡奇青睐法国潮流戏剧（Tendenzdrama），看重其内容选择、价值观传递，以及戏剧表现手法。古希腊悲剧、英国莎士比亚戏剧、德国古典戏剧和法国潮流戏剧都取得巨大发展成就，产生了众多著名的戏剧作品与戏剧理论研究成果，法国潮流戏剧

---

[1] Georg Lukács, *Die Entwicklungsgeschichte des Modernen Dramas*, Hermann Luchterhand Verlag GmbH, 1981, S. 539.

[2] Georg Lukács, *Die Entwicklungsgeschichte des Modernen Dramas*, Hermann Luchterhand Verlag GmbH, 1981, S. 540.

更是现代戏剧的最早形态①，然而匈牙利现代戏剧却并未发展起来。这是他基于不同戏剧产生和发展的社会历史背景，以及戏剧自身的发展特征做出的判断。此时的卢卡奇就已经具备了历史唯物主义的思考，已然发现了艺术样式与现实基础之间的关系。也因此，他确定："若要清楚地知道造成匈牙利戏剧现状的原因，则必须要对 19 世纪整个匈牙利文化的历史进行梳理。"② 此时的卢卡奇已经意识到，匈牙利没有现代戏剧不是戏剧样式的问题，而是社会历史的问题。要分析匈牙利戏剧现状的原因，则势必要从社会历史当中探究根源。这一思路也在客观上再次证明，现代戏剧的产生离不开社会历史环境，离不开作为日常生活主体的大众。

现代戏剧在卢卡奇早期艺术样式理论中，代表着改变人类生存现状、实现整体性的一种可能。卢卡奇是希望匈牙利拥有现代戏剧的。这是他思考匈牙利戏剧的初衷，也是他从中学时期就开始的戏剧尝试的目标。不仅如此，他的现代戏剧理论构想就产生于匈牙利现代社会，这种戏剧样式产生效应的理想对象是匈牙利现代社会和人民。卢卡奇研究的是现代戏剧，关注的却是人及其生活。由此，他生长的社会环境成为他现代戏剧理论产生的现实基础，为他提供了思考现代戏剧理论的目标与可能性。而匈牙利社会历史和文化背景的特征，及其没有产生现代戏剧的状况，使他更加认识到现代戏剧产生的实际背景和影响因素。在理论方面，卢卡奇坦言，《现代戏剧发展史》在很大程度上受到齐美尔的影响，齐美尔的生命哲学是其理论基础。齐美尔对个体碎片化的本体性存在及其生命的肯定，对作为对象化存在的历史的分析，使卢卡奇在思考现代戏剧时，不仅着眼日常生活，还更深入社会本质。当他晚年反思齐美尔的影响时，他从齐美尔的生命哲学中，联系到青年马克思的人道主义思想；从齐美尔的历史哲学中，受到了马克思历史唯物主义的

---

① See Georg Lukács, *Die Entwicklungsgeschichte des Modernen Dramas*, Darmstadt und Neuwied: Hermann Luchterhand Verlag GmbH, 1981.
② Georg Lukács, *Die Entwicklungsgeschichte des Modernen Dramas*, Hermann Luchterhand Verlag GmbH, 1981, S. 540.

影响。不仅如此，卢卡奇在马克思主义美学体系建构之后明确提出，他在早期对齐美尔的理论吸收中，已经接触到了马克思主义，因而他在《现代戏剧发展史》的写作中，可谓间接受到了马克思主义的影响，而在理论体系的建构中，马克思主义则具有根本地位。无论是卢卡奇在思考艺术样式时对社会现实与日常生活的关注，还是他在对戏剧效应的追求中，均要求现代戏剧最终应进入日常生活，对大众产生实际影响，都具有明确的现实主义价值，以及马克思主义实践意义。此外，资本、物化、伦理、人道主义等问题在他结合现代戏剧的论述中，也体现出鲜明的马克思主义态度。在这个意义上，对现代戏剧理论的研究，不仅是对卢卡奇早期美学思想和艺术样式的思考，更是对他在马克思主义转向之前的理论准备的揭示，由此在他建构的马克思主义美学体系的发展中，可以窥见东欧马克思主义思想的落地、生根和发展的过程。

结合青年卢卡奇的生活经历，以及他在建构戏剧理论的准备阶段所受到的理论影响，重新审视《现代戏剧发展史》，则可以发现现代戏剧理论与社会历史现实之间的关系，并非单一的背景与产物关系。现代社会充满矛盾与不确定的现状并非现代戏剧生长的土壤，现代戏剧本身才是为了解决现代性问题而出现的一种可能性。换言之，现代戏剧与古希腊戏剧、古典戏剧、潮流戏剧等戏剧样式不同，它不是随着历史发展自然演变，之后经过对样式特征的归纳总结而形成的戏剧类型。现代戏剧是现代这一特定时期，基于独特的社会历史背景及亟待解决的社会和伦理问题，经由艺术样式建构而产生，并进入日常生活，致力于解决现代社会问题的戏剧样式。正因为现代戏剧的具体时代性，以及相比于其他艺术样式的特殊性，它成为卢卡奇早期美学思想的重要内容，也是他一生美学体系的开端。

二 匈牙利戏剧中历史哲学反思的失语

匈牙利不乏优秀戏剧，但它没有现代戏剧。由此，对匈牙利戏剧特征的揭示，则是对现代戏剧特性的反向证明。现代戏剧所应当具备的，在匈牙利戏剧中无法找到，而匈牙利戏剧所拥有的，使其无法发展成现代戏剧。也因此，匈牙利没有现代戏剧这一现实本身，就具有对匈牙利现代社会的批判价值。

法国潮流戏剧为现代戏剧带来了启示，其现实主义风格与对日常生活的关注，为现代戏剧的产生提供了现实范例。然而潮流戏剧缺乏深刻的哲学反思，刻意的实用性与精美的戏剧效果使戏剧的实际内容成为装饰。由此，潮流戏剧的形式意义大于内容，现实主义思想归于浅薄，戏剧价值流于形式。卢卡奇在艺术样式理论中一直十分关注现实主义，重视内容相对于形式的本体性作用，他甚至认为，席勒和歌德之所以没有成功创作出现代戏剧，正是因为他们经常沉溺于脱离现实的形式化尝试。也因此，卢卡奇从法国潮流戏剧中得到了现代戏剧的启发，他明确认识到现代戏剧和现实的紧密联系是不可妥协的第一要义。匈牙利戏剧家的戏剧创作手法在很大程度上吸收了法国潮流戏剧特征，大多数戏剧作品同时包含内容和形式两种可能性，但这一特征所带来的新问题，是内容与形式的分离，戏剧作品本身的内涵和效应呈个体性。它是戏剧家个人天赋发挥作用的重要体现，但没有在戏剧作品的审美效应中实现普遍性与品味的共通感，因此难以产生教化作用。卢卡奇将产生这一现象的原因归结为匈牙利特殊的社会历史与文化背景，因为社会环境与人文环境共同对戏剧创作与审美主体带来直接影响。他指出："匈牙利从来就没有哲学文化——最多只有零散而孤独的伟大思想家。但真正的戏剧只能在思想文化的基础上产生。"[1] 产生于现代社会客观现实，最终又回到对日常生活的思考，这是他对现代戏剧的要求，也是他审视匈牙利戏剧的原则和标准。他认为："戏剧、悲剧必不可少的前提是对深刻而'抽象的'经历对生活的决定作用的感悟，也

---

[1] Georg Lukács, *Die Entwicklungsgeschichte des Modernen Dramas*, Hermann Luchterhand Verlag GmbH, 1981, S.541.

只有这种经历才能决定生活。"① 社会历史环境、文化背景、主体的经历是必要的，但更为重要的是在表达现实的时候，创作者如何体现出主体的思维路径，以此激发接受者的思考与感悟。现代戏剧的表现对象是日常生活，同样的日常生活如何经由戏剧家的笔展现出不同的价值，既依赖戏剧家自身的天赋与逻辑思考，也需要接受者相应的艺术修养与情感共通能力。

匈牙利戏剧虽然不是现代戏剧，因为无论在戏剧内容还是形式方面，它都没有满足青年卢卡奇对现代戏剧的期望，没有实现现代戏剧的效果，但它确实反映出匈牙利社会、民众及其生存状况，也反映出匈牙利缺乏文化与哲学传统。卢卡奇详细梳理了匈牙利 18~19 世纪最具盛名的戏剧家，例如创立了匈牙利大众戏剧的戏剧家、演员埃德·西格利吉（Szigligeti Ede②，1814~1878）；以及在西格利吉去世后受到大众喜爱的、被称作匈牙利唯一诗人的谢尔盖·西基（Csiky Gergely）；在当时的戏剧文坛占据着尤为重要地位，无论是理论逻辑还是抒情天赋都远远超出同一时期其他戏剧家的耶内·里奥西（Rákosi Jenö）；还有匈牙利著名的小说家、戏剧家费伦克·莫纳（Molnár Ferenc）等人，并对他们的创作方式、戏剧内容、表现技法、戏剧风格等问题进行分析，其中就有在匈牙利一个世纪以内堪称最优美而富有诗意的作品——格查·加多尼（Gárdonyi Géza）的《红酒》，以及被视为剧作家吉尔吉·塞米尔（Szemere György）唯一最完美的作品《死囚之家》（*Siralomház*）。但即使是这些史诗般的戏剧作品，它们在卢卡奇眼中也只能算作戏剧性的"中篇小说"（dramatische novelle），或者"田园诗"（Idylle）而非真正意义上的戏剧。以 19 世纪匈牙利最优美而富有诗意的舞台作品《红酒》为例，卢卡奇虽然承认它作为一部舞台作品的过人之处，但一部

---

① Georg Lukács, *Die Entwicklungsgeschichte des Modernen Dramas*, Hermann Luchterhand Verlag GmbH, 1981, S.541.
② 匈牙利语属于乌拉尔语系，和中亚阿尔泰语系比较接近，姓名顺序和汉语一样，姓前名后。以下多位匈牙利戏剧家姓名外文标准皆遵循姓前名后格式。

真正的戏剧，或者说一部合格的现代戏剧，必定是反映现实社会并具有批判意义的。就一部文学作品而言，《红酒》从抒情诗的角度实现了它的意义升华，但是这种自然主义风格的创作技法无法反映匈牙利人民的悲剧处境。形式的完整，甚至完美，使《红酒》成为自然主义戏剧的典范。加多尼甚至刻意回避了教会世界观与普遍世界观之间的冲突，只因为对于田园诗来说，三幕剧显得太长了。这一决定使《红酒》彻底远离了现代戏剧。该戏剧在呈现出人的社会地位与困境后，没有指明这些状况背后的问题根源，亦没有提出人在这些问题的产生、发展与寻求最终解决方面能够扮演的角色，没有体现出主观意志力和人类本质力量。匈牙利戏剧的特征是显著的，这些特征不仅体现出匈牙利的哲学文化背景，也批判性地提出了现代戏剧的要求，而后者正是现代戏剧理论产生的基础。也因此，匈牙利戏剧在卢卡奇的否定评价中，体现出对社会的批判价值。

莫纳的《利力姆》（*Liliom*）是匈牙利戏剧史上的经典之作，它曾三次被搬上默片银幕，1930年又被重新拍摄为有声电影放映。不过在卢卡奇眼中，它只是一部成功的小说。与《红酒》类似，《利力姆》的表现方式仍是自然主义的，描写多于叙述。作为一部戏剧，《利力姆》虽依赖现实，也充分表现了戏剧内容与主旨，但它缺乏现实主义洞见，人物也缺乏戏剧性。在自然主义的影响下，《利力姆》遵循对象的自然风貌，人物在创作者眼中服务于描写目的。人物是环境的点缀，他们依附于环境，并被环境塑造。卢卡奇直接指出："当他们从这个狭小的范围中离开，他们就会完全失去意义，并且与他们有效场景的重要性分离，真正的戏剧已然不再是这样，或者说根本就从未如此。"[1] 所以，虽然这样的作品同样感人，但人物的存在缺乏独立性，情节的发展不能激发大众反思。这些特征使该作品既不具有生命哲学价值，也不具有历

---

[1] Georg Lukács, *Die Entwicklungsgeschichte des Modernen Dramas*, Hermann Luchterhand Verlag GmbH, 1981, S. 557.

史唯物主义与现实主义意义。因此，只要戏剧离开了它自身的语境，它就失去了生命力。不能进入日常生活产生大众效应的戏剧，便不符合卢卡奇对现代戏剧的要求。使观众产生感同身受的需求和愿望是卢卡奇心目中现代戏剧的必要效应，而使观众有所感悟的内容往往与日常生活密切相关。但匈牙利戏剧仅能使观众在接受戏剧情节和审美的过程中，对戏剧人物的喜怒哀乐感同身受，在与自己的对比中认识到自己的不幸或幸运。即使其中具有现实主义性质的悲剧，也包含戏剧家着力塑造的刻意性。观众的震撼并非直接延续自戏剧反映的日常生活，而仍是依赖于想象和联想，这种主观建构就具有戏剧表现方式带来的强制性和规范性。卢卡奇认为，匈牙利要产生现代戏剧，并非仅仅依靠某一个或几个戏剧家的能力和创意就能实现，问题在于戏剧家与观众之间的关系，这是人与整个社会文化和发展走向之间的问题，也是整个历史传统与社会进程是否允许并提供条件的问题。匈牙利没有形成具有普遍性的社会文化，作家在创作中以自己的风格为主要追求，社会文化与个体心理状况不适宜现代戏剧生长，整个匈牙利现代社会不具备产生现代戏剧的环境。换言之，在碎片化个体具有伦理性的独立存在的阶段尚未实现时，跳过主体主观领域的困境，直接描写以表达主体及其与现实的关系所做出的尝试，仍是断裂的、理想化的。主—客二元问题在匈牙利戏剧中没有得到解决，这两个范畴的对立却更加明确。

对此，卢卡奇回到古希腊命运悲剧，从中寻求解决方法。在他看来，现代戏剧应当直接关心人及其命运，上帝只是观众。上帝的存在不是为了对戏剧和戏剧人物产生影响，只是为了证明戏剧本身与戏剧人物的存在是合法的。在戏剧接受中，如他所言："只有观众的目光栖息在演员身上。"[1] 这意味着现代戏剧没有上帝和绝对命运的控制，而相对于接受者被动接受戏剧内容设置和意图输出，现代戏剧更重视接受

---

[1] Georg Lukács, "Metaphysik der Tragödie: Paul Ernst," in *Die Seele und die Formen/Essays*. Berlin: Egon Fleischel & Co., 1911, S. 218.

者的直观感受。当观众观看戏剧时，观众的目光栖息在演员和剧情上，观众与戏剧才能交流，戏剧由此开始产生大众效应。相比于小说、诗歌、散文等以文本呈现的艺术样式，在戏剧接受中，观众与艺术作品的实际距离更近。戏剧的表现与观众的接受同时发生，观众的反应甚至能直接对舞台上的演员产生影响。青年卢卡奇十分重视艺术表达和审美过程中人与人之间的交流之于艺术效果的作用，即便艺术呈现为具体的艺术作品形态，其中人的价值仍然是主导性的，这就在东欧马克思主义美学的语境中，突出了主体实践对于作品艺术性产生的意义。当观众欣赏戏剧故事时，观众的态度能在一定程度上决定戏剧的效应，决定戏剧的价值。换言之，观众虽然不能改变命运，却能改变接受和迎接命运的方式；观众不能阻止悲剧的发生，却能决定如何对待悲剧。匈牙利戏剧没有做到这一点，它只以戏剧的艺术样式，邀请接受者与其一同喜怒哀乐。观众看着别人的故事，却难以流出自己的眼泪。匈牙利戏剧由此成为可望而不可即的精致艺术品，它自成一个世界，供人远观。但现代戏剧应当具有深入日常生活和大众的功能与效应，它需要刺激大众，使之发泄出自己的情感。这种在戏剧接受中的个体性情感，才是真正实现社会意识普遍性的源头，也只有大众自身的真情实感，才能真正实现品味共通与社会普遍性。而这才是青年卢卡奇思考现代戏剧理论所真正追求的。

三 由悲剧的形而上学走向个体的日常生活

现代戏剧是大众戏剧，大众既是戏剧创作的内容来源，也是戏剧效应的对象。卢卡奇在现代戏剧理论中，提出一种新的戏剧形式，即新型悲剧。这种悲剧不是为了塑造悲剧才进行戏剧创作的，而是以生活中的悲剧内容本身为对象创作悲剧。由于这种悲剧以日常生活为基础，它就将悲剧从对形而上学的崇高追求中解放出来，悲剧这种戏剧类型也从毁灭与人神对抗的模式中脱离出来。这不仅在戏剧样式中使主体获得了新的审美体验，悲剧故事也由此走入日常生活，使日常生活在联系大众，并促使大众进行反思的维度获得新的主体性价值。新型悲剧的悲剧性也不再是古希腊悲剧中绝对的悲剧性。无论是戏剧样式还是日常生活，人的力量都得到重塑，人对人自身、对人际关系，乃至对自己生存的社会，都有了新的认识与体悟。这种悲剧作为源于日常生活，又最终回到日常生活、对大众产生实际影响的戏剧样式，符合卢卡奇所要建构的现代戏剧形式。

卢卡奇对新型悲剧的社会效应充满期待。他指出，这种戏剧最鲜明的特点是："戏剧的主题不再是浪漫主义的人。这些人不再渴望去实现不切实际的梦想，他们只想生存，只想沿着生命之路走向尽头，并在这条路上，看清自己和自己生于斯长于斯的世界的本质。"[①] 悲剧和悲剧性不再是人造的，现代悲剧与其说是一种新型悲剧，不如说是现实主义戏剧的一个类别，即那种直接瞄准现实生活在阶级斗争、意识形态维度的悲剧。新型悲剧的戏剧效应也不再以崇高为标准，以净化为媒介。接受者在对新型悲剧的审美中，直接联系经验现实，并由此产生对先验与自身经验的反思。换言之，新型悲剧的"崇高"是现实主义的崇高，是日常生活中大众自身的崇高。由此，人自身及其本质得到关注，新型悲剧也因此具有了伦理意义，成为青年卢卡奇美学思想中，具有伦理美学价值的理论建构。这种以现实主义为宗旨，以日常生活的人为对象的悲剧，得到了卢卡奇的重视，因为这样的悲剧才是人的悲剧，才具有反映日常生活的能力。在他眼中，悲剧是衰落的阶级才会拥有的戏剧类型，而新型悲剧产生的基础，正是日常生活中的悲剧事件，也因此，新型悲剧所反映的恰好是现实中的衰落阶级，新型悲剧因而具有阶级性与现实主义性质。卢卡奇认同新型悲剧属于现代戏剧样式，也在新型悲剧的理论中，表达了他对匈牙利戏剧、匈牙利社会，以及整个现代戏剧

---

① Georg Lukács, *Die Entwicklungsgeschichte des Modernen Dramas*, Hermann Luchterhand Verlag GmbH, 1981, S. 501-502.

的批判性思考。这种悲剧的表现对象是日常生活，悲剧反映的内容具有现实主义特性，因此，这种悲剧就具有现实主义戏剧反映客观现实的价值。而作为追求崇高的悲剧中的一种，现代悲剧直面主观先验形式与客观现实在悲剧样式中的矛盾冲突，并以这种冲突对客观现实进行批判。由于形式产生于主观先验范畴，它与日常生活之间就永远存在界限。青年卢卡奇越是想建立主观世界与客观世界的联系，就越是证明了二者之间的对立。产生于主观先验范畴的形式，不仅要与客观现实产生联系，更需要暗示其内在本质，指向形而上学范畴。双重指向性的逻辑，使形式在具体的现代戏剧实践中，呈现出复杂且矛盾的现象。卢卡奇希望在新型悲剧中，人能够成就自己，实现类本质对象化。但现代戏剧又必须依赖客观现实，反映历史与阶级意识。这一矛盾直到他晚年建立起马克思主义美学体系之后，才得以解决。青年卢卡奇美学思想中的形式悖论，是他这一时期美学思想的主要内容，也是他自身伦理美学问题的体现。在历史唯物主义角度，他的悖论产生于他的生活经历，以及他理论思想的发展。这既源于他的家庭情况和整个匈牙利现代社会状况，也受康德、黑格尔、齐美尔、克尔凯郭尔等人哲学的影响。同时，他在思考现代戏剧理论时，正处于身心成长和发展的时期，他自己尚且不知道他正在建构的现代戏剧理论会以怎样的具体且成熟的方式显现，就已然开始着手进行这项工作。新型悲剧作为卢卡奇的一种可靠尝试，似乎具有一定成就，但美学的矛盾，仍然未得解决。

　　新型悲剧内容与形式之间的矛盾，反映出来的不仅是匈牙利戏剧的问题、青年卢卡奇自己的思想悖论，也反映出美学本身在理论体系建构和具体艺术样式实践方面的矛盾。缺乏具有普遍性的哲学文化环境使匈牙利仅有张扬个体天赋和自然主义叙事的戏剧，作品既无法使接受者产生共鸣，其内涵本身也不具有基于普遍意义的社会问题视角。匈牙利戏剧发展中"不得不"受到的文化哲学影响是其悲剧发展的"命运"，也是青年卢卡奇真正反思的对象，其矛盾与悖论，则是形而上学与历史哲学思想矛盾交融的具体体现。如果主观世界与客观世界、历史与瞬间无法产生联系，艺术作品与日常生活之间就只能像是命运与悲剧主人公、上帝与戏剧之间对立与对抗的关系，艺术样式的发展也仅能以悲剧结尾。虽然卢卡奇在《现代戏剧发展史》的最后才提出匈牙利戏剧的问题，但在主观意图上，他希望能从匈牙利戏剧中揭示出现代戏剧发展的问题，匈牙利戏剧的问题是现代戏剧问题中放大的典型。也因此，卢卡奇的新型悲剧不仅是现代戏剧理论中的新尝试，也是解决形式与内容悖论的一种可能。

东欧马克思主义具有批判反思传统，卢卡奇早期思考经由新型悲剧实现现代戏剧理论建构的尝试，也成为他晚年马克思主义美学建构中，所批判扬弃的内容。他一生都在思考如何实现总体性。他由青年时期对艺术理论和形而上学领域的思索，开始对伦理美学的探求，又在转向马克思并经历了现实主义美学思考阶段之后，终于从历史唯物主义与辩证唯物主义当中，找到了解决美学问题的关键，即晚年对"审美特性"的强调。这并非对审美活动特殊性的强调，而是对美学矛盾本质属性的揭示，也是他不再以康德、黑格尔所引领的客观唯心主义美学为媒介，向主观先验领域的逃遁，而是他终于开始直面社会现实及其问题的标志。他不赞成戏剧中的崇高构想与不切实际的伟大理想，他的一切戏剧主张都指向日常生活，围绕人，探寻人的类本质，并以此为基础实现具有普遍意义的社会审美共通感。因为只有这样的艺术，才能通向更多的人，才不会因其只是对艺术家个体天赋的表达，或者对纯粹崇高的追求，而自行远离大众及其生活，也使大众无法真正深入其间。他理想中的现代戏剧、新型悲剧不再是殿堂级的高雅艺术，而是具有社会性质、具有阶级属性，以及人道主义关怀的戏剧。虽然此时卢卡奇的现代戏剧理论中，仍不乏康德与黑格尔的明显痕迹，但他自身思想中的马克思主义意识形态已然萌芽，并开始发挥理论作用。齐美尔曾接受并直面现代社会的碎片化现状，卢卡奇关注日常生活本身的悲剧，并在现代戏剧理论体系建构中直面它，这是比直接批判现实更具有包容性的理论态度，也是将主体纳入理论体系之中，为主体寻求解放和发展的理论思想。这也意味着无论是具体的艺术样式，还是具有普遍意义的艺术领域，对艺术作品审美效应具有决定作用的，是作为接受者的大众、是创作者能实现审美共通感的天赋，更是社会历史背景，是整个时代的需要。

结　语

现代戏剧不仅是戏剧的一种类型，它更代表着一种区别于古希腊戏剧、德国古典戏剧、法国潮流戏剧、自然主义戏剧的一种新（neu）戏剧形式，承载着现代性问题的表现，内含解决问题的可能性。而这些因素，又会整体集结，凝聚并体现在一部具体的艺术作品当中。卢卡奇希望现代戏剧能实现全部的审美要素，小说、散文、史诗作为艺术样式，也要一同思考其自身之于现代社会的审美意义与价值。卢卡奇虽然在踏入理论领域的初期，没能完成理想中的美学建构，但这一时期的思考影响了他一生的美学思想。也正是他早期未完成理论梦想的经历，使他后来一边应用马克思主义方法论，对自己的早期思想在结合实践的过程中进行扬弃，另一边立足于历史唯物主义与辩证唯物主义，建构起马克思主义美学体系。也是在这个意义上，作为马克思主义美学家，卢卡奇实际践行了马克思主义美学。

Young Lukács's Critique of Hungarian Drama

Qin Jiayang

(School of Literature and Journalism, Sichuan University,
Chengdu, Sichuan 61004, China)

Abstract: Georg Lukács's book from his youth, the *History of the Development of Modern Drama*, devotes its final section to Hungarian Drama. He first reveals the current state of Hungarian Drama, then makes an ethical aesthetic critique of the form and content of the play, and reflects deeply on the social and historical background. Finally, he returns to the subject itself to consider the question of human existence. He directly criticizes the naturalistic form of Hungarian Drama, which eliminated the reflectivity, thus drama did not produce mass effect and have realistic reflective power. What he really valued was the question of the human being in the theater. Although Lukács had not yet proposed an "ethical aesthetic", it was fully reflected in the Hungarian drama critique.

Keywords: Young Lukács; Hungarian Drama; Modern Drama; the New Tragedy; Ethical Aesthetic

卢卡奇《审美特性》的艺术伦理思想探微

闫媛媛[*]

摘　要：在《审美特性》一书中，卢卡奇以日常生活为切入点，对艺术的审美特性进行了深入的哲学分析，并从人类学和生存论的视角对艺术的伦理潜能做出了系统的考察，因而该书蕴含着丰富的艺术伦理思想。卢卡奇强调，真正的艺术具有此岸性、具世性等本质特征，这使得艺术能够在日常生活中将自身的内在特性转化为伦理要素，从而发挥提升个体性和破解拜物化等伦理职能。因此，卢卡奇这一艺术伦理思想具有很强的现实指向性，能够对我们在当代生活中建构完善的伦理生活提供可行性指导。

关键词：卢卡奇；《审美特性》；艺术伦理；日常生活

作为卢卡奇晚期美学的集大成之作，《审美特性》（*Die Eigenart des Ästhetischen*）的核心内容是从哲学上集中探讨艺术的审美构成方式和内在特性，但在此书中，卢卡奇并未止步于纯美学研究，而是自由游走于哲学、美学、文学和伦理学等诸多领域，并在人类学和生存论的视角上考察了艺术在人之解放上的伦理潜能，从而建构出了内涵丰富的艺术伦理思想。整体上看，晚期卢卡奇的艺术理想将"真正的艺术"（echte kunst）视为伦理的理想载体，认为这种伟大的艺术能够凭借自身的此

---

[*] 闫媛媛，北京外国语大学中文学院博士研究生，主要研究方向：文艺伦理。

岸性（Jenseitigkeit）、具世性（Welthaftigkeit）① 等特征发挥出提升个体性、破除拜物化（fetischieren）、重建总体性（Gesamtheit）的伦理潜能。同时，卢卡奇指出艺术的伦理潜能的施行方式是通过陶冶（Katharsis）对人进行情感震撼和自我意识唤醒，因而艺术的伦理要素是内在于艺术本质之中的，这验证了艺术参与建构良善伦理生活的合理性。此外，卢卡奇以微观日常生活为切入点，确证了艺术在日常生活这一伦理生活场所中解决人类生存问题以及建构良善生活的现实可行性和优越性。因此，客观地讲，卢卡奇的艺术伦理思想具有很高的学术价值，它不仅有益于我们审视艺术的现代性审美救赎功能，还为审美场域的建设、完善伦理生活的建构等当代伦理问题提供有价值的方案和资源，这无疑将进一步推进当代伦理生活的进步。

一　真正的艺术：真与美的伦理世界

针对现代生活的异化现状和现代伦理共同体的失落状况，卢卡奇构建出了独特的艺术伦理观，并始终追寻着一种健康的、"有道德的"、具有总体性的伦理生活形式。在思索达到这种理想伦理生活的路径时，他察觉到艺术是一种利人的、伦理的存在，它与人的改造和人的更高的伦理范畴密切相关，"单个艺术作品不仅反映人类世界，而且能够影响并改变这个世界。因此，艺术不仅包括严格的审美，也包括其隐含的社

---

① "具世性"是卢卡奇在《审美特性》中的一个专用名词，在徐恒醇的中文译本中被译为"具世性"，根据德文词根，它大致包括"完整""世界""创世"之意。卢卡奇提出艺术尤其是现实主义文学作品具有"具世性"的本质特征，并在此书中设置专章对通向具世性的道路进行阐释，把对具世性的论述贯穿于艺术成为独立的反映形式的全过程，这就将"具世性"置于一个严密的逻辑体系之中，使其成为一个可供推敲且外延广阔的概念。客观地讲，通过把握"具世性"这一概念，有助于我们了解卢卡奇对艺术构成方式的哲学论证、其理想的现实主义文学形式、艺术的自为以及参与解决人类当前生活困境等问题，并为艺术伦理思想的研究提供新的角度。

会、伦理和政治承诺"。① 在他看来,"真正的艺术"作为一种理想的艺术形式,能够重建现代社会中失落的总体性,重返"被人遗忘的关于'真与美'的……世界"②,推动人类走向共产主义理想中的自由王国。③

卢卡奇痛心于现代社会中伦理生活的丧落和伦理共同体的解体,尖锐地批判了现代社会的物化、非整体性和彼岸性,并以此为依据分析了艺术的伦理潜能。首先,卢卡奇的物化观认为,现代社会中的物化状况造成了个体与外在世界的紧张与对立,资本主义的商品经济形式和过度的劳动分工造成了劳动产物和劳动主体的精神道德的对立,以及劳动者自身的异化,这导致了人整体性的破坏、人的残废畸形以及人性的病态。在这种状况下,现代个体无法在共同体陷落的破碎世界中把握意义,只能无力地屈从于外部理性形式的规定,此时人的整个生活和行动不再自由,精神世界也变得荒芜。其次,卢卡奇指出资本主义社会中人的整体观是抽象的和破碎的,资本主义社会的运行机制使得人与社会间一切具体而真实的中介关系被摧毁,因而人的整个生活都被抽象的商品经济支配、被非中介的直接性所占据。"对于资产阶级的意识而言,社会作为一个整体,充其量只是一个抽象的概念。"④ 人际关系的这种抽象性和不可感知性最终造成了个体的孤独,个体体验不到真正的共同体意识和集体归属感,这造成了以自我为中心的目的论的弥漫,当利己主义代替集体道德,主体性的原则上升为绝对的行动原则时,共同原则便无以为继,共同体也难逃陷落的命运。最后,资本主义社会中

---

① Tertium Datur, "Lukács' Early Aesthetics and Ethics as Mirrored in Die Eigenart des Ästhetischen," *Zagreber Germanistische Beiträge*, Vol. 20, No. 10, 2020, pp. 183-208.
② 乔治·斯坦纳:《语言与沉默:论语言、文学与非人道》,李小均译,上海人民出版社,2013,第395页。
③ 马克思认为,自由王国建立在必然王国的物质基础上,是人的内在能力进行发展的必然性领域;共产主义的高级阶段也即在必然王国之中,劳动是人的个人能力得到充分发展、使得个人进行自我实现和自我享受的活动;而自由王国便是在这一物质基础上的人的内在能力得到发展的更高文明社会。参见《马克思恩格斯文集》第7卷,人民出版社,2009,第928~929页。
④ 格奥尔格·卢卡奇:《为艺术而艺术和无产阶级写作》,冯若春译,《美学与艺术评论》2019年第1期,第205~209页。

的虚无主义、非理性主义、恐惧和疑惑等颓废心理加深了资本主义社会中此岸的无意义性与彼岸的意义性，这使已经被科学知识推翻的宗教信仰以新的面貌回归，并重新与内容空泛的彼岸终极结合起来，人们在被剥夺了意义的此岸生活中也就再次失却了人性的尊严和价值。然而即便痛心疾首，晚期的卢卡奇也未陷入绝对的悲观主义，在他看来，在失落了希腊家园的时代，艺术便是一种现实所缺失、赞赏和渴求的对象，它能够激励庸常生活中的人去追求一种完满的、具有统一性的伦理生活理想，从而修复当代的伦理共同体，构筑属于这个时代的希腊。

在论证艺术能够指引人进入一种更高层次的伦理生活时，卢卡奇进一步分析认为，伟大而完满的艺术也即"真正的艺术"是构筑完善伦理生活的理想载体，其所具有的现实主义、具世性、此岸性等特性使艺术的伦理潜能得到了最大限度的发挥。在卢卡奇的观念中，现实主义是指真正的艺术表现的是现象与本质相统一的世界，描绘的是真正的主客关系，构建的是一种人与世界间应然的内外和谐关系。因此，真正的艺术家"热衷维护人的人性完整，反对一切对这种完整性进行攻击、污辱、歪曲的倾向"[①]，并同一切压抑人性的非人道原则做斗争；卢卡奇理论中的具世性则是指真正的艺术能够实现一个完整的、自为（für sich）的、闭合的世界的创造，具有自身形式上的完整性和内容上的无限性，这是因为艺术具有第二直接性，艺术世界中本质与现象、形式与内容的统一关系不再是现实生活中无条件的、直接的、自发的统一，而是通过客观的审美实体和直接可感的艺术形象，将生活内容的丰富性、客观世界关系的无限性固定保存在自身的纯粹形式和闭合世界之中，这种以小见大，将现实素材的丰富性转变为自身内涵的无限性的机制，不仅使作品自身成为完整的生活集合体，还能使感受者更直观、更强烈地感受到世界的完整性，从而强化了体验者对世界的本质和整体性的

---

① 卢卡契：《马克思、恩格斯美学论文集引言》，载《卢卡契文学论文集》（一），中国社会科学出版社，1980，第282页。

认知；而此岸性是指，真正的艺术表现的是人类最重要的潮流或成长趋向，承载的是人类历史中最普遍的共同内容，它肯定人、人的力量及人的现实生活的意义，并以恢复人的应然地位为自身主旨，将自在存在的、客观性的、为人所认识和征服的世界转化为一个为了人和适合人的世界。这表明真正的艺术具有反神正论和人道主义的特点，它温情地守护着人和人的本质，能够解放被超验宗教的道德观念和伦理规则压迫着的人及其自身力量。通过对真正的艺术的上述特性的哲学探讨，卢卡奇所推崇的真正的艺术就具备了反人性退化、协调人与外部世界的和谐关系、激发人类征服和改造现状的力量。

　　总的来说，卢卡奇认为艺术能够在形而上的思想观念和形而下的日常生活中塑造出一种内外健康的伦理生活环境，其所论证的艺术伦理潜能可以被划分为三个层次：在个人发展层面上呼唤一种非物化的、健康的、自由发展的人，在总体性层面重建人的总体性观念和健全的伦理共同体，在世界观层面与科学一同织造出完善的此岸世界观。具体来看，艺术具有反拜物化的功能，它能够经过驳除乱象和澄澈反映而直接抵达生活真理，从而瓦解拜物化假象，使人摆脱人与外在事物的不对等关系，为个体提供一种生理与心理能力双向促进、内在心灵与外部世界相统一、客观性和主观性都健康发展的良善环境，使得个体在其中能够进行自由的发展；在总体性层面，艺术能够通过自身具世性的世界系统全面展现人类生活，重现人与人之间、主客体之间的有机关联，从而使个体体验到自身与社会、与同时代的人、与各种总体的真实而具体的关系。在这样一个整体系统中、一个个体与类的和谐环境中，个体能够自觉地把自己作为集体的分子、作为人类整体的一部分。由此，艺术就培养出了人的总体意识、集体责任感和团结观念；在世界观层面，卢卡奇认为此岸性的世界观包括客观成分和主观成分，其中现代社会已经通过生产和科学的发展为人们提供了知识认知等客观要素，这为人们正确解释此岸性提供了最重要的基础，但世界观的彻底改造还需要人在主观方面加以贯彻和把握，以使人在思想和情感上都产生对自身意义和此岸生活的主观认同。而艺术提供了这种主观要素，它能够通过典型形象将人提高到完善范例的高度，从而指引人追求艺术形象中所表现出的人的高度，使人接受自身的现实存在，从而解放被他者压抑的自身力量。唯有如此，人才能形成一种主客观一致的此岸性世界图景，并在此岸性和宗教的斗争中使彼岸性消亡，过上一种不被超验道德束缚、不被他者规约的现实伦理生活。

因此，艺术能够参与建设一种有意义的、人道的伦理生活形式，并对于个人的全面健康发展，对于伦理共同体中集体意识与团结观念的培养，抑或对于完善的此岸性世界观的建立，发挥着至关重要的作用。

二 陶冶：艺术施行伦理功用的方式

通过对艺术这一对象化形式的考察，卢卡奇分析了艺术独特的情感激发特性，他认为艺术能够产生陶冶这种独有的快感（angenehmen）体验，并指出陶冶不仅是艺术作品的本质特征，也是艺术发挥伦理潜能的本质和途径。他以亚里士多德的悲剧陶冶说为理论资源，建立起了逻辑更为严密的艺术陶冶观，并对艺术陶冶的概念和功能进行了普遍化。他指出，艺术能够通过审美陶冶培养个体的自我意识与类意识，使个体上升到"类特征"的水平，从而实现个体的超越转化。由此，卢卡奇的艺术陶冶观不仅清晰地展现了艺术伦理的施行方式，还为艺术发挥自身现实的伦理效应提供了理论支持。

卢卡奇追溯了陶冶的最早概念，评判了亚里士多德对艺术陶冶特性的初步探讨及理论贡献，并将其视为审美特性的真正发现者，认为悲剧净化说展现出了艺术对人的此岸生活的肯定，以及其与人的心灵的亲和性，这是对艺术的情感陶冶和伦理潜能的最早肯定。从艺术陶冶的原初体裁出发，卢卡奇肯定了悲剧这一古典形式在情感陶冶上的优越性，认为悲剧是对人最深切的内在力量的表白。在卢卡奇看来，悲剧在人的内在心理和道德与外在力量的高度张力关系中塑造出强烈的悲剧冲突，通过"偶然性的排除"将悲剧人物的命运塑造成形象的必然命运，从而通过人与命运之间这种极端拉扯展现出艺术对人的世俗能力的赞赏与肯定。在这一意义上，"悲剧是对于尘世间人的自我保存和自我完善的最突出和最强烈的表现形式"。[①] 它最终唤起的是人自身的力量；与此同时，卢卡奇敏锐地发现，悲剧通过主人公的悲惨命运遭遇而使体验者产生怜悯和恐惧的共情心理，这种同质化的情感共鸣展现了艺术与人的心灵的亲和性，这证明艺术是一个与人的自身心灵相契合的世界。正因如此，接受者可以在这个与自身心灵亲近的艺术世界中自由活动，产生体验一个世界的快感，而悲剧也凭借这种与个体心灵相适应的陶冶在接受者心灵中唤起道德情感、影响人的性格和心灵、塑造人的伦理生活。综合来看，卢卡奇从亚里士多德所开创的陶冶说中挖掘出了一种与柏拉图理式学说中的超验伦理观相对立的伦理观念，它表明艺术的社会教育力量不是柏拉图式的、从先验固定化的艺术原理中取得的，而是在艺术作品自身中取得的，这开启了从艺术自身的本质特性中找寻其伦理潜能，挖掘其服务于人的心灵成长之力量的先河。

卢卡奇在亚里士多德陶冶说的基础上对陶冶的概念进行了普遍化，这种理论扩充主要表现在三个方面：陶冶适用范围的扩大、陶冶内容的转移、陶冶效果的多样性。在陶冶的适用范围上，卢卡奇将艺术的陶冶效应提升为美学一般的概念和艺术共有的体验效果，这使陶冶概念获得了比悲剧更大的可体验范围。由此，陶冶不再专属于悲剧范畴，其范畴包括每一部真正的艺术作品和所有的艺术门类。卢卡奇对于陶冶的概念能够被普遍化的原因做出了富有说服力的解答：每一部艺术作品自身独特的形式创造、细节安排赋予了其情感激发和核心内涵的独特性，因而每一部具有独特形式的作品都是一个具有自身个性的情感引导统一体，能够按照自身所确立的原则来引导感受体验，进行情感陶

---

① 卢卡奇：《审美特性》（下），徐恒醇译，社会科学文献出版社，2015，第1127页。

冶。而多样的艺术作品和门类也对人的核心性产生了不同内容、不同深度、不同强度、不同指向的情感震撼；在陶冶的内容上，卢卡奇陶冶观中的情感指向不再是恐惧和同情，而是遗憾和羞愧，也即艺术作品给接受者呈现出了现实生活中未能被知觉到的新东西，从而对人产生积极的震撼作用，这使人意识到自身正常生存中的不足，由此唤起人的解放力量。在卢卡奇看来，陶冶普遍的和基本的内容是："接受者在生活中活动的热情获得一种新的内容和新的方向，使接受者的主观性经过这种净化而成为'道德完善性'的一种精神基础，由此而使接受者的主观性得到彻底改变。"[1] 也正因如此，艺术陶冶的"这种解放感、这种震惊要比其他陶冶效应强烈和深刻得多，对这一新世界的向往和对它的专注可能比对其他任何事物都更加是无条件的"[2]；在陶冶的效果上，卢卡奇认为艺术陶冶的震撼效果具有多样性，而非悲剧陶冶单一的"道德上的完善"和心理宣泄。在卢卡奇看来，悲剧这种古典形式的陶冶是一种狭义的伦理教化，它只局限在引起人的悲欢心境，激荡人的道德意识的狭窄水平上，但艺术的审美效应是变动的、多样的、全面的，无限的艺术作品能够在个人生活的深度上、广度上进行不同方面、不同层次的挖掘，从而将自身放置在人类各种丰富的关系之中，使个体发觉到人类的发展中无休止的新问题和新事物。由此，作品内涵的无限性和典型人物的多层次性使得伟大的艺术作品具有丰富的伦理要素和广阔的陶冶范围，它对人的作用范围涵盖了从人的中心本质到边缘特性的全部主观性区间，能够产生多样的效应。

卢卡奇陶冶观的最独特创见在于，他关注到了审美陶冶的后续过程，也即审美体验转化为伦理实践的过程，这表明艺术陶冶不只是作为一种审美感受作用于情感范畴，它还关系着人在生活中的实际转变和发展，因而它具有伦理的准备和前导性质，以及实践性的现实色彩。卢

---

[1] 卢卡奇：《审美特性》（上），徐恒醇译，社会科学文献出版社，2015，第563页。
[2] 卢卡奇：《审美特性》（下），徐恒醇译，社会科学文献出版社，2015，第876页。

卡奇"从情感净化的特定角度、从艺术作品对'接受者'的影响和后效应的角度……作了细致考察。这是卢卡奇最精彩之处"。[1] 在卢卡奇的理论逻辑内，艺术陶冶最深刻的意义是激发并增强人的自我意识，艺术这个新的世界中的新内容使接受者重新思考和整理他在现实中所知觉到的东西，从而对自身和现实进行反思，并促进自身心理的扩展和丰富。因而艺术陶冶能够作为一种现实的力量在艺术体验的后续过程中发挥作用，"在艺术作品中有一种感动，它代表着主体的一种行动，在回归到日常生活的义务和关系后，这一主体行为有可能发展为真正的主体的行为，发展为一种伦理……艺术所唤起的类存在的视角……帮助陶冶主体有能力在更广阔的生活领域中以更自觉的方式行动"。[2] 由此，陶冶是人完成自身质的提升与飞跃的决定性基准：它不仅在体验过程中提高了接受者的知觉和理解力，还在后续过程中使接受者有能力借助这种在质上与日常一般水平不同的新眼光，从而在广阔的生活原野上和层出不穷的新事物中将从艺术中获得的新知转化为新的生活内容，推动社会进步。因此，"陶冶是社会生活的一种持续而重要的要素"。[3] 客观地讲，卢卡奇关于艺术陶冶之实践性的理论不仅为艺术伦理潜能的发挥指出了更具现实性的方向，也为人类寻找到了一种进入更文明、更道德的伦理生活可能。

综上，卢卡奇在其艺术陶冶理论中"梳理了情感净化这个概念，提出了'净化过程'与艺术观念具有普遍联系、与艺术如何塑造我们的感情和思想具有普遍联系"。[4] 由此我们可以理解，作为真理之境，艺术模仿能够折射出人在自身生活中的脆弱性和无能为力，而正是由

---

[1] 乔治·斯坦纳：《语言与沉默：论语言、文学与非人道》，李小均译，上海人民出版社，2013，第392页。

[2] Erik Bachman, *Utopian Failure and Function in Die Eigenart des Ästhetischen*, in *Utopia: The Avant-Garde, Modernism and (Im) Possible Life*, edited by David Ayers, Benedikt Hjartarson, Tomi Huttunen and Harri Veivo, Berlin: De Gruyter, 2015, p.89.

[3] 卢卡奇：《审美特性》（上），徐恒醇译，社会科学文献出版社，2015，第558页。

[4] 乔治·斯坦纳：《语言与沉默：论语言、文学与非人道》，李小均译，上海人民出版社，2013，第392页。

于具备一种普遍的陶冶本质，艺术才能在其真理呈现中唤起人的自我批评，产生对人的核心性的激发，使人走向伦理胜境。

三 日常生活：艺术伦理实践的终点

在这部晚期著作中，卢卡奇将眼光从宏观的社会批评转向了微观的日常生活批判，他不仅将日常生活作为艺术考察的起点，还将其视为审美救赎的终点和实现场所。根据卢卡奇的观点，艺术在对日常生活中的人的提升、对伦理生活的改造等方面具有独到之处。作为一种超越日常生活的完善理想，艺术超脱俗世，闪耀着更高水平的伦理生活之光。其中卢卡奇理论中艺术改造日常生活的作用主要表现在：对于日常生活中的人的提升、对于日常生活的批判，以及对于未来社会的准备。

卢卡奇分析认为，艺术对于日常生活的作用在于它致力于内在人性的发展，他将艺术对日常生活中人的提升方式归结为：通过对人的世界的整体反映和艺术形象中类属性的突出而产生对人的个体性的超越和自我意识的普遍性唤醒，实现对日常生活中人的新质的提高。毫无疑问，作为一种无关俗世忧思，不涉具体利害的审美反映，艺术不是对于日常生活中实际需要的现实满足，而是给接受者带来一种纯粹的情感效应，从而促使接受者对日常生活产生一种非实用主义的审美观照，通过对接受者的静观态度的培养，艺术能够使个体摆脱日常生活实践性的本位主义局限，而促进自身质的提升。具体来看，卢卡奇大致从两个方面阐述了艺术对人进行质的提高的方式：一方面，在典型形象与周围环境的整体性中整体地、直观地反映出世界与整个人的实际关系，从而使感受者在艺术世界所展现的整体性和广阔性中超越个体性，突破日常生活中纯粹个体的、狭隘的现实感受范围，感受到人类整体和人类世界的普遍性；另一方面，通过典型形象这一人的类要素的突出集合体展现出人的类属性，以典型形象的活动承载人类的历史命运和普遍真理，从而使人在这种典型的普遍性中察觉到自身在人类历史中的地位，使人超出日常生活中的一般性水平实现对自身的理解，并站在类的立场上审视个体的意义，由此唤醒自我意识。在这种个体水平及自我意识的提高中，艺术也就在个体的角度上实现了对日常一般水平的人的提升，并为更高水平的生活创造了更高水平的主体。

在微观的日常生活维度上，卢卡奇提出艺术是对生活核心的揭示和对生活的批判，伟大的艺术具有医治病态社会、培养健康人性、维持健康生活的生活批评潜能，这种对微观生活的批评改造大大拓宽了艺术伦理潜能的作用范围。卢卡奇用"生活批评"代替了"社会批评"的说法，认为艺术的"生活批评"是"社会批评"的起点，这一方面是因为艺术大多直接描绘具体性和特殊性的生活表现，其中内在地包含着对于生活的态度倾向和问题批判。另一方面是因为艺术陶冶的主要影响就是指向人的一般生活态度，因而艺术在生活层面上的审美效应更能展现艺术影响的广泛性、细微性和深度。通过对微观层面上生活现象的批判，艺术更深刻地唤醒和引导着日常生活中的每一个体，发挥着其伦理力量的真实性。在卢卡奇的视野中，艺术的"生活批评"表现为它对病态社会的拒斥、对生活及人性健康的维护，也即"一种调节器、一种根除妨害进步的痼疾的医疗作用"[1]。但同时，这种医疗和批评作用不仅是通过对世界本质的反映来展现被虚假意识笼罩的病态社会，和人对后期资本主义的绝望与厌倦，它更是使艺术家和体验者在艺术中产生高于日常生活水准的静观态度，这种独有的静观态度使人对社会历史本质产生了更敏锐、更深刻、更全面的超越性理解，从而能够察觉到病态社会中新的发展状态，"努力批判这种无能为力，超越它，提出积极的希望"[2]。当健康的、知晓真相的、不被虚假意识扭曲的健康人被塑造出来时，他们就能更清晰地察觉到社会真正的和更新的前进方向，由此，健康社会的萌芽也就产生了。

---

[1] 卢卡奇：《审美特性》（上），徐恒醇译，社会科学文献出版社，2015，第560页。
[2] 特里·伊格尔顿：《马克思主义与文学批评》，文宝译，人民文学出版社，1986，第57页。

此外，卢卡奇还特别提示到，艺术对日常伦理生活的塑造作用并不是直接显现的，而是在审美体验的后续过程中完成的，也即艺术伦理的施行在于揭示生活真理、预见社会发展方向，通过培养"新人"而为新的伦理生活形式提供一种精神准备。众所周知，对于人类社会生活的进步具有真正决定性意义的是政治与经济因素，科学和生产等实践变革能够直接产生生活的新变，为人们创造新的生活条件。而艺术对社会实践和社会前进的推动作用则不是直接的，它摆脱了其他对象化形式的实际功利性，其作用主要集中于人的认知领域。在这一方面上，艺术形式的伦理效应在于进一步发展人对事实及事实关系的观察分析能力，"这是艺术对人的日常生活产生最重大的影响之一：提高人们的人格教养，即提高由个人发展而使人类丰富起来的生活所提供的各种扩大了的和深化了的感受性"。[①] 由此，艺术就培养了人高于日常生活的眼光和感受能力，并由此丰富和开阔了人的视野，改变人对生活的态度，从而为人的生活实践提供精神条件，也即艺术要培养更高水平的"新人"。这种"新人"在卢卡奇看来，"被告知要代表新的被培养陶冶的人去超越国家、阶级和种族与民族的利益，在真实的世界中有所作为"。[②] 因此在审美体验的后续过程中，这些新人肩负着一种生活课题：将在艺术世界中体验到的内容与他目前的实际生活结合起来，或按照艺术世界提供的新的经验认知对生活进行相应的改变。因此，只有回归到生活中，艺术所承载的健康的伦理情感才能在具体的实践行为中得到更深层次的培养。而当审美接受者在日常生活中将艺术体验中所提升的东西转化为日常实践中真实的一部分时，人们的伦理态度和行为的实际转变也就产生了，艺术批评的伦理潜能也就得到了真正的实现。

显然，作为人类良善生活的守夜者，卢卡奇始终怀揣着对于古典家

[①] 卢卡奇：《审美特性》（下），徐恒醇译，社会科学文献出版社，2015，第698页。
[②] Erik Bachman, *Utopian Failure and Function in Die Eigenart des Ästhetischen*, in *Utopia: The Avant-Garde, Modernism and (Im) Possible Life*, edited by David Ayers, Benedikt Hjartarson, Tomi Huttunen and Harri Veivo, Berlin: De Gruyter, 2015, p. 89.

园的眷恋和对于共产主义理想的坚守，他从未放弃理想和现实裂痕之间的修补工作。在《审美特性》中，他倾注了自身炽热的历史责任感，守候着西方马克思主义的批评传统和人道主义传统，并最终大致找到了一种诗意的艺术解决方案，为当代崩溃的社会和坍塌的伦理生活设想出一种道德的生活模式。即使艺术世界所能提供的似乎只是一种暂时的避难所、一种供心灵暂时休憩的荫凉之地，但就算仅指明了理想新世界的方向，便已经为当代苦难之人提供了"望梅止渴"的振奋力量。

An Exploration of the Ethical Thoughts of Art in Lukács' *Aesthetic Characteristics*

Yan Yuanyuan

(School of Chinese Language and Literature, Beijing
Foreign Studies University, Beijing 100089, China)

Abstract: In *Aesthetic characteristics*, Lukács takes daily life as the starting point for an in-depth philosophical analysis of the aesthetic character of art, and systematically examines the ethical potential of art from the perspective of anthropology and existentialism, thus the book is rich in artistic ethical ideas. Lukács emphasizes that true art has essential characteristics such as Jenseitigkeit, Welthaftigkeit, and catharsis, which enables art to transform its intrinsic characteristics into ethical elements in daily life, thus performing ethical functions such as enhancing individuality and breaking the fetishism. Therefore, Lukács' idea of artistic ethics has a strong practical orientation and can provide us with feasible guidance for constructing a perfect ethical life in contemporary life.

Keywords: Georg Lukács; *Aesthetic Characteristics*; Artistic Ethics; Daily Life

◈ 艺术哲学与技术伦理反思

如何思考文学：马舍雷的"文学哲学"

刘 欣[*]

摘 要：马舍雷提出作为方法的"文学哲学"，试图延续古老的诗哲之争，并给出当代解释。他指出"批评"的对象并非给定的文学作品，批评作为一种理论性实践，其对象不是给定的，而是逐渐被发现的。文学潜在意义的激活必然需要作为"再生产"的批评，批评就此与文学"本身"直接相关。他进而提出一种"文学哲学"的批评（阅读）方法，读者（批评家）的任务被确定为领悟文学中的哲学教诲，即通过哲学式解读，在尊重文学智性贡献的前提下促成诗与哲学的握手言和。比较马舍雷与巴迪欧对"文学在思考什么"的解答，我们可以发现马舍雷将诗汇入哲学之思，巴迪欧则提醒我们文学的特性始终在语言、真实、虚构的空间中浮动，它本身就是一种事件性的生产实践。马舍雷"文学哲学"的命意即在对诗之古老智慧的守护，对批评作为同样古老的阐释技艺的保存，这是立足当代的马克思主义批评理论需要承续的思想遗产。

关键词：马舍雷；文学哲学；再生产；批评理论；巴迪欧

---

[*] 刘欣，杭州师范大学人文学院副教授，主要研究方向：批评理论、新媒介文艺等。

在当代法国激进理论中,马舍雷(Pierre Macherey)在"文学理论"方面用力甚勤。在他独特的文学生产理论的建构和实施中,马舍雷借助弗洛伊德的无意识理论、拉康的镜像理论和阿尔都塞的"症候"解释学,将"批评"活动确定为实践性的艺术(再)生产,成为马克思主义艺术生产理论的新形态。① 在此基础上,马舍雷提出作为方法的"文学哲学",试图解决古老的诗哲之争问题,即如何在承认文学独立价值的基础上促成诗与哲学的现代融合。理解马舍雷"文学哲学"的思路与命意,有助于马克思主义批评理论直面具体的、全新的文艺现象,实现其实践性品格。

一 作为"再生产"的文学批评

在《文学生产理论》(1966)中,马舍雷聚焦一个特殊的意识形态领域,即文学批评活动本身。在他看来,流行的结构主义批评窒息了文学批评的活力。"文学分析:结构的坟墓"一节质疑了结构主义批评的合法性,认为其只是在"重复",无法说出任何在作品自身中尚未被表达出的东西,而"文学作品的认识并不是一种消解神秘化或一种揭示秘密的活动,它是一种新知(认)识的生产活动,即对其中的无声的意义活动的阐述"。② "真正的分析"在马舍雷看来不局限于文本之中,即那些已被说出的东西,分析应该正视的是对象之中的沉默、否认以及抵御,应该探寻作品中随处可见的不连贯因素和不完整部分,作品从这种不完整性中得到自己的形式。这里马舍雷所谓的"真正的分析"接

---

① 伊格尔顿称马舍雷为"当代最敢于挑战并具有真正创新精神的马克思主义批评家"(见 T. 伊格尔顿《马歇雷与马克思主义文学理论》,戴侃译,《外国文艺思潮》第 4 集,陕西人民出版社,1986,第 91 页);姚文放指出马舍雷是生产性文学批评发展史中的重要节点(见姚文放《生产性文学批评的深化:马舍雷的"文学生产理论"》,《文艺研究》2020 年第 10 期)。

② 董学文、荣伟编《现代美学新维度——"西方马克思主义"美学论文精选》,北京大学出版社,1990,第 357 页。

近阿尔都塞的"症候阅读"中所谓的"认识的生产":"生产这个词表面上意味着把隐藏的东西表现出来,而实际上意味着改变(以便赋予已经存在的材料以某种符合目的的对象形式)在某种意义上说已经存在的东西。这种生产在其双重意义上说使生产过程具有循环的必然形式。它是一种认识的生产。"①

"批评"(criticism)概念对于马舍雷而言表征了17世纪以降的文学研究,但这个词本身相当含混:一方面暗含了一种拒绝、谴责,一种充满敌意的判断;另一方面,批评又表现为对批评对象局限性的积极认识:"批评作为谴责的消极判断与我们暂时地称为'批评作为解释'的积极认识之间的差异,要求我们在批评作为欣赏(趣味的培养)与批评作为认识('文学生产的科学')之间做出积极的区分。前者是规范性的,乞灵于规则;后者是推测性的,给出公式性法则。一种是技艺、技巧(在严格意义上),一种是科学。"② 马舍雷认为批评的对象并非给定的文学作品,批评作为一种理论性实践,其对象不是给定的,而是逐渐被发现的。在技艺与科学之间,马舍雷选择的是后者:

> 把文学批评视为一种特定的知识形式,它拥有一个非既定的对象,它是文学批评的产物。由此客观的文学批评要求一种特定的转变的努力。文学批评既非对对象的模仿也非复制。它在认识与其对象之间保留了一种特定的间隔和距离……当这种间隔和距离达到可以容纳真正的离散性时,就成为文学与批评之间关系的决定性特征。我们切不可将针对文本的言说与文本自身的言说相混淆,因为这两种话语在形式与内容上的区别是在不同层面上(重叠的)。由此,作者与批评家之间的不可化约的区别必须在一开始就被确定:这不在于对同一对象的观点上的差异,而是要排除分离这

---

① 路易·阿尔都塞、艾蒂安·巴里巴尔:《读〈资本论〉》,李其庆、冯文光译,中央编译出版社,2001,第29页。
② Pierre Macherey, *A Theory of Literary Production*, trans. by Gelffrey Wall, Routledge and Kegan Paul, 1978, pp.3-4.

两种不同形式的、毫无共同之处的话语。作家写作的文本并不就是批评家所揭示的那个作品。可以说，批评家暂时使用一种新的语言，以显示作品用非其所是的方式在作品内部产生一种差异。①

在《文学生产理论》的第四章"规则与法则"中，马舍雷更进一步为作为科学性理论实践的批评正名："不能仅仅满足于描述完成了的产品，为其传播与消费做准备，而应该仔细推敲这种产品，解释而非描述。从根本上与以往批评的积极倾向相背离，新的核心问题在于：文学生产的法则是什么？人们可以见到使批评回归理性范畴所付出的代价：必须给出新的对象。除非批评能够做出此种转变，除非批评能够最终与其过去决裂，批评仅仅作为对公众趣味的精心阐释只会遭到谴责，它不过是一种技艺而已。"② 技艺的批评阐发一套一般法则，它只提出消费的规则，这在马舍雷看来属于经验主义谬误。此外，规范性谬误（主张修正作品以达到更完全地吸收其效果）和解释性谬误都将作品视为固定、连续、独立的实体，无视作品仅是未完成的意图的暂时版本这一基本事实。

在《为了一种文学再生产理论》一文中，马舍雷指出"文学再生产"即文学批评之于文学的意义："文学不是由完结的作品按顺序而生成的，也非永久记录在保留剧目中以供读者消费，这些读者曾被委托保障作品接受的任务。相反，组成文学的文本在制定它们的界限中支持它们自身，就像可变几何的运算一样，其中的印迹指引它们在新的文本中进行重写。为此，有人说，文学除了作为历史性虚构、由作为文学类型的批评形式唤醒之外，并不存在。"③ 所以对文学潜在意义

---

① Pierre Macherey, *A Theory of Literary Production*, trans. by Gelffrey Wall, Routledge and Kegan Paul, 1978, p. 7.
② Pierre Macherey, *A Theory of Literary Production*, trans. by Gelffrey Wall, Routledge and Kegan Paul, 1978, p. 2.
③ Pierre Macherey, *In a Materialist Way*, edited by Warren Montag, trans. by Ted Stolze, London and New York: Verso, 1998, p. 50.

的激活必然需要作为"再生产"的批评,批评就此与文学"本身"直接相关。

二 "文学哲学":延续诗哲之争

在《文学在思考什么?》中,马舍雷从对文学批评的现象学分析转到诗哲之争的古老命题上,提出一种"文学哲学"的批评(阅读)方法来,即试图从文学中读出哲式的教诲。在马舍雷那里,读者(批评家)的任务被确定为领悟文学中的哲学教诲,即通过哲学式解读("文学哲学"的批评方法),在尊重文学智性贡献的前提下促成诗与哲学的握手言和,文学的特性于是在哲学家的文学批评中被生产出来。它指定自身生产出一连串意义(自我生产)[①],文学思考的对象即自身中的"裂缝"和意识形态。从自身对文学的哲学解读进入(元批评及哲学家的文学批评),思考文学的特质和文学思考的对象,实际上就是从阅读方式入手,寄希望于这种阅读可以揭示文学的意识形态性或真理性,也就是寄希望于哲学式阅读生产真理,成为理论性实践,寄希望于哲学家式读者(主体)的阅读能力,抵制消费式阅读。

从历史角度看,文学与哲学的严格界限是一种历史的生产。"文学哲学"的读法并非对文学文本的哲学阐释,并将其引向某个思想的共同体或主题思想,"我们要做的是暗示多种阅读方法,在这种阅读中,对文学作品的哲学研究方式,每次都会以独特的方式介入其中,以既确定又有区别的方式介入其中。沿着这条道路,我们试图摆脱文学与哲学的正面对抗"。[②] 文学哲学的读法应反对作者或文本中的"文学哲学"(一种意识形态),这种"文学哲学"是作家们的自发哲学,是必须认

---

① 参见 T. 伊格尔顿《马歇雷与马克思主义文学理论》,戴侃译,《外国文艺思潮》第 4 集,陕西人民出版社,1986,第 93 页。
② 皮埃尔·马舍雷:《文学在思考什么?》,张璐、张新木译,译林出版社,2011,第 9~10 页。

清和驱除的东西,也就是说,文学哲学不是文学自行生产出来的,并在其自身结构中一再确证的意识形态,文学本身作为一种"间离效果"的产物以其无概念、反体系、游戏的成分推进了哲学思辨,最终可让我们见到真理。文学特有的哲学效果即瓦解所有思想体系,与真理构成批判性关系。与"间离效果"相似,文学反射自身话语的同时也在这种反射中安置了一种内部距离,禁止将这些话语认定为确定的思想体系,以避免最终封闭和自省于自身的思想体系。

产生"间离效果"离不开文学修辞,马舍雷并不是在柏拉图《高尔吉亚篇》的意义上使用"修辞"概念的,而是将其视为一般的文学形式:"它对一个时代的意识形态的参照,就只能是让这个意识形态与自身对立,与自身分离,并展示意识形态的内部冲突,也就是说批判这个意识形态。我们甚至可以说,修辞学吸收着意识形态,使它'成为'另一种形式,成为难以辨认的形式,而在这种形式下,意识形态将停止激发,甚至停止要求一种直接的结合。"① 文学修辞是文本本身的属性,即形式本身暴露出意识形态的内部冲突,自行批判这种意识形态(从文本中的裂缝、阴暗、空白、沉默中),而文学哲学的批评方法(读法)正是要揭示这一切,这实际上与症候批评在逻辑上是一致的。正如阿尔都塞所说,"真正的艺术"可以让我们"看到""感到"而非"认识到"的,正是它从中产生又从中分离开来并暗指着的那种意识形态,而马舍雷的批评方法正遵循这种"科学方法":"这里需要的是从产生他们小说的意识形态向后退一步,在内部挪开一点距离。他们在某种意义上是从内部,通过内部的距离,使我们'觉察到'(但不是认识)他们所保持的那种意识形态。"② "他们"指的是巴尔扎克、托尔斯泰。可见所谓从思考文学生产问题"转向"后期对文学与哲学关系问题的思考并非一种"认识论断裂"。

---

① 皮埃尔·马舍雷:《文学在思考什么?》,张璐、张新木译,译林出版社,2011,第307页。
② 董学文、荣伟编《现代美学新维度——"西方马克思主义"美学论文精选》,北京大学出版社,1990,第261页。

在博尔赫斯那里，马舍雷看到的正是一种关于虚构叙述的"文学哲学"。在马舍雷看来，博尔赫斯在一系列小说中提出了一个虚构的叙述理论。在《巴别图书馆》中，每本书都有其确切位置，就像同一序列中的要素。这本书（实际上即叙述本身）只存在于其可识别的形式中，因为它与所有可能之书的总体存在隐秘的关联。它是总体的一个要素，故而它存在，并在书之宇宙中享有其被分配的位置。围绕这一主题，博尔赫斯编织出关于无限的悖论。"每一版书籍，本与本之间都有出入"（《巴比伦彩票》），即使最轻微的质料缺失都会引起叙述本身的差异。可见叙述存在于其内部的分裂之上，显露出一种自我矛盾的重复。

博尔赫斯在《赫伯特·奎因作品分析》中解释如下："开始是一件毫无头绪的谋杀案，中间是拖泥带水的讨论，最后水落石出。破案后，有一大段倒叙，其中有这么一句话：所有的人都相信两位棋手的相逢纯属偶然。弦外之音是答案错了。读者心里不踏实，重新查看有关章节，发现了另一个真正的答案。这本奇书的读者的眼光比侦探锐利。"[①] 马舍雷指出这里所包含的叙述理论："从某一时刻起，叙述开始这种逆行，任何名副其实的故事都包括了这种逆行，甚至以一种隐蔽的形式，这种后退开辟了意想不到的解释路径。在这方面，博尔赫斯与卡夫卡一样，让解释的焦虑成为其著作的核心。"[②] 博尔赫斯的"叙述"让读者注意到其他可能的讲述方法以及可能产生的所有其他意义。马舍雷细致分析了《小径分岔的花园》，这部作品可能是一个间谍故事的一部分。作为一名间谍，主角不得不解决一个结构混乱的问题。这个完整的故事传达了一个事实，但却不是很有趣。在艾伯特的房子里，艾伯特的名字就是一个密码，除此之外，还有些别的东西，即迷宫本身。间谍的

---

① 豪·路·博尔赫斯：《赫伯特·奎因作品分析》，王永年译，《虚构集》，浙江文艺出版社，2008，第54~55页。

② Pierre Macherey, *A Theory of Literary Production*, trans. by Gelffrey Wall, Routledge and Kegan Paul, 1978, p.251.

工作是努力找出别人的秘密，只有当他不是在寻找秘密，而是在寻找表达秘密的手段时，他才能在不经意间进入秘密之地。艾伯特在他的房子里保留了最复杂的迷宫，这个迷宫通过一个巧妙的反向思维设计出来，这种思维就是书。不是一本让人迷惑的书，而是一本其本身的每一页都有困惑的书，即《小径分岔的花园》本身。艾伯特已经认识到了这一点。他知道这本书是一个终极的迷宫，进入其中就是要失去它；他也知道，这个迷宫是一本书，其中的一切都可以阅读，因为它或许就是以这种方式写的，或者不是以这种方式书写的，正如我们所看到的，这样的书写是不可能的。真正的迷宫是不再有一个迷宫，"真正的叙述由在叙述中可能缺失的其他叙述所决定"。① 博尔赫斯展现的正是叙述本身的成功与失败、无限可能性及其不足。

三 文学的实践：兼与巴迪欧比较

马舍雷的"生产"概念并非有形的机构、工艺生产的基础或一部作品的社会关系，而是指它自己生产的一连串意义。伊格尔顿《马歇雷与马克思主义文学理论》（马舍雷又可译作马歇雷）一文指出了马舍雷真正的"断裂"，他认为马舍雷与卢卡奇类似，几乎完全在作品的"上层建筑"领域内做文章。也就是说，马舍雷的"生产"是指作品的自我生产，"它展现多种含义，既不符合作者的意图，也不符合预先设想的标准模式或外界的实际情况。批评的职能在于发现每部作品中这种自我生产规律"。② "结构"是歧异而非一致的原则，这种"结构"无法通过作品本身发现。

伊格尔顿认为马舍雷的早期作品完全是从生产而不是消费的角度

---

① Pierre Macherey, *A Theory of Literary Production*, trans. by Gelffrey Wall, Routledge and Kegan Paul, 1978, p. 256.
② T. 伊格尔顿：《马歇雷与马克思主义文学理论》，戴侃译，《外国文艺思潮》第 4 集，陕西人民出版社，1986，第 93 页。

来探讨问题的,所以看不到文学作品的现实,而把它当作历史上易变的一种实践,只在同特定读者联系的过程中才"存在"。伊格尔顿实际上批评马舍雷缺乏唯物史观,这确实切中了马舍雷的软肋,即追求科学的理论性实践的文学批评,在理论层面浮泛地谈论文学这种话语实践(作为意识形态的载体)的意识形态性,实际上并未在真正的实践维度上谈论文学。1974年,马舍雷与巴利巴尔共同发表长文《论作为一种观念形式的文学》,真正思考了文学与实践的问题:"重要的是要把文学效果的生产作为整体社会实践的组成部分而历史地加以'定位'。"[1]文学作为观念形式通过决定性实践的机制和历史显示出来,即阿尔都塞的意识形态国家机器。"因此,文学生产的客观性与特定的意识形态的国家机器中特定的社会实践不可分割"[2],也与特定的语言实践不可分割,这种实践决定了文学的生产及消费的条件。

文学受"语言"、"教育"和"虚构"三重因素决定,加入教育过程,担负着一定的审美教育责任,并在一定程度上生产出资产阶级意识形态。对文学作"唯物主义分析"须将其视作在物质上不完整、异质的、扩散的而非具有统一性、总体性、自足性和完善的虚幻呈现。文学最终通过一个或更多的观念矛盾的效果生产出来,以想象来解决无法解决的观念矛盾。巴利巴尔认为文学语言已经参与了这些斗争的生产,语言本身是由阶级矛盾的结果构成的,文学话语以幻觉的方式规定和投射了"真实"的在场:"文学文本是整个意识形态再生产的动因。换言之,它通过文学效果引发出'新的'话语的生产,这些新的话语总是(以不断变化的形式)再生产同一种意识形态(及其矛盾)。它使个体能够占用意识形态,使自身成为意识形态的'自由'携带者,甚至成为它的'自由'创造者。文学文本是资产阶级社会中个体与意识形

---

[1] 弗朗西斯·马尔赫恩编《当代马克思主义文学批评》,刘象愚等译,北京大学出版社,2002,第44页。
[2] 弗朗西斯·马尔赫恩编《当代马克思主义文学批评》,刘象愚等译,北京大学出版社,2002,第44页。

态之间具体关系的特殊运作者,并保证这个社会的再生产……它是以'思想自由'的民主和'批评'形式实现意识形态统治的特殊媒体。"① 在这篇文章中,马舍雷和巴利巴尔将文学的意识形态性与社会历史联系起来,指出文学作为一种特殊的观念,对社会教育发挥着不可忽视的作用。

马克思的批评理论表明批评属于批判这一历史任务的一部分。文学作为思维意识与对象(现实)相符合才具有真理性,但文学是感性的人的实践活动,这一能动的对象性活动对现实的"符合"绝不是简单的重复或"反映"(Widerspiegelung),而是以表象(Vorstellung)的中介对现实的本质加以总体把握。② 文学是在具体历史中"当场发生"的,它可以作为主体内在批判意识(自由、能动的)的对象,作为一种社会存在物,在社会、世界之中创造现实性或可能性的空间,以自身的强度对其所属的时代产生实践性的后果。这种真理性的发生在《关于费尔巴哈的提纲》(1845)的第二条中有清楚的说明:"人的思维是否具有客观的[gegenständliche]真理性,这不是一个理论的问题,而是一个实践的问题。人应该在实践中证明自己思维的真理性,即自己思维的现实性和力量,自己思维的此岸性。"③ 文学的实践以其特殊的存在方式达到"思维"对象化的现实性(Wirklichkeit)、力量(Macht)和此岸性(Diesseitigkeit)。根据朱光潜先生的辨析,所谓力量就是这种思维可以产生现实后果的威力,此岸性即可知性、可理解性,思维达到真理的程度应有如下品格:"一是有关思想的现实性,二是它的威力,三是它的可理解性。有了这三点,有关思想就是真实的。"④ 在真实地

---

① 弗朗西斯·马尔赫恩编《当代马克思主义文学批评》,刘象愚等译,北京大学出版社,2002,第58页。
② Tom Bottomore, Laurence Harris, ed., *A Dictionary of Marxist Thought*, Oxford: Blackwell Publishers Ltd, 1998, p.550.
③ 《马克思恩格斯选集》第1卷,人民出版社,1995,第55页。
④ 朱光潜:《对〈关于费尔巴哈的提纲〉译文的商榷》,《朱光潜全集》第5卷,安徽教育出版社,1989,第401页。

揭露、批判现代的总体异化上，文学的存在与哲学、政治经济学等精神生产一样，实在地可以达到真理。所以马克思在《哲学的贫困》（1847）中用乔治·桑小说《扬·瑞日卡》（1843）中的话作为"社会科学的总结论"（"不是战斗，就是死亡；不是血战，就是毁灭。问题的提法必然如此"）[1]，可谓自然而然。可以说，要想拓展马克思主义美学的范围，就需要辩证地思考其中的理论与实践的关系。"美学"需要正视实践的标准。其一，科学实践。马克思主义应提出这样的问题：用阶级立场衡量文学文本的行为能否开辟新的知识领域，找出新的问题。阿尔都塞认为，科学区别于意识形态之处在于它生产新的"问题框架"，以及可能认识的新客体和关于这些新客体的新问题；意识形态则相反，它包含各种问题或矛盾，用虚构或想象的方式掩盖这些问题。其二，政治实践的标准，即要求文学生产和消费都应促进真正的改造和新的实践。因为在主导意识形态观念（资产阶级的）控制下的"文学艺术"范畴规定着生产和消费，生产与消费仅在这种模式内得以构想和实践。马舍雷和巴利巴尔实际上是在反对这两种机械的"实践标准"，他们主张从马克思、恩格斯的经典中开拓新路，重新发现其中的"反映论"、文学认同、效果论，并结合阿尔都塞的意识形态理论，"通过它们的文学实践模式，通过最终以革命阶级实践为基础的理论立场的含义，它们提出了关于文学效果的一些命题，这些命题一旦在历史唯物主义的问题框架内发生作用，便能促进对文学效果的一种科学的，因而也是历史的分析"。[2] 文学不是虚构，而是虚构的生产，即虚构效果的生产（而且首先为虚构效果的生产提供物质手段），它生产一种现实效果及虚构效果，由此可以说，虚构和现实主义并非用来阐明文学生产这个概念，相反它们是由文学生产出来的观念。"文学效果"既是物质产物，又是特殊的意识形态效果，是带有特殊意识形态效果之印章的物质

---

[1] 参见《马克思恩格斯选集》第1卷，人民出版社，1995，第195页。
[2] 弗朗西斯·马尔赫恩编《当代马克思主义文学批评》，刘象愚等译，北京大学出版社，2002，第41页。

产物的生产:"文学效果不仅仅局限在'感觉'、'欣赏'、'判断',因而涉及美学和文学思想的领域;它本身开创一个过程,即文学消费和'文化'实践的习俗。"①

比较马舍雷与巴迪欧对"文学在思考什么"的解答,我们可以发现他们都在试图解决古老的诗哲之争,也一再肯定文艺的实践性。而此时我们可以更进一步辨明两者的差异。在马舍雷那里,读者(批评家)的任务被确定为领悟文学中的哲学教诲,即通过哲学式解读("文学哲学"的批评方法),在尊重文学智性贡献的前提下促成诗与哲学的握手言和,文学的特性于是在哲学家的文学批评中被生产出来,它指定自身生产出一连串意义(自我生产)②,文学思考的对象即自身中的"裂缝"和意识形态,而能进行这一思考工作的主体正是作为批评家的哲学家。诗于是汇入哲学之思,文学通过"文学哲学"的操作来实现其全部意义。

巴迪欧则认为文学是哲学的条件之一,即所谓"真理"(vérité)③的程序之一。这种生产真理的方式能够创造出"一":"以虚构的形式在'一'之上留下象征性伤痕,标记出一种真实,这正是文学思考的所在。"④ 而对文学的哲学表述即文学批评是语言反观自身的活动,在这种活动中,文学完成自身并达到"文学的绝对"。文学思想的箴言即:"生产有限之物(人工的)对抗无限(自然的)。"⑤ 在巴迪欧看来,文学负载着真理,也生产着真理。要想最大可能地发挥文学的真理性,某种程度上,就需要人们把文学当作事件来体验。这有助于召唤读

---

① 弗朗西斯·马尔赫恩编《当代马克思主义文学批评》,刘象愚等译,北京大学出版社,2002,第56页。
② 参见 T. 伊格尔顿《马歇雷与马克思主义文学理论》,《外国文艺思潮》第4集,戴侃译,陕西人民出版社,1986,第93页。
③ 巴迪欧的"真理"即作为主体的人所宣告、构造和坚守的事物,真理与主体的发生都是偶然的、特殊的,这类"真理程序"有且仅有四类:诗、数元、政治与爱。见 Alain Badiou, *Theoretical Writings*, trans. by Ray Brassier and Alberto Toscano, London and New York: Continuum, 2004, p. 234。
④ Alain Badiou, "Qu'est-ce que la Littérature Pense?", *Paragraph*, Vol. 28, Iss. 2, 2005, p. 36.
⑤ Alain Badiou, "Qu'est-ce que la Littérature Pense?", *Paragraph*, Vol. 28, Iss. 2, 2005, p. 36.

者进入作品中进行创造性的阅读,"读者如欲从诗的文字中获得自由,只要让自己投身到诗歌的行动中即可。读者必须自愿地让自己被文字表示"[1],也就是说,文学能否生产真理仍只能寄希望于读者自觉被召唤为主体,经历这一文学事件的教育,最终联合、行动和实践,改变世界。巴迪欧提醒我们文学的特性始终在语言、真实、虚构的空间中浮动,它本身就是一种事件性的生产实践,文学思考的对象是现实和真理。

实际上,"文学哲学"的构想是在融合或维持诗与哲学之争中,言说诗的实践价值。哲学家展开文学批评的对象被确定为作为意识形态的"文学哲学"或"文学真理",这是马舍雷对其文学生产理论的补充。"文学哲学"的命意即在对诗之古老智慧的守护,对批评作为同样古老的阐释技艺的保存,这是立足当代的马克思主义批评理论需要承续的思想遗产。

How to Think About Literature: Macherey's "Philosophy of Literature"

Liu Xin

(College of Humanities, Hangzhou Normal University,
Hangzhou, Zhejiang 311121, China)

Abstract: Macherey proposed "philosophy of literature" as a method, attempting to continue the ancient poetic–philosophical controversy and offer contemporary interpretations. He pointed out that the object of "criticism" is not a given literary work, and that criticism, as a theoretical practice, is not given, but gradually discovered. The activation of the latent meaning of literature necessarily requires criticism as "reproduction", and criticism is directly

---

[1] Alain Badiou, *Handbook of Inaesthetic*, trans. by Alberto Toscano, California: Stanford University Press, 2005, p. 35.

related to literature "itself". He went on to propose a "literary philosophy" method of criticism (reading) in which the reader's (critic's) task is determined by understanding the philosophical teachings in literature, that is, promoting the reconciliation of poetry and philosophy through philosophical interpretation, under the premise of respecting the intellectual contribution of literature. If we compare Macherey's and Badiou's answers to the question of "how to think about literature", we can see that Macherey incorporates poetry into philosophical thought, while Badiou reminds us that the character of literature always floats in the space of language, reality and fiction, which is itself an eventful production practice. The purpose of Macherey's "philosophy of literature" is to protect the ancient wisdom of poetry and to preserve criticism as an equally ancient interpretive technique, which is the intellectual heritage that contemporary Marxist critical theory must inherit.

Keywords: Pierre Macherey; Philosophy of Literature; Reproduction; Critical Theory; Alain Badiou

现代艺术的三次转向：重建审美意识的尝试

张 彤[*]

摘 要：现代艺术打破了旧有的审美经验和审美习惯，以多方面的革新来重建人们的现代审美意识。较之传统艺术，现代艺术以由理性向非理性、具象向抽象以及他主向自主的三重转向宣告了新艺术时代的来临。具体来说，现代艺术的反叛既是对学院派"抱残守缺"的不满，又是艺术自身发展的必要环节，更是人在异化当前的自我与精神的复归。学术界对现代艺术的研究大多集中在美学和艺术史的考察范围内，然而进一步来说，现代艺术的发展也是基于对社会与人的反映，是一种在经历主体价值丧失后，对人的审美意识的呼吁与再造。

关键词：现代艺术；现代性；审美意识；主体价值；自主

现代艺术作为审美现代性的产物，既是对现代社会发展的一种补充，又是人的审美在现代社会情境中的各种呈现。具体来说，现代艺术指的是19世纪60年代至20世纪60年代出现的各种艺术类型和团体，以印象派的出现为诞生标志，而被后现代艺术取而代之的一个艺术阶段（这里我们暂且不去细究后现代艺术究竟是现代艺术的延续还是终结，毫无疑问的是，它的出现宣告了现代艺术阶段性的落幕）。对现代艺术的认知要放在现代性语境中，现代社会不同于前现代社会，正如伯

---

[*] 张彤，中国艺术研究院博士研究生，主要研究方向：艺术文化学与艺术思潮。

曼在《一切坚固的东西都烟消云散了》这本书中谈到的:"在某种意义上说,现代性涉及到以下四种历史进程之间复杂的互动关系:政治的、经济的、社会的和文化的过程。……现代性并非一个单一的过程和结果,毋宁说,它自身充满了矛盾与对抗。"[1] 现代社会的矛盾与对抗加剧了现代人的异化与分裂之感,旧有的审美意识已不能满足现代人的需求,一种更切合时代发展的新的审美意识已呼之欲出,现代艺术是(这种新的审美意识)最集中的体现。现代艺术代表了新兴资产阶级的审美需求,尽管在今日看来它存在诸多不足之处,如过度形式化和精神化,让其具有逃避现实之嫌,不过在当时其反映了时代的心声,且作为针对理性泛滥的一次意识形态上的反拨,确有其合理成分。文章将现代艺术关于审美意识重建的尝试提炼为三次转向:由理性向非理性的转向、由具象向抽象的转向以及由他主向自主的转向。这三次转向奠定了现代艺术关于批判性、精神性和自律性等基本特征,因此,了解现代审美意识的转向问题不仅关乎我们对现代艺术基本特性的把握,也是我们解析或欣赏现代艺术的密码所在。

一　由理性转向非理性

历时地看,启蒙哲学家曾期望人类凭借自己的理性创造一个完美的、先进的生活环境,而从某种程度上讲,现代性的确显示了其创造力和潜能。但是随着工具理性的强大,人类逐渐成为工具理性的奴仆,成为理性神话的牺牲品。正如费尔巴哈指出的那样,近代哲学新创立的科学精神使得"否定性的宗教精神遭到贬谪,把它从世界统治的宝座上推下来,把它拘禁在处于历史急流彼岸的那个狭窄领域之内,而自己则成为世界的原则和本质,成为新时代的原则"。[2] 理性万能的论调不仅

---

[1] 马歇尔·伯曼:《一切坚固的东西都烟消云散了》,徐大建、张辑译,商务印书馆,2020,第3页。
[2] 《费尔巴哈哲学史著作选》第1卷,涂纪亮译,商务印书馆,1978,第15页。

造成了人们轻视感性而盲目抬高理性的错误认知，而且造成了社会漠视价值理性、崇拜工具理性的畸形观念。换句话说，工具理性作为一种手段和组织形态抛弃了理性的应有目的，它因人们过分崇拜而获得了主体位置。这种手段也将人分裂，使其变得物化，具体表现为推崇理性面而压制其感性思维，试图将人变成不会思考的机器的一部分并让其丧失主体性。人类自己创造的文化反过来成为压抑人性的手段，齐美尔称其为"精神的最基本的不幸"，哈贝马斯看到了"生活世界的内在殖民化"，马克斯·韦伯认为工具理性对价值理性的绝对挤压导致了"现代性的铁笼子"。技术将人类生活和头脑程序化，工具理性以无孔不入的姿态入侵了人类生活的方方面面，在此基础上，发生了一系列由于理性泛滥导致的现代性问题，特别是现代人自身的问题。

1. 理性崇拜下人的异己化

现代艺术是审美现代性的产物，审美现代性起源于对现代性的反思，之所以要反思是因为学者们发现西方现代性的发展是建立在分化基础上的，一方面表现为工具理性（科学理性）对价值理性（道德理性）的全方位碾压，另一方面表现为人的物化与异己化。"异己化"这个概念最先由卢卡奇提出，相比马克思的"异化"理论来说，卢卡奇的"异己化"更多指向为一种物化，一种人与人之间拜物化的形式。这种"物化"是指通过劳动，人的劳动成果包括人自身成为对他来说是异己的东西。在以生产为主导的商品社会中，人们通过自己的劳动创造出一个庞大的异己世界，"这个商品关系的世界是既定的，无法从本质上触动的"。[1] 在这个异己的世界中，人也成了可以交换买卖的商品，他出卖自己的劳动力以换取一定的报酬用来满足生活所需，为了生存人必须服从商品社会的规律，人由此也就失去了自主性和自由。正如卢卡奇在《历史和阶级意识：马克思主义辩证法研究》中谈到的那样，

---

[1] 张西平：《历史哲学的重建：卢卡奇与当代西方社会思潮》，生活·读书·新知三联书店，1997，第145页。

"一个人的活动变得跟他自身相疏离，变成为服从于社会的自然规律的非人的客观性的商品，变成为恰恰与任何消费商品一样的，必须按照独立于人的自己的活动方式进行活动的商品"。[①] 相比卢卡奇，马克思将对理性的批判转化为对资本逻辑和生产方式的批判，在他看来资本主义生产方式并不能使人自由和幸福，相反它造成了人与物关系的异化。卢卡奇指出现实的情况比马克思预想的还要严重，"异化已经变成为大多数人的命运……这部分人主要不是与机器打交道，而是与符号和人打交道。说起来，职员、商人和行政官吏在今天的异化程度，甚至超过熟练的手工劳动者的异化程度"。[②] 可以说，机械化导致了个体的内在分裂、人际间的冷漠，而要想对抗这种异化状态，就必须在观念和意识形态上重寻价值理性。按照理想化的发展路径，启蒙理性应当在价值理性和工具理性的平衡中，发展成为一种大众理性。然而在资本主义社会中，权力却集中在一小部分人手中，并辅佐这部分人形成了一种支持少数人统治的意识形态。这种意识形态既是社会等级制度的精神基础，又是资本逻辑的统治力量在理论上的体现。基于此，和马克思一样，卢卡奇同样以人本思想来构建自己的批评和美学理论，卢卡奇认为"马克思主义本质上是一种关于人类解放的学说，而人的解放是与人的主体性的确立，与人的自我意识的呈现，进而与阶级意识的觉醒联系在一起的"。[③] 卢卡奇延续着马克思的"异化"思想，认为改变这种状况的首要前提就是恢复人的主体意识，作为精神创造的艺术与文学理所当然地承担起这一责任。他主张现代艺术不应当再对日常生活或者物化社会做直观反映，因为这或隐或显地表现为对资本主义物化现实的认可，在一定程度上会掩盖对社会真实的认知。在卢卡奇的心中，现实主义作

---

① 格奥齐格·卢卡奇:《历史和阶级意识：马克思主义辩证法研究》，王伟光等译，华夏出版社，1989，第 86 页。
② 陈学明主编《二十世纪哲学经典文本：西方马克思主义卷》，复旦大学出版社，1999，第 358 页。
③ 姜哲军、刘峰:《西方马克思主义艺术与美学理论批评》，社会科学文献出版社，2002，第 4 页。

品是艺术的楷模，他在与布莱希特的争论中，痛斥以表现主义为代表的现代派具有非理性的煽动色彩，并认为其是法西斯主义的文化根基。过分的理性与过度的疯狂都会让人陷入危险的境地，但这并不完全是现代艺术之罪，而是人性的极端假借艺术之手的一次宣泄。从这一角度来看，卢卡奇对现代艺术的批评有失公允。

对大多数西方艺术理论家来说，真正的现代艺术应当是自主的、精神的以及反叛的，只有这样艺术才能作为一种精神力量与统治意识形态相抗衡，或表现绝对的自由，进而将人从工具理性的牢笼和异化状态中拯救出来，恢复人的主体意识。"真正的艺术宗旨，在于揭示人是怎样经历自己的类命运的，是怎样——有时是在毁灭自己的局部性的生存的时候——把自己提高到一定的个性的水平的，这种个性惟其同时也具有类的性质，才能成为具体的人类的持久的不可缺少的要素。"[①]艺术应当是一种人学。现代艺术从19世纪末发展到20世纪，逐步将注意力转向了人自身的命运与内在感受，然而这种转变除了工具理性统治所带来的影响外，也和现代性危机带来的虚无主义危机密切相关。

2. 虚无主义情绪的推动

在技术理性占主导的资本主义社会，工具理性的片面压制必然导致价值理性的失衡，由此引发的是人类精神层面的虚无主义体验。信仰的缺失、理性的压制使得人丧失了对永恒价值的追求。在前现代社会，人们以无比朴素的念头怀揣着对真善美的追求而热爱生活，而在现代社会一切热爱均以利益考量为前提，对伦理道德的追求让位于对交换价值与计算价值的追求。一切不可物化的价值追求都被纳入到市场体系的运算之中，人类失去了生存的根基和意义，从而陷入虚无主义的旋涡中。列斐伏尔看到："虚无主义深深地内植于现代性，终有一天，现代性会被证实为虚无主义的时代，是那个无人可预言'某种东西'从

---

① 转引自朱立元主编《法兰克福学派美学思想论稿》，复旦大学出版社，1997，第18页。

中涌出的时代。"① 现代社会在科技的加持下，极大地丰富了人类的物质生活与现实需求，但是工具理性的片面发展带来的是现代人精神世界空虚与无助。理性与秩序使人类的生活井井有条却不能使其平稳安定，结果导致人类处于一种流动的生存环境中。这种流动和变化的环境影响了个体的意识和观念，迫使我们陷入一种困顿和挣扎的旋涡中。② 可以说，人类的精神不仅没有找到支撑，反而因现代性的风险而变得更加狂躁不安。现实世界没能使人的存在得到踏实的安顿和必要的呵护，巨大的不确定性和风险性让人的存在丧失了本体论的意义，从而陷入无家可归的精神焦虑中。这种虚无的情绪是普遍存在的，不仅存在于民众之中，也存在于哲学家与艺术家的思考之中，反映在艺术作品中，表现为一种非理性的狂潮。

  人的主体意识的重建在此时显得尤为艰难，一方面是工具理性和物性的压制而导致的异化困境，另一方面是由此引发的价值理性丧失和虚无主义情绪，人丧失了存在的意义。基于此，现代艺术试图通过重建现代审美意识来逐步唤醒人对自身个性与本真性的关注。反观前现代艺术，画家讲究形象的精准与比例的和谐，以隐匿绘画印记的方式来表现对再现客观世界的理性追求。而现代艺术，以印象派作品为例，我们可以看到印象派画家走出了画室，以真实的感官和感受来捕捉现代生活场景和自然的瞬间印象，为作品注入主体性印迹。这种主体性表现为画家对于瞬息万变的光色的速写式把握，力求在色彩与光之闪烁中让艺术焕发出新的活力。他们反对宏大叙事，而仅仅从自然美的层面来表现自我的认知与情感，如莫奈对不同光照下睡莲和干草垛的关注、梵高笔下如火焰般燃烧着的向日葵、高更对人的起源的思考等，都体现对人自身的关怀与思考。

  基于对战争和现代性的不满，艺术家采用审美形式对它们进行批

---

① Henri Lefebvre, *Introduction to Modrenity*, trans. by John Moore, London and New York: Verso Books, 1995, p. 224.
② 参见卡尔·雅斯贝斯《时代的精神状况》，王德峰译，上海译文出版社，2020，第2页。

判和反思，从中挖掘出社会退步和人性堕落的深层原因。而在反思的基础上，艺术家积极地为人类幸福探究着契机和出路。一时间，涌现了很多艺术流派和文学思潮。象征主义、直觉主义、精神分析主义、存在主义并行，哲学上的人本主义加速了艺术的个人化倾向，即表现个人情感、思维，反映人的普遍追求与困境等。于是我们看到了野兽派、未来主义、意识流、德国表现主义以及超现实主义等一系列伴随非理性思潮诞生的艺术团体，他们以个性的姿态，多元化的表现方式，用艺术的方式诉说着现代人的主体性思考以及对现代社会的反思与批判。

从现代艺术中我们可以看到，文字、色彩和线条被赋予了更多的主观价值和情感意义，这些艺术的形式要素不再仅仅为再现客观整体而存在，它们仿佛拥有了独立的生命，成为波动着的无限靠近主体精神的一部分。从理性转向非理性，这种审美意识的变化背后更深层次的原因是，现代人逐步的内转化倾向。现代人在经历了神学崇拜、理性崇拜后，主体意识复苏，最终将关注点回归到人的精神、生命、意识之上，表现在哲学、艺术、文化等多个方面，这些方面之间相辅相成共同推动了非理性思潮的发展。

二　由具象转向抽象

在非理性思潮的作用下，现代艺术逐步摒弃了具象的创作方式，而转向更为抽象的表现形式。艺术抽象形式得以完成很大部分原因在于艺术家对绘画中媒介的使用。从某种角度来看，现代艺术的发展过程就是一个逐步凸显媒介的过程，直到媒介不再担负任何内容，而成为纯粹的形式表达。艺术评论家格林伯格指出，西方绘画由三维透视走向二维平面是对回归到媒介本质的强调。形式化与抽象化在此过程中相伴而行。这种转向有着多重原因，首先，西方艺术自古以来就以"模仿说"和"镜子说"为文艺创作的基本前提，将艺术视为对自然和现实的反映，因此艺术创造出来的形象，不论是绘画形象还是文学典型均已更贴近自然的具象为基本要求。如文艺复兴时期的画家拉斐尔所画的圣母像，虽然褪去了神的光环，但她的相貌和身材比例以及人像背景的绘制，都是按照现实中生活世界的原貌进行描摹的，画家采用"渲染法"和"透视法"，将画作以极度逼真的形态展现在观者面前。在现代主义前，对再现与真实的追求一直作为西方的主流思想，拥有着不可撼动的地位。而到了现代，人本主义在哲学中占据了主导地位，如威尔海姆·冯特的生理学、弗洛伊德的心理学、查尔斯·谢灵顿的神经生理学、威廉·詹姆斯的心理学以及柏格森的生命哲学等，在表现人内心一些不可名状的思想、意识、生理感受以及情绪时，具象的优势地位而不得不让位于抽象。如德国表现主义艺术家基希纳《德累斯顿街头》《街道上的五个女人》等作品也是着重对人物形象的表现，但基希纳笔下的人物绘制的印记很明显，扁平且变形的身材让观者很难与现实中的人物联系起来，然而人物的神态，压抑的氛围，与周边人的关系，甚至色彩符号的暗示都给人一种极为逼真的触动，其实际上是对德国现代民族文化包括人际关系的艺术性折射。现代艺术试图对这种看不见摸不着的精神性思考有所表现，由具象绘画走向抽象是必然结果。且现代审美意识需要这种转变以带动观者对艺术进行深层次的思考并进一步认知自己。相比卢卡奇和马克思对艺术的美好期愿，现代艺术虽并不能承担起救世的任务，但它也逐步作为一种社会的异声并源源不断地发出对自由和人性的呼喊。

其次，人们对社会的认知发生了改变。在前现代时期，社会发展速度较慢，科学技术均处于欠发达程度，因此人们对于社会的认知也趋于稳定。但随着启蒙理性和工业革命的到来，正如伯曼所言"一切坚固的东西都烟消云散了"，一切均处于失控的状态，它们快速变动着，甚至推翻了人们对传统的认知。如爱因斯坦相对论推翻了传统力学，表明自由体下落是由于惯性运动而不是重力，相似的经典被重构的现象数不胜数。现代社会割裂了人们对历史的纵向体验与把握，因此观看现代事物的方式也随之发生了改变，呈现出更科学更多元之态。传统的简单、单一的认知方式被彻底抛弃了,后印象派画家塞尚对静物的把握就突破了传统透视技法,而在二维平面上呈现出对物象多角度的观察。他之所以采用这种观察法,并不是他灵机一动的结果,而是因为他和当时的社会分享着共同的视觉机制,英国艺术家大卫·霍克尼曾说道:"他是第一位使用双眼作画的艺术家。"① 国内学者沈语冰在分析现代艺术的视觉机制时谈到,视觉机制是一个中介概念,它一方面连着观看方式,另一方面连着视觉机器。② 塞尚艺术的形成与当时流行的现象学、科学心理学、早期电影、艺术理论以及神经学是分不开的,因此,塞尚的注意力"当其能够超越可能性的边界而维持下来时,不是进入恍惚或游离状态,而是进入与世界的主观交接的更加强有力的再创造状态"。③ 塞尚为现代艺术观察事物的方式提供了更为全面和科学的视野,对于今日的观者来说,视觉的不可靠俨然已成为一种科学上的共识,但对于世纪之交的现代观者来说,这一发现具有突破性力量。从具象到抽象一定程度上意味着人们认知观念的进步、感知能力的强化以及包容性的增进,表现为客体的主体化、主观提炼下客体的本质化呈现。

再次,由具象走向抽象也基于艺术自身的发展。在印象派之前,艺术的技艺发展已经接近巅峰的状态,一幅绘画在艺术家的手中可以无限接近极致的真实,有时甚至可以达到以假乱真的程度,让观者分不清这究竟是艺术作品还是真实。不过随着摄影技术的问世和复制文化的兴起,绘画的合法性问题一时间成为艺术界的主要议题之一。绘画显然失去了传统牢不可破的地位,"我们决不要忘记绘画艺术在过去是为一些实用目的服务的,它被用来记录下名人的真容或者乡间宅第的景色。

---

① 威尔·贡培兹:《现代艺术150年:一个未完成的故事》,王烁、王同乐译,广西师范大学出版社,2017,第109页。
② 沈语冰:《塞尚、科学话语与早期电影 论19世纪90年代的绘画与视觉机制》,《新美术》2017年第1期,第85页。
③ 沈语冰:《塞尚、科学话语与早期电影 论19世纪90年代的绘画与视觉机制》,《新美术》2017年第1期,第85页。

画家就是那么一种人，他能战胜事物存在的暂时性，为子孙后代留下任何物体的面貌"。① 很显然，绘画的实用功能被摄影所替代，因此只有通过变革才能持续激发现代绘画艺术的活力。这也为现代艺术由具象转向抽象提供了推动力。

除此之外，为了拒斥现实社会的同一化模式，艺术就不能直接地模仿自然，而是通过展示与现实相像的形象来抗拒可替代性，并提供更多的可能性。现代社会的统治原则是将一切存在都变成可以替代的，可以交换的物。现代艺术正如波德莱尔所言，是永恒的不变与过渡的偶然的集合体，社会希望将其固定为某种不变的东西，而尽可能降低个性所占的比例，进而提炼为某种僵化的、虚空的普遍性共识。然而现代艺术为了抵抗这种强制的同一，而选择走向抽象。在抽象的艺术世界中，观者对差异和多元的容忍度被大大提升了，现实社会中的统治原则在这里失去了效用。现代艺术也成为对抗现实社会的有力武器，正如阿多诺所言："然而，艺术在意识形态中扮演着重要角色，因为作为超越交换的东西的形象，它表明世界上并非所有东西都是可交换的。为了不可交换的事物，艺术必须通过其形式把可交换的东西带到批判的自我意识中。"② 艺术就作为一种远离社会的乌托邦存在，在批判现实黑暗的同时不断唤起人们对自由和美好生活的追求。

最后，这种转变离不开精神分析理论的发展。对于现代艺术来说，强调人的主体地位和感性价值尚不足以推动艺术发展至纯抽象的样态，抽象艺术的发展得益于精神分析理论的推动。众所周知，弗洛伊德将人的意识分为三个部分，其中潜意识最具研究价值，在此基础上，弗洛伊德还将白日梦引入了美学的范畴，提醒艺术家注意一些尚未被意识到的东西，这些东西都会通过梦境成为创作的原材料，有着改造世界的潜能。然而梦境和潜意识中的事物的形象和表现方式本身带有抽象的性

---

① 贡布里希：《艺术的故事》，范景中译，生活·读书·新知三联书店，1999，第524页。
② Theodor W. Adorno, *Aesthetic Theory*, trans. by Robert Hullot-Kentor, Minneapolis: University of Minnesota Press, 1997, p. 83.

质，这种抽象表现为事物造型上的变形和秩序上的无逻辑。例如超现实主义艺术家达利的作品《记忆的永恒》，则是受精神分析影响，致力于发展人类潜意识心理，放弃以有序的经验记忆为基础的具象并以超现实的幻觉取而代之的抽象艺术。流动的时钟、变形的动物等抽象造型时刻提醒着观者所看到的并不是现实，而是人的潜意识意念与现实的结合，是比现实更为真切的艺术的呈现。再如意识流小说中对主人公碎片式言语的记录，基本尊崇意识、意念的流动，而放弃对逻辑与顺序的把握。读者读这类小说很难掌握情感主线或中心思想，这种表现方式较之传统小说无论是形象刻画还是叙事都是抽象的，却表现为对人的内心世界感知。

三　由他主转向自主

艺术自主作为一个现代艺术或美学上的概念，指的是艺术的自在自为，及自我指涉的特性。对现代艺术自主性的理解要放在与传统艺术的比较中进行。前现代时期的艺术并不同于今日我们所言的艺术，艺术原指一种技能或技艺。而艺术家也不是今日理解中的有知识的人（精英群体），而是与工匠无异的会技艺的人。达·芬奇、米开朗琪罗等我们所熟知的艺术大家在他们生活的年代并未身居高位，而是随时等待着被皇室或教堂雇佣，按照对方的要求在约定的时限内完成创作的实用技术工作者。1746年，法国哲学家巴托在《简化为单一原则的美之艺术》中提出了"美的艺术"这一概念，他写道，艺术应该"选择自然的最美的部分，以形成一个完整的、比自然本身更完善但同时仍然是自然的整体"。[1] 这一论断的潜在的含义是说，艺术应当排除那些非美的因素，这就将艺术从传统认知中的技艺层面脱离出来，而仅仅作为审

---

[1] 转引自贝尼季托·克罗齐《作为表现的科学和一般语言学的美学的历史》，王天清译，中国社会科学出版社，1984，第100页。

美范畴得以存在。随后，德国哲学家鲍姆嘉通认为美学应当作为一门独立的学科来专门研究艺术和美，这进一步标志着现代艺术观念的萌芽。除此之外，康德、席勒、黑格尔的美学思想在一定程度上都推动自律性理论的发展，认为艺术与美应当具有独立价值，并具有情感教育与社会批判能力。在此基础上，艺术逐渐脱离了传统伦理道德的束缚，而将关注重心转向自身。到了19世纪，两个新的变化促进和深化了艺术自主性的观念：一是美学思考集中在美的艺术上而把自然排斥在外；二是现代社会导致人的精神破碎和社会异化的现象日益突出，而科学和宗教在解决这些问题方面的失败，凸现出审美在现代社会中具有科学、宗教所没有的独特的"救赎"使命。[①] 而近代，现代艺术极力摆脱资产阶级对其的操纵和束缚，努力逃脱艺术市场化和商品化的趋势而不惜成为"反艺术"，虽然这不可避免地走向另一个极端，但值得肯定的是，艺术自主这一特性在现代艺术发展过程中，发挥出了不可替代的价值作用。

艺术由他主走向自主的转变，除了人类审美萌发的独立意识外，也是现代社会文化分化下的产物。正如社会学家韦伯所概括的那样，现代社会有两个基本的特征，一是宗教的衰落，二是价值领域的分化和确立。现代艺术诞生于资产阶级文化语境中，艺术的自主性则被视为与资产阶级社会分道扬镳的一种对自我的确证。艺术的自主性将艺术从社会语境中脱离出来，成为与道德、宗教等意识形态活动相分离的一部分，并用艺术的语言和方式来打造属于艺术和美的世界。在比格尔看来，自主性的出现是艺术从资产阶级社会脱离出来的表现。哈贝马斯也看到了这种分离，他指出，只有社会的经济和政治体系与文化体系渐趋分离，自律的艺术本身才有可能确立。齐美尔、维尔默也都赞同艺术自主性的确立建立在艺术与社会分化相分离的基础之上。自主的艺术摆脱了一切外在条件的束缚，成为审美现代性的关键，也正是由于它的自

---

① 周宪：《艺术的自主性：一个现代性问题》，《外国文学评论》2004年第2期，第6页。

律特性，艺术才能和现代社会文化保持一种张力性的关系，并反过来对其施加影响。

自觉性在艺术中的确立有一个持续自发的过程，这个漫长的过程直到19世纪才在一些艺术类别中凸显出来。唯美主义作为现代艺术的初级形态之一，高举"为艺术而艺术"的大旗，强调艺术的非功利性和非道德性。它隐含的一个诉求便是将艺术与非艺术区分开来，视艺术为一个独立的领域，使其摆脱道德和日常生活的干扰。唯美主义者们传达这一理念依托的是艺术的形式，较之现实生活文化而言，这种美的形式是独特且具有颠覆价值的。随之而起的象征主义也表明要以艺术的形式和方式来解决现代审美问题。现代主义思潮更是表现出一种"向内转"的倾向，发展出了语言学批评、符号学批评等现代批评模式。艺术在内转的同时也持续性地对现实社会展开批判，我们可以看到艺术的自主并不意味着全然脱离社会，而是在保持距离的基础上更好地认识社会和艺术自身，这虽然失去了传统艺术所具有的功能，但也重建了现代审美认知和价值维度。只不过现代艺术由于其自身的悖论性，既强调艺术对启蒙理性的反思，要求艺术独立于现实社会之外，又主要以艺术来弥合现实的破碎与缺失，创造出一个理想的艺术世界，由此艺术自主存在一种内在的分裂，分裂的持续拉锯最终引发了反自律的后现代主义浪潮。

结　语

现代艺术的三次转向并不是各自独立，而是相辅相成的，并分享着共同的现代知识体系。可以说，现代艺术由理性转向非理性是社会历史发展的必然结果，而由具象向抽象的转变是艺术发展的形式变革和内在要求。从他主走向自主则是内因外果作用下审美现代性发展的关键所在。站在历史的高度回溯现代艺术发展的历史，我们可以看到现代艺术这三次转向本身也隐含着诸多问题，并在发展中一一浮现出来，但这并不足以掩盖现代艺术的价值。它代表着一种美学上的尝试和可能性探索，在理性危急时刻将注意力转向主体自身，试图唤起现代人对自身的关注。这三次转向奠定了现代审美意识形成的基础，为艺术的发展创造了更为广阔的空间。

Three Turns of Modern Art: An Attempt to Reconstruct Aesthetic Consciousness

Zhang Tong

(Chinese National Academy of Arts, Beijing 100029, China)

Abstract: Modern art breaks with the old aesthetic experience and aesthetic habits, and reconstructs people's modern aesthetic consciousness with multifaceted innovation. Compared with traditional art, modern art has ushered in the new era of art with a triple turn from rationality to irrationality, figuration to abstraction, and heteronomy to autonomy. Specifically, the rebellion of modern art is not only a dissatisfaction with the "clinging to the defective past" of the academic school, but also a necessary stage in the development of art itself, and it is also man's return to himself and the spirit in the face of contemporary alienation. Most of the academic research on modern art focuses on the scope of aesthetics and art history, but the development of modern art is also based on the response to society and people, which is a kind of appeal and reconstruction of people's aesthetic consciousness after experiencing the loss of subject value.

Keywords: Modern Art; Modernity; Aesthetic Consciousness; Subject Value; Autonomy

数字劳动价值理念及其审美反思[*]

冯燕芳[**]

摘 要：随着新一代信息技术的发展，数字劳动已然成为 21 世纪重要的劳动形态之一。借助于新一代信息技术，数字劳动实现了工作地点和工作时间上的自由，在一定程度上实现了工作内容的自由；妇女、残疾人、农民工等弱势群体享有与其他人平等的工作机会，在收入上，男女之间基本平等。互联网作为数字劳动的基础，其设计的初衷就是共享资源。数字劳动借助于各类互联网平台或手机 App，能够实现代码、房屋、车辆、劳动力等资源的共享。不过，这些数字劳动中也隐含着一定的异化，而审美反思有助于人们认识这种异化现象，也有益于人们摆脱这种不自由的处境。

关键词：数字劳动；自由；平等；共享；审美反思

随着智能终端技术、互联网、软件技术、云计算等新一代信息技术的发展及大规模商业化，人们的生活方式、工作方式、交流方式和思维习惯正在发生深刻的改变。其中，依托于新一代信息技术的劳动被称为"数字劳动"，包括软件工程师的劳动、以外卖骑手和网约司机为代表

---

[*] 项目基金：河北省社会发展项目"哈特和奈格里的非物质劳动理论研究"（批准号：20220303035）。

[**] 冯燕芳，河北大学哲学与社会学学院副教授，硕士生导师，河北大学坤舆青年学者，主要研究方向：马克思哲学、国外马克思主义哲学。

的平台劳动、电商客服的劳动、以网络主播和短视频博主为代表的情感劳动、产销合一劳动等劳动形式。2020年以来的新冠疫情强化了数字劳动形式,从事数字劳动的人数大幅度增加。克里斯蒂安·福克斯(Christian Fuchs)、丹·席勒(Dan Schiller)、迈克尔·哈特(Michael Hardt)、安东尼奥·奈格里(Antonio Negri)、贝尔纳·斯蒂格勒(Bernard Stiegler)等西方左翼学者站在批判资本主义的立场上批判数字劳动,而忽视了数字劳动本身的积极意义和价值。中国知网上能搜索到的学术论文多数也是从批判的角度研究数字劳动,只有少部分学者关注到数字劳动本身的积极意义和价值。数字劳动作为一种建立在新一代信息技术基础上的新的劳动形态,本身彰显着自由、平等和共享的价值理念。只有处于追求超额剩余价值的资本主义制度下的时候,在数字劳动中才会产生剥削、异化和不平等。而在认识和挣脱这些不自由境地方面,审美反思扮演着不可忽视的角色,它既能使人看到数字劳动中暗藏的一些异化现象,也能使人看清这种异化现象存在的根源,还能赋予人以摆脱这种异化的能力和希望。

一 自由

马克思在《1844年经济学哲学手稿》中指出,劳动作为人区别于动物的类本质,是人有意识、有目的的活动,因而,劳动是人的自由活动。人在劳动中可以自由地发挥自己的智力和体力,确证自己的本质力量,肯定自己。[1] 恩格斯也肯定了劳动是人的自由活动,他在《国民经济学批判大纲》中指出,"劳动是生产的主要要素……是人的自由活动"。[2] 马克思和恩格斯劳动自由的内涵主要是"不受强制",尤其是不受肉体需要的强制,当然也包括不受工厂制度的强制。在传统工业社

---

[1] 参见《马克思恩格斯文集》第1卷,人民出版社,2009,第159、162页。
[2] 《马克思恩格斯文集》第1卷,人民出版社,2009,第72页。

会，工人必须在特定时间进入特定的地点，按照他人的任务安排进行劳动。如果出现迟到、早退、走错车间、完不成指定任务等情况，工人都会受到惩罚。但是工人还必须去劳动，因为其要满足衣食住行等肉体需要以及抚养下一代。进入数字化社会以后，人们依然需要通过劳动满足自己的生活所需。但劳动者借助于新一代信息技术展开数字劳动，打破了工作时间和空间的限制。数字劳动者可以在家里或者自主选择的某个地点工作，灵活安排工作时间，制订工作计划。甚至，部分数字劳动者还可以自由支配自己的工作内容。这为劳动者提供了高度灵活性。

（一）工作地点自由

20 世纪 80 年代，英国学者乌苏拉·胡斯（Ursula Huws）在《远程工作：未来预测》这篇文章中写道：的确有人为了避免上班奔波与雇主协商在家工作；的确有人极端厌恶大公司环境，为自己搭建起"电子化住宅"；的确有女性因为无法找到令人满意的儿童护理服务而心甘情愿在家里用电脑工作；的确有一些国营、私营单位正在系统化地研究将部分员工转移到家中工作。但她在每一句话后面都特意标注"但人数不多"。同时，胡斯也指出，"移动电话、传真、手提电脑等高科技产品允许越来越多的人在路上办公，工作地点随时都在变化"，而且预测"以上列出的人群正在不断扩大，很有可能会一直发展下去"。[①] 这种建立在信息技术基础上的远程工作，是数字劳动的一种形式。对于这种远程工作，美国未来学家阿尔文·托夫勒（Alvin Toffler）比胡斯更为乐观。他在 1980 年出版的《第三次浪潮》中把远程工作描述为一种重要的发展趋势。他指出，越来越多的公司只不过是"挤在计算机周围的一群人"罢了，一旦把计算机安装在人们的家中，他们就不必再挤成一团了。这样，家家户户成为田园般的"电子小屋"，人们不必再

---

① 乌苏拉·胡斯：《高科技无产阶级的形成：真实世界里的虚拟工作》，任海龙译，北京大学出版社，2011，第 59 页。

在规定时间踏入公司或工厂，摆脱了上下班的烦恼，在工作中享有更大的自主权和灵活度，不断提升工作满意度与工作效率，获得更为丰厚的报酬。托夫勒认为建筑师、设计师、许多行业的专业顾问、临床医学家和心理医师、音乐和语言教师、艺术品经纪商、投资顾问、保险代理人、律师、学术研究人员及许多其他行业的技术和专业人员都可以在家中工作。甚至制造业只要配有合适的通信设备，在自己家的客厅中也可以实现远程工作。托夫勒还特意强调"这不是科幻小说的幻想"。[1]

随着智能手机和电脑的普及、互联网等新一代信息技术的发展，加上2020年以来蔓延全球的新冠疫情的影响，托夫勒"电子小屋"的设想已经在很多地区和行业得以实现，并且人数在逐渐上升。2019年，数字经济支持了美国770万个全职和兼职工作岗位。[2] 在抗疫复工过程中，我国有超过1800万家企业选择了线上远程办公，超过3亿用户使用远程办公应用设备。[3] 这种远程工作作为数字劳动的一种形式，将长期存在，并且从业人数会继续扩大。

在对传统就业的界定中，工作场所是认定劳动关系存在的关键要素之一。远程工作把传统劳动关系中的一个重要指标"工作场所"模糊化了。2010年，美国国会通过的《远程工作促进法》规定，远程工作是一项具有弹性安排的工作，在这种工作安排下，员工在工作地点之外被许可的工作地点履行员工岗位职责和责任或从事其他被授权的活动。法兰克福学派第三代代表人物哈特穆特·罗萨（Hartmut Rosa）指出，"社会相关性也与空间邻近性脱节开来。因此，对于许多，甚至是大多的社会过程来说，空间的位置或环境已经不再重要或不再是决定性的了"。[4] 依托新一代信息技术，远程工作摆脱了物理距离的束缚。

---

[1] 阿尔文·托夫勒：《第三次浪潮》，黄明坚译，中信出版社，2018，第197页。
[2] 参见赵岩主编《数字经济发展报告（2021~2022）》，社会科学文献出版社，2022，第124页。
[3] 参见叶迎《加强远程工作中的劳动者权益保障》，《中国劳动保障报》2020年4月11日。
[4] 哈特穆特·罗萨：《新异化的诞生——社会加速批判理论大纲》，郑作彧译，上海人民出版社，2018，第118页。

劳动者不必在 8 点钟到达指定的工厂、办公室工位上班，而是可以随意选择工作地点，家里、公园里、咖啡馆、旅途中、出差的酒店里等，当然，多数人还是会选择自己家里。一些依托于互联网平台或 App 的众包劳动者，比如从事数据标注、数据分析、软件开发的劳动者，在劳动力平台上寻找工作任务，完成任务之后，通过互联网传输给雇主。

依托新一代信息技术，劳动超越空间限制，工作地点自由，可以带来很多好处。第一，劳动者不再需要长途跋涉到公司或工厂，节省了劳动者在通勤中耗费的时间和体力。一天工作 8 小时的劳动者，如果耗费 4~6 个小时通勤，就会耗费劳动者大量的时间和体力。通勤时间和工作时间的比率越高，耗费劳动者的时间和体力就越多，劳动者就越没有办法专心工作，越难以提高工作效率。第二，劳动者不再需要长途跋涉到公司或工厂，可以减少交通拥堵，节省能源。能源危机是触发远程工作的契机之一。20 世纪 70 年代早期，电子家庭工人首次出现在公众视野中。当时正好发生了能源危机，人们突然意识到取之不尽，用之不竭的能源时代已经结束了。托夫勒指出，"大多数高科技国家目前都面临严重的交通问题，大众运输系统已呈饱和状态，市区道路和高速公路拥堵不堪，停车空间奇缺，污染问题严重，罢工和故障几乎成了家常便饭，同时交通成本扶摇直上"。[①] 而远程工作不仅可以节省劳动者通勤过程中消耗的能源，还在一定程度上缓解了大城市的交通拥堵，减少污染。第三，节省企业在办公过程中耗费的能源。数字劳动者在家工作，自己提供了很多通常由雇主提供的东西：工作空间、储藏空间、取暖、照明、保险、管理和监督以及健康和安全风险。所以企业也不需要租用很大的空间，这样就节省了企业的能源耗费以及固定资本的支出。托夫勒指出，"办公大楼和厂房设备越小，房地产成本就越低，而空调、灯光、守卫和维护费用也相对减少"。[②]

[①] 阿尔文·托夫勒：《第三次浪潮》，黄明坚译，中信出版社，2018，第 201~202 页。
[②] 阿尔文·托夫勒：《第三次浪潮》，黄明坚译，中信出版社，2018，第 203 页。

（二）工作时间自由

工作时间自由，指的是允许劳动者在规定的时间限度内，按照自己的时间和安排来选择工作。这打破了传统"朝九晚五"工作方式对劳动者的束缚，使他们在工作中享有较强的灵活性和较高的自由度。托夫勒在《第三次浪潮》中预测，未来大部分行业将实行弹性劳动时间。在实行弹性劳动时间的公司，每名员工可以灵活选择自己的工作时间，习惯早起的人可以选择在早上 7 点上班，而习惯晚起的人可以在 10 点或 10 点半才开始工作。员工甚至可以在一般的工作时间（如上午 8 点到下午 5 点）放下工作去料理家务、购物、陪孩子等。[1] 托夫勒当年的设想在今天已经成为现实。

基于指定位置的众包劳动者如外卖送餐员、网约车司机等在打开 App 之前和关闭 App 之后是自由的，可以自行决定工作时间，不受公司或个人的强制管理。所谓上班不再是雇主规定的早上 8 点或 9 点，而是从劳动者打开 App 接单开始。所谓下班也不再是雇主规定的下午 5 点或 6 点，而是从劳动者关闭 App 开始。打开众包 App 和关闭众包 App 的时间是由劳动者自己决定的。众包劳动者甚至可以选择一段时间休息而完全不接单，只要不打开 App 就可以。相关数据显示，滴滴在全球拥有 3000 万注册司机，但活跃司机的数量大约 1500 万。[2] 从以上数据也可以看出，网约车司机的工作时间具有灵活性，随时打开 App 就可以工作赚钱，不想工作时就关掉 App。

依托于互联网平台或 App 的众包劳动者，比如从事数据标注、数据分析、软件开发的劳动者，在劳动力平台上寻找到工作任务之后，只需在 Deadline 之前提交劳动成果即可。白天还是黑夜、上午 9 点还是下午 4 点开始工作，劳动者有很大的自主性。发布任务的客户只关心此项

---

[1] 参见阿尔文·托夫勒《第三次浪潮》，黄明坚译，中信出版社，2018，第 251~252 页。
[2] 参见《近 1500 万司机流失，滴滴能度过这个寒冬吗?》，笨鸟科技百度百家号，2021 年 11 月 17 日，https://baijiahao.baidu.com/s?id=1716640935625631800&wfr=spider&for=pc。

任务有没有完成，而不关心劳动者在何时完成。从事短视频制作、直播的自雇劳动者，他们的工作时间更自由，何时制作短视频、何时直播、何时下播，都随自己的心情、兴趣或意愿。

（三）工作内容在一定程度上实现了自由

尽管马克思和恩格斯生活在19世纪，但他们在《德意志意识形态》中预测了消灭分工之后的共产主义社会的劳动状况。他们指出，"在共产主义社会里，任何人都没有特殊的活动范围，而是都可以在任何部门内发展，社会调节着整个生产，因而使我有可能随自己的兴趣今天干这事，明天干那事，上午打猎，下午捕鱼，傍晚从事畜牧，晚饭后从事批判，这样就不会使我老是一个猎人、渔夫、牧人或批判者"。① 在共产主义社会，工作内容是按照自己的兴趣设置的，而不是按照他人的安排。在21世纪的数字化时代，尽管还没有进入共产主义社会，但自我雇佣的数字劳动在一定程度上实现了工作内容自由。

阿里研究院在2017年发布的《数字经济2.0》报告中预测，未来20年，50%的劳动力将通过网络实现自我雇佣和自由就业，基于互联网的"创业式就业"将成为未来人们的重要就业形态。对于一些自雇佣者，如自媒体带货主播，可以自由选择工作内容。他们可以自主地选择合作对象，在试穿、试用、试吃之后决定是否要与商家合作。他们可以自主决定创作什么题材、何种形式或风格的短视频。部分依托互联网平台或手机App的众包劳动者可以根据自身的兴趣爱好和技能，选择数据分析、软件开发、数据库建设等多种不同的工作。工作内容的自由选择有利于个体创造性和能动性的发挥。以上劳动者还只是在一定程度上实现了工作内容的自由，还没有达到马克思和恩格斯所描述的那种自由度。但可以期待的是，随着社会整体发展水平的提高、社会财富的极大丰富和自我雇佣劳动者的增多，有望实现马克思和恩格斯所预

---

① 《马克思恩格斯文集》第1卷，人民出版社，2009，第537页。

言的"今天干这事,明天干那事,上午打猎,下午捕鱼"那种程度的工作内容的自由。在如何从技术劳动中获得更多自由契机方面,审美反思无疑扮演着非常重要的角色,因为它能够使人们在体会劳动愉悦过程中,加深对技术本质的认识,增进对技术与人的本质力量的关系的了解。"这是人们对于思辨哲学所能要求的最起码的东西,思辨哲学自告奋勇要借助于一个惟一目的的理念去把自然目的和道德目的结合起来;但即使这么少的一点也是远远多于它真正能够做到的。"① 毕竟,人们参与所有活动,是为了自身的自由和更大的进步。

二　平等

在前数字化时代,就业或工作中往往存在性别歧视、种族歧视、残疾人歧视等不平等现象,例如,某工作岗位明确要求应聘者为男性,尽管女工也能充分胜任这份工作;美国某岗位明确要求应聘者为白人,尽管黑人、黄种人也可以胜任这份工作;而残疾人很难找到一份收入高、受尊重、体面的工作。数字劳动建立在新一代信息技术的基础之上,可以在很大程度上降低基于性别、身体状况、出身等个体差异带来的不平等。也就是说,在数字劳动中,不管男性还是女性、有色人种还是白人、身体健全还是残疾、出身贫困家庭还是富裕家庭,原则上每个人都可以获得同样的工作机会。因为短视频审核、网络运营、数据标注、数据分析等数字劳动任务能通过特定互联网平台或手机 App 实现供需匹配,互联网平台或手机 App 只关心这份工作或任务能否完成,而不关心完成这份工作或任务的人是男是女、个人形象如何、属于哪个种族。

(一)机会平等

数字经济创造了大量的就业机会,催生了许多新的岗位,不仅包括

---

① 康德:《判断力批判》,邓晓芒译,人民出版社,2002,第311页。

运输、配送等低技能、重复性的工作，还包括创意工作、网络运营、短视频审核、数据分析等高技能、专业化的工作。在西方，数字劳动力数量增长明显。在美国，从 2006 年到 2018 年，数字经济行业提供了 880 万个工作岗位，同比增长了 72.6%，占美国就业总人数的 5.7%。[1] 在欧洲，从 1999 年到 2010 年，比利时、丹麦、爱莎尼亚、芬兰、爱尔兰、卢森堡、荷兰、挪威和瑞典这 9 个数字化先锋国家，数字技术平均每年创造 20 万个新的岗位。[2] 国际劳工组织的数据显示，在 2014 年到 2019 年 5 年间，约有 2 亿人加入了网上劳动力市场。在亚洲的印度、菲律宾，欧洲的乌克兰、波兰等国民英语读写能力优秀且劳动力充足的国家，数字劳动者的数量较多。[3] 在我国，第 47 次《中国互联网络发展状况统计报告》显示，截至 2020 年 12 月，我国网络购物用户规模达 7.82 亿人。在如此强大的数字经济市场背后，是众多的新兴职业角色与就业机会。预计到 2025 年，数字经济带动的就业人数将达到 3.79 亿人。[4]

数字劳动建立在新一代信息技术的基础之上，工作地点、工作时间自由，这种便捷性和灵活性有利于促进弱势群体如女性、残疾人、低技能者、农民工、失业者等就业，促进机会平等。国际劳工组织指出，数字劳动力平台"灵活性的工作安排对女性、残疾人和年轻人来说更为方便，这也为在传统劳动力市场中被边缘化的人提供了就业机会，如难民和移民工人。通过低薪收入或季节性工作收入，平台为工人补充了收入来源"。[5]

---

[1] 参见赵岩主编《数字经济发展报告（2020—2021）》，电子工业出版社，2021，第 206 页。
[2] 参见蒂埃里·格尔茨《数字帝国：人工智能时代的九大未来图景》，叶龙译，文汇出版社，2020，第 26 页。
[3] 参见森健、日户浩之《数字资本主义》，野村综研（大连）科技有限公司译，复旦大学出版社，2022，第 5 页。
[4] 参见李海舰、蔡跃洲主编《中国数字经济前沿：数字经济测度及"十四五"发展》，社会科学文献出版社，2021，第 146 页。
[5] 国际劳工组织：《2021 年世界就业和社会展望：数字劳动力平台在改变工作世界中的作用》，常爽等译，经济科学出版社，2022，第 3 页。

其一，增加女性的就业机会，促进机会平等。随着新一代信息技术的发展，数字经济为女性带来新的就业或创业机会，有利于女性突破传统社会规范与性别分工的障碍，缓解女性面临的工作与家庭双重角色的困扰，在就业或创业中发挥自身的优势，促进就业中的性别平等。

第一，借助于新一代信息技术，数字劳动工作地点和工作时间的灵活性可以使负有照看责任（照顾孩子、老人或残疾人）的劳动者兼顾照看责任和工作。世俗的观点认为女性应承担照看孩子和做家务的责任，这种性别预期对于受到良好教育的女性依然有效。部分女性因为生育和照顾孩子，就辞掉了工作，但她们又迫切希望通过工作体现自身价值，对工作和家庭无法兼顾时，部分女性就会陷入自我怀疑和迷茫之中。数字劳动这种新的劳动形式为女性兼顾家庭和事业提供了机会。胡斯指出，"社会一方面需要女性在家庭之外从事有偿劳动，又希望女性在家内进行无偿工作，正是为了满足这看似矛盾的社会需求，信息技术才如此受人推崇：因为女性一旦成为家庭工人，就会兼得鱼和熊掌"。[1]从20世纪60年代开始，英国软件行业雇佣在家办公的程序员，其中大多数是离开办公室回家生育或养育孩子的女性。在2017年国际劳工组织关于众包工作的调查样本中，大约21%的女性劳动者有0~5岁的小孩，世界各地区这一比例从北美的15%到拉丁美洲和加勒比地区的42%不等。在定性回答以及在后续的访谈中，有0~5岁小孩的妇女表示她们喜欢众包工作，因为她们可以从事某种形式的工作，并从中获得一些收入，与此同时还可以照看小孩、老年人和做家务。[2]

随着短视频和直播浪潮的兴起，越来越多的女性以可见的形象、直观的形式出现在公众视野中，并将此作为一种可效仿的正式谋生职业。在这种数字劳动中，负有照看责任的女性将生活与工作融合起来，将育

---

[1] 乌苏拉·胡斯：《高科技无产阶级的形成：真实世界里的虚拟工作》，任海龙译，北京大学出版社，2011，第55页。
[2] 参见珍妮娜·伯格等《数字就业平台和劳动世界的未来：迈向网络世界体面劳动》，中国劳动社会保障出版社，2019，第69页。

儿、做家务等日常生活本身拍成视频，上传至抖音、微信、淘宝等平台，吸引粉丝。在此类数字劳动中，女性充分发挥自身的情感动员优势拉近与粉丝的距离，并塑造符合粉丝情感需求的形象。达到一定粉丝量之后，她们就与合作商家进行有效沟通，通过直播带货赚取佣金。对于她们来说，工作就是生活，生活也是工作，不仅能照顾好家庭，还能兼顾工作，提升自我价值。

第二，数字劳动有助于弥补女性体力和社会关系方面的劣势。在数字劳动中，男性失去了传统就业或创业过程中的体力与社会关系网络优势。不论是淘宝店家、微商还是主播，男性和女性进入互联网就业和创业空间的标准与门槛都是一样的。女性不再受制于传统工商业的创业劣势与传统性别规范，与男性平等地共享互联网赋予的优势。仅在阿里平台上，女性创业者占比就高达49.25%，在数量上与男性店主持平。早在2018年，淘宝平台的女性店主年均交易金额超20万元，相比2014年增长超过一倍。根据携程平台调查数据，在5000多名持证的新职业"旅行定制师"中，有68%为女性。[①] 根据国际劳动组织的数据，与数字劳动相关的大部分职业，女性的参与度高于男性。在数据分析和处理方面，男性与女性的比例基本持平（分别是29%和27%）；在法律、翻译、写作、编辑和市场营销等专业服务领域，女性的参与度高于男性。在中国和乌克兰，分别有50%和52%的女性受访者从事专业服务工作，高于男性受访者（分别为34%和29%）。[②]

其二，增加残障人士的就业机会，促进机会平等。由于数字劳动工作地点自由，可以在家里或其他地点完成工作，并且不需要太大的体力，是否工作、接受多少工作任务都依照自己的意愿和兴趣，这就为那些患有焦虑症、社交恐惧症、临时或长期肢体残疾的劳动者，提供了就业机会。根据国际劳动组织的调查数据，在家工作的数字劳动者中，大

---

① 参见佟新主编《数字劳动：自由与牢笼》，中国工人出版社，2022，第72~73页。
② 参见国际劳工组织《2021年世界就业和社会展望：数字劳动力平台在改变工作世界中的作用》，常爽等译，经济科学出版社，2022，第132页。

约19%的受访对象称,目前他们身体的或心理的健康问题或疾病已经持续或预计持续12个月或更长时间。其中,超过一半的人员(54%)认为健康问题或疾病对他们从事日常工作造成了极大的影响,而众包工作为他们开展工作并获得收入提供了一个替代的方案。[①] 在抖音、微信、淘宝平台,有相当数量的残障人士从事直播、短视频制作工作,其中也不乏成功者。

其三,增加农民的就业机会,促进机会平等。对于我国来说,增加农民就业、提高农民收入是乡村振兴的重要方面。随着我国数字经济的迅速发展,网络购物、外卖订餐等生活方式催生了大量的快递员、外卖员等岗位。农民已经成为我国快递和外卖等行业的主力军。美团调查报告显示,2020年有471.7万骑手在美团平台获得收入,其中77%的骑手来自农村。农民借助互联网从事数字劳动获得的收入高于打工平均收入。国家统计局发布的数据显示,2020年农民工月均收入为4072元。美团研究院问卷调查结果显示,全国外卖骑手的月均收入为4950元,其中专送骑手月均收入为5887元,二者都高于全国农民工月均收入。[②] 另外,农产品直播、认养农业、农业观光等数字农业新形态,也增加了农民就业机会。

(二)收入基本平等

其一,互联网平台或手机App提供了大量兼职工作机会,这有利于提高低收入阶层的收入水平,促进收入平等。在马克思生活的资本主义早期,工人之间的收入基本平等,但工人与资本家之间的收入存在巨大差距。在数字化时代,数字劳动为提高低收入阶层收入提供了机会。多数数字劳动者是非标准雇佣,工作时间和工作地点不限,灵活性强,

---

① 参见珍妮娜·伯格等《数字就业平台和劳动世界的未来:迈向网络世界体面劳动》,中国劳动社会保障出版社,2019,第40页。

② 参见《转行做骑手的年轻人》,新浪财经百度百家号,2022年4月22日,https://baijiahao.baidu.com/s?id=1730792300533170847&wfr=spider&for=pc。

按任务计酬，因而，可以为劳动者提供标准雇佣工作以外的补充收入。在标准雇佣的工作结束以后，劳动者还可以借助于互联网平台或手机 App，从事兼职工作，补充收入。国际劳动组织的调查结果表明，在线网络平台已经成为许多工人的重要工作和收入来源。39%的工人在在线网络平台上工作的主要动机是补充收入。尤其是 18 岁到 24 岁的年轻工人，48%的人积极参与平台工作的主要激励因素就是补充收入。在发展中国家，26%的工人选择平台工作的关键因素之一是补充收入；而在发达国家，43%的工人选择平台工作的最主要的因素是补充收入。①

其二，在数字劳动中，男女收入基本平等。恩格斯在 1885 年致盖尔特鲁黛·吉约姆-沙克的信中指出，"在工资还根本没有废除以前，争取男女同工同酬始终是所有社会主义者的要求"。② 在 21 世纪，数字劳动为男女同工同酬提供了契机。因为数字劳动通过互联网平台或手机 App 实现供需匹配，任务发布者只关心任务是否完成，不关心完成任务的数字劳动者是男是女。国际劳工组织针对数字劳动力平台的收入调查显示，男性和女性从事数字劳动的收入差距并不显著。2021 年，女性在线工人的平均时薪（含无薪工作时间）为 3.4 美元，略低于男性（3.5 美元）。具体到不同国家，发达国家女性的时薪（4.2 美元）也同样低于男性（4.8 美元）；而发展中国家女性的平均时薪（含无薪工作时间）为 3.4 美元，高于男性（2.6 美元），这可能是因为女性的受教育水平比男性高，从而使女性能够获得薪酬较高的工作。③ 具体到数字劳动力平台，2017 年，Microworkers 平台的女性平均工资高于男性，Clickworker 平台的女性平均工资与男性几乎相同。在其他平台，女

---

① 参见国际劳工组织《2021 年世界就业和社会展望：数字劳动力平台在改变工作世界中的作用》，常爽等译，经济科学出版社，2022，第 99 页。
② 《马克思恩格斯文集》第 10 卷，人民出版社，2009，第 536 页。
③ 参见国际劳工组织《2021 年世界就业和社会展望：数字劳动力平台在改变工作世界中的作用》，常爽等译，经济科学出版社，2022，第 112 页。

性平均工资均低于男性。① 在阿根廷和智利，基于应用程序的配送行业存在显著的男女收入差距，女性的收入比男性低 17%，而在乌克兰则没有显著的男女收入差距。美国基于应用程序的优步司机，男性的收入比女性高 7% 左右。这种差距的产生是由于男性与女性在经验、对工作地点的偏好以及驾驶速度方面存在差异。女性获得更多工作的机会也可能会受到谨慎行事、不愿意在夜间工作、担心遭受歧视、骚扰或暴力等因素限制。②

三　共享

共享并不是新一代信息技术出现以后才有的价值理念，哈特认为有两种类型的共享：自然共享（地球、土地、森林、水、空气、矿物等）和人工物共享（思想、语言、情感、信息、图知识、代码、社会关系）。其中，地球、土地、空气等自然物的共享以及思想、情感、语言等人工物的共享，不论是在新一代信息技术出现之前，还是在新一代信息技术出现之后，都是存在的，只是共享范围比较小而已。但是，代码、车辆、房屋等人工物的共享，在新一代信息技术发明之后，通过一部分人的数字劳动实现供需匹配，能够在更大范围内、以更大规模实现共享。

（一）互联网发明的初衷是共享

数字劳动本身是建立在互联网等新一代信息技术基础上的劳动形态，而发明互联网的初衷就是共享，互联网的共享理念必然会融入到以此为基础的数字劳动中。

---

① 参见珍妮娜·伯格等《数字就业平台和劳动世界的未来：迈向网络世界体面劳动》，中国劳动社会保障出版社，2019，第 52 页。
② 参见国际劳工组织《2021 年世界就业和社会展望：数字劳动力平台在改变工作世界中的作用》，常爽等译，经济科学出版社，2022，第 121 页。

第二次世界大战以后，苏联和美国争夺世界霸权，展开冷战，各自发展了自己的势力范围，并在军备上展开竞赛。1962年，古巴核导弹危机导致美国和苏联之间的冷战状态升温。同年，苏联信息技术之父格卢什科夫提出要建设一个全国性的计算机网络和自动化系统（OGAS）。这个系统以电话线路为依托，像神经系统一样连接欧亚大陆的所有工厂、企业。在莫斯科，将有一台中央主机，它连接着200个设在大、中城市的二级中心，这些二级中心各自又连接几万个计算机终端。然而由于各种各样的利益纠葛和阻力，格卢什科夫只是推进建成了几百个地方性的计算机中心，并没有实现全区域互联、互通。与此同时，美国也开始建立同样的军事网络。美国国防部（DoD）认为，如果仅有一个集中的军事指挥中心，万一这个中心被苏联的核武器摧毁，全国的军事指挥将处于瘫痪状态，其后果将不堪设想，因此有必要设计一个分散的指挥系统。当部分指挥点被摧毁后，其他点仍能正常工作，而这些分散的点又能通过某种形式的通信网取得联系。

早在1964年美国第二届信息系统科学大会上，美国计算机专家约瑟夫·利克莱德（J. C. R. Licklider）以"人机共生"理论为基调，向全世界发出倡议，即将计算机连接起来，达到资源共享的目的。1965年，罗伯特·泰勒（Robert W. Taylor）被推举为美国信息处理技术处处长。每当泰勒要处理重要事件时，总会为拷贝时过久的等待时间感到焦头烂额。为了让自己的业务能力得到展现，泰勒在1966年决定将利克莱德关于构建网络共享资源的理论付诸实践。为此他说服他的上级相信，假如网络建设成功，全美国的电子计算机都将实现资源共享。1969年11月，美国军方阿帕网（ARPAnet）建立，这就是互联网的最早起源。在阿帕网产生运作之初，只有四台主机联网运行，大部分计算机相互之间不兼容，在一台计算机上完成的工作，很难在另一台计算机上使用；让硬件和软件都不一样的计算机实现联网，还有很多困难。

为了在不同计算机之间实现"资源共享"，就需要在这些系统的标准之上建立一种大家都必须遵守的标准，这样才能让不同的计算机按照一定的规则共享资源。这里说到的标准、规则就是现在所说的通信"协议"。1973 年，温顿·瑟夫（Vinton Cerf）与罗伯特·卡恩（Robert Kahn）提出设计一个"网络控制协议"（NCP）。1974 年，他们提出将 NCP 分为 TCP/IP，开始布设互联网。也是这一年，"传输控制协议（TCP）得到应用，它描述了如何在网络上建立可靠的、主机对主机的数据传输服务"。这意味着计算机网络开始通过协议进行通信。"1981 年，网际协议（IP）以草案形式引入，它描述了如何在互连的网络之间实现寻址的标准以及如何进行数据包路由。1983 年 1 月 1 日，阿帕网开始对所有的网络通信和基本通信都要求使用 TCP 和 IP 协议"。[1]

1983 年，阿帕网分裂为两部分：用于军事和国防部门的军事网（MILnet）和用于民间的阿帕网版本。同时，局域网和广域网产生并蓬勃发展，其中最引人注目的是美国国家科学基金会基于 IP 协议建立的名为 NSFnet 的广域网。NSF 在全美国建立了按地区划分的计算机广域网，并将这些地区网络与超级计算机中心互连。以阿帕网为主干网的互联网只对少数的专家以及政府要员开放，而以 NFSnet 为主干网的互联网则向社会开放。

随后，互联网共享的范围不断扩大。1984 年，美国国防部将 TCP/IP 作为所有计算机网络的标准。同年，联邦德国著名的卡尔斯鲁大学的维纳·措恩教授（Werner Zorn）领导科研小组建立了西德与美国 CS-net 的第一个连接并发送了德国的第一封电子邮件，实现了国与国之间资源的共享。1989 年，NSFnet 改名为"Internet"，向公众开放，从此世界上第一个互联网产生，并迅速连接到世界各地，当时联网的计算机有 30 万台左右，基本实现了世界性的资源共享。

---

[1] 郭明桥、甘登岱编写《Microsoft Windows 2000 Server 局域网组建起步与操作》，北京希望电子出版社，2002，第 25~26 页。

（二）资源共享

1. 数字化资源的共享

数字劳动可以提供服务，可以生产产品，其中，有一部分产品是数字化产品，不仅包括软件、程序、代码等，还包括数字化的音乐、报刊、书籍、艺术品等，这些也可以称为数字化资源。

其中，代码共享最早出现。在代码共享中，开源软件最为典型。开源软件即开放源代码软件，意为向公众开放源代码的软件。开源软件源于 20 世纪 60 年代，美国 MIT 计算机专业的学生经常将自己辛苦开发的软件源代码共享，他们坚信，好的软件应该是开放的，应该由任何有能力的人参与共同完善。这意味着用户可以自由地使用、复制、散发及修改源码来补充漏洞、按具体需求定制功能等。如此一来，不仅降低了开发人员的时间成本和资金成本，也提高了劳动生产率。但 20 世纪 90 年代之前，因为发布条件受限，大多数开源软件无法得到有效传播，而仅仅流传于互相熟悉的程序员和老师、学生之间。随着互联网的普及，越来越多的开源软件形成了众多的开源技术社区。全球有超过 400 万名软件工程师不断地为开源技术社区贡献源代码，积累了超过 20 万个开源软件产品，完全形成了一套成熟而完整的开源软件技术体系。[①] 2021 年，中国信息通信研究院的《开源生态白皮书》表明，全球开源项目规模超 2 亿，我国在 GitHub 平台上有 5600 万名贡献者，预计到 2025 年平台上的贡献者将超过 1 亿名。[②] 21 世纪初，以谷歌为代表的大型互联网企业开始以各种方式发布新的开源软件，最为著名的是 Chrome 浏览器和 Android 操作系统；还有基于 Linux 的智能手机操作系统、加密安全协议 OpenSSL、数据库管理系统 MySQL、开发工具 Eclipse、互联网的门卫 Apache、大数据的心脏 Hadoop、浏览器引擎 WebKit、编程技术

---

① 参见吕廷杰等编著《信息技术简史》，电子工业出版社，2018，第 30 页。
② 参见佟新主编《数字劳动：自由与牢笼》，中国工人出版社，2022，第 285~286 页。

PHP、编程技术 Java 等。目前，开源技术已经成为国内外大型互联网企业的首选技术，在世界排名前 1000 的网站中有超过 70%的网站由运行开源软件的网络服务商提供支持。许多国内外知名的互联网站在使用开源软件的同时已经开始发布新的开源软件。例如，淘宝、百度、网易、新浪等许多中国大型互联网企业都在不同程度上开放了自己平台的源代码。

通过数字劳动生产的数字化音乐、书籍、报刊等数字化产品，具有可复制性和非竞争性特征，一次生产、无限次使用，一些人的使用不影响其他人的使用，数字化产品天生就是可以共享的。福克斯指出，数字化产品"最显著的特点是，它不会被消耗殆尽，可以同时被许多人使用，并且可以被轻易地、无休止地复制，和自行车相比更容易转化为公共产品"。① 随着大数据、云计算等信息技术的发展和运用，共享已经开始从生活消费领域逐步扩展至工业生产领域，例如公有云服务、基于工业互联网平台的工业 App 服务等。

2. 物质资源的共享

最初的物质资源共享，是闲置资源的共享。随着生产力的发展，人们生活水平的提高，社会上出现了大量闲置的房屋、车辆等资源。但数字化时代之前的共享，还只是熟人之间的共享。共享范围小、规模小。直到 2007 年，美国爱彼迎公司建立了一个简单的网站 Airbnb，匹配供需，利用闲置资源创造价值，这一新型商业模式才进入人们的视野。2010 年 10 月，美国的优步科技公司在旧金山正式推出第一版共乘应用软件 Uber Black，规模化、大范围的共享正式出现。开发 Airbnb、Uber Black 这样的软件属于数字劳动；把闲置房屋的照片、说明、价格发布到网站上，供有需要的人选择，也是一种数字劳动；借助于共乘应用软件，顺路司机以有偿的方式搭载有需求的乘客，也是一种数字劳动。这

---

① 克里斯蒂安·福克斯：《数字劳动与卡尔·马克思》，周延云译，人民出版社，2020，第 390~391 页。

些数字劳动的最终目的都是共享、分享，充分利用闲置资源。

随后，共享的物品不再限于房屋、车辆等闲置资源，而扩展到了设备、办公空间、雨伞、充电宝、单车甚至员工。实现这些资源的供需匹配借助的是相应的互联网平台或手机 App。对于供给方来说，在特定时间内让渡物品的使用权或提供服务，来获得一定的经济回报；对需求方而言，不直接拥有物品的所有权，而是通过租、借等共享的方式使用物品，并支付一定的费用。

数字劳动产品的共享以及借助于互联网平台或手机 App 的物质资源共享为未来社会的发展提供了美好的前景。尽管借助于互联网平台或手机 App 的物质资源共享并没有消灭私有财产所有权，但至少让渡了使用权，这的确离马克思和恩格斯的共产主义社会又前进了一步。伊本·莫格伦（Eben Moglen）作为开源软件的创造者之一，在 2003 年发表了《数字共产主义宣言》，为未来社会的共产主义想象打开了新的空间。共享让人们看到了解放的可能性，看到了共产主义的希望。这让斯拉沃热·齐泽克（Slavoj Žižek）、阿兰·巴迪欧（Alain Badiou）、哈特和奈格里、福克斯等西方左翼学者看到了实现共产主义的新契机。

综上，借助于新一代信息技术，数字劳动能够彰显出自由、平等和共享的价值理念。但数字劳动的主体是人，而人具有社会性、历史性，是生活在一定社会关系、一定时代的人。如果数字劳动者生活在一个公平正义的社会主义社会，将更有助于数字劳动中自由、平等和共享价值理念的彰显。如果数字劳动者生活在一个以追求超额利润为目的的资本主义社会，数字劳动就会发生异化，会导致数字劳动者的不自由、数字劳动者之间的不平等、数字劳动成果被垄断。而在认识这些异化现象和摆脱这种不自由境况方面，文学艺术和哲学等扮演着不同角色，担负着不同责任，它们相互依存、缺一不可。不过，就激发个体的认知力和伦理潜能而言，文学艺术的审美反思具有微观革命和持续推动力的作用。审美反思既能增进人们对数字劳动暗含的异化作用的认识，避免人类蜕变为数字技术的奴仆；也能为人们提供更合理地运用数字技术的方法和途径，从而使它们更有效地服务于人类的需求和进步。

Value Ideas of Digital Labor and Aesthetic Reflection

Feng Yanfang

(School of Philosophy and Sociology, Hebei University,

Baoding, Hebei 071100, China)

Abstract: With the development of the new generation of information technology, digital labor has become one of the important forms of labor in the 21st century. With the help of the new generation of information technology, digital labor has realized the freedom of working place and working time, and to a certain extent, the freedom of work content. Women physically challenged people, migrant workers and other vulnerable groups have equal work opportunities with others. In terms of income, men and women are basically equal. The Internet, the foundation of digital labor, was designed to share resources. With the help of various Internet platforms or mobile phone applications, digital labor can realize the sharing of code, housing, vehicles, labor and other resources. However, digital labor also implies a certain alienation, while aesthetic reflection can help people understand this alienation phenomenon and be beneficial to get rid of this non-free situation.

Keywords: Digital Labor; Freedom; Equality; Sharing; Aesthetic Reflection

❖ 马克思主义文艺理论中国化

马克思主义与陈独秀的文学批评

李金花*

摘　要：陈独秀在中国马克思主义文学批评的发生过程中起到关键作用。陈独秀先后在政治上和文学上转向马克思主义；二者的时间是不同步的。1905年9月，他首次在文章中谈及马克思其人及社会主义学说，但是他真正在政治上转向马克思主义始于1919年4月，并逐渐将马克思主义作为信仰。陈独秀在政治上转向马克思主义的过程中，先后吸收了马克思的阶级理论、剩余价值学说、唯物史观和无产阶级专政理论等。不过，在1919年前后的文学革命时期，他依然持有的是资产阶级的文艺观念。他在文学上的马克思主义转向始于1922年7月，但只是将马克思主义的一般原理应用到文学批评中。陈独秀初步讨论了经济基础与上层建筑的关系，并以唯物史观阐释文学变迁的必然性。他认为，新文学是启蒙劳动阶级战胜资产阶级的武器；应该建设无产阶级文化。

关键词：陈独秀；马克思主义；文学革命；唯物史观；阶级理论；无产阶级文化

陈独秀的文学活动主要集中在三个时期，第一个时期是1903年8

---

* 李金花，辽宁大学文学院副教授，主要研究方向：马克思主义文学理论。

月到1915年8月，主要从事古典诗文创作及评论；第二个时期是1915年9月到1923年12月，主要进行有现代意味的文学批评；第三个时期是1934年以后，从事古体诗创作。学界对陈独秀第一、三个时期的旧诗文研究比较详尽[①]，这里不再赘述，而关于他第二个时期的文学活动，即文学革命前后的文学观是不是马克思主义的，目前学界仍有争议。相关观点有以下三种。其一，陈独秀的文艺观念是非马克思主义的。[②] 其二，陈独秀在文学革命中只有以唯物史观讨论文艺现象。[③] 其三，陈独秀在"文学革命"时的文艺批评已有马克思主义意味。[④] 那么陈独秀究竟从何时开始接受马克思主义，以及到底在什么时候有了马克思主义文艺观？这一问题略微陈旧，但透过这一问题，对我们考察马克思主义在现代中国初期如何影响中国文学，作家如何将马克思主义应用到文学中，马克思主义文学批评如何在中国发生，以及中国马克思主义文学批评的"前史形态"有重要帮助。

以上的问题决定本文在研究中必须遵循严格的时间线索，进行精细的文本阅读；同时不仅局限于其文学文本，还要全面把握陈独秀在随

[①] 参见胡明《试论陈独秀的旧诗》，《文学评论》2001年第6期；张器友《陈独秀的近代"文界革命"实践——以桐城派末流创办〈安徽俗话报〉为中心》，《人文杂志》2013年第7期；张志忠《略论陈独秀的文艺观——以〈安徽俗话报〉与〈新青年〉时期为节点》，《首都师范大学学报》（社会科学版）2013年第6期；陈晓云《陈独秀的诗史、诗气、诗魂》，《党史纵览》2014年第2期；朱兴和《"文学革命论"与陈独秀的旧诗创作实践》，《文艺研究》2017年第11期；朱兴和《陈独秀存诗考辨》，《中国现代文学研究丛刊》2018年第7期；等等。

[②] 参见王永生主编《中国现代文学理论批评史》（上册），贵州人民出版社，1986；吕德申主编《马克思主义文艺理论发展史》，高等教育出版社，1990；温立三《关于陈独秀传播马克思主义文艺理论的问题》，《中国现代文学研究丛刊》1995年第3期；温立三《陈独秀与马克思主义文艺理论在中国的传播》，《文艺理论与批评》1995年第5期；童庆炳主编《20世纪中国马克思主义文艺理论研究》，北京大学出版社，2012；等等。

[③] 参见李衍柱主编《马克思主义文艺理论在中国》，山东文艺出版社，1990；郑富成《陈独秀五·四时期文艺思想初探》，《江淮论坛》1991年第4期；刘勇等《马克思主义与20世纪中国文学》，百花洲文艺出版社，2006；等等。

[④] 参见解莉《陈独秀的"文学"与"革命"——以陈独秀在1918年〈新青年〉上发表的文本为中心》，《湖州师范学院学报》2013年第4期；魏天无《革命论、本义论与实用说：陈独秀马克思主义文学批评论》，《华中师范大学学报》（人文社会科学版）2018年第3期；等等。

笔、通信、政论、时评等中的观点，这样才能弄清楚马克思主义如何在陈独秀文艺思想中展开：陈独秀何时在政治上转向马克思主义；其这时的文学主张是不是马克思主义的？如果不是，他是从什么时候开始将马克思主义应用到文学批评中的？以下的讨论也遵照这一顺序。需要说明的是，其一，由于篇幅有限，本文对陈独秀思想发展过程中与其他团体、个人的争辩不做重点讨论。其二，本文的研究上溯至1905年9月，此时陈独秀第一次公开讨论马克思及社会主义学说；下溯至1923年，因为之后他很少讨论文学问题了。

一

中国首先接受的是马克思主义的政治学、经济学、哲学，马克思主义文学批评直到20世纪20年代中期才进入中国。各种资料表明，1898年上海广学会出版的《泰西民法志》第一次向中国介绍了马克思和马克思主义，之后社会主义思想、剩余价值理论、历史唯物主义，以及第一国际、第二国际的发展情况也被陆续介绍到国内，但直到1905年9月，陈独秀才在《法兰西人与近世文明》中第一次公开介绍马克思和社会主义发展历程[①]，但也只是将社会主义与人权说、生物进化论一同视作近代文明的特征，还没有将马克思主义作为唯一信仰。

探索中国的出路，是近代的一个重要话题。资产阶级的民主主义在当时备受青睐。清朝覆灭以后，中国建立了民主共和国。从1915年10月到1917年6月，陈独秀将更多精力放在对资产阶级民主主义的介绍上：其一，陈独秀在《今日之教育方针》《抵抗力》等文中指出，民主共和实现了西方近代国家的解放、独立；其二，其在《吾人最后之觉悟》《旧思想与国体问题》《答钱玄同》《复辟与尊孔》等文中指出共和是与封建纲常对立的；要永久的实现共和必须清除陈旧思想。其中，

---

① 陈独秀：《法兰西人与近世文明》，《青年杂志》第1卷第1号，1915年。

1917年4月之后，陈独秀开始质疑资产阶级的民主、共和观念（下文有所涉及）。

俄国十月革命，在世界范围内造成很大的影响。国内也开始陆续有介绍十月革命的文章。1917年4月到1920年10月，陈独秀在文章中多次谈及十月革命；他对俄国革命的认识经历了介绍、犹疑、认可的过程。陈独秀指出民主共和不能救中国，而俄国革命、社会主义学说正在世界范围内产生影响，有着远大的前途，这主要体现在他的《俄罗斯革命与我国民之觉悟》《时局杂感》《驳康有为〈共和平议〉》《纲常名教》等文中。然而，陈独秀在此时对苏俄模式和马克思主义的接受并非十分坚定，表现出了思想上的混乱和摇摆。他于1919年1月11日、12日的《大公报》上发表的《告新文化运动的诸同志》中提倡要以马克思、克鲁泡特金同时为榜样，但又在三天后发表的《〈新青年〉罪案之答辩书》（即《本志罪案之答辩书》）一文中指出只有科学与民主才能救中国。① 1919年1月末到1919年4月中上旬，陈独秀此时并没有谈他对俄国模式、马克思主义的看法，但从他在4月20日发表的《二十世纪俄罗斯的革命》一文中可见他接受了俄国社会革命，并将其视作人类社会变动和进步的关键。② 他在1919年12月发表的《过激派与世界和平》一文中指出列宁领导的 Bolsheviki 是马克思派，并建立了劳农政府。③ 但需要说明的是，陈独秀此时并没有将马克思主义视作永恒的真理。④ 他在《学说与装饰品》一文中强调其之所以输入马克思主义，是因为马克思主义有利于解决中国当前的问题。⑤

在1920年5月到1920年底，陈独秀先后吸收了"剩余价值"理论和"阶级理论"。"剩余价值"理论使陈独秀认识到资本主义生产方式的内在矛盾促使社会主义的出现；社会主义的实现要靠无产阶级专政。

---

① 陈独秀：《本志罪案之答辩书》，《新青年》第6卷第1号，1919年。
② 陈独秀：《二十世纪俄罗斯的革命》，《每周评论》1919年4月20日。
③ 陈独秀：《过激派与世界和平》，《新青年》第7卷第1号，1919年。
④ 陈独秀：《马尔塞斯人口论与中国人口问题》，《新青年》第7卷第4号，1920年。
⑤ 陈独秀：《学说与装饰品》，《新青年》第8卷第2号，1920年。

这样的观点体现在《上海厚生纱厂湖南女工问题》《答知耻（工人底时间工资问题）》《答柯庆施》《民主党与共产党》等文中。陈独秀在《谈政治》①《下品的无政府党》《再答区声白书》等文中以马克思的阶级理论批评无政府主义、克鲁泡特金的互助论和托尔斯泰的"无抵抗主义"。

1920年末到1921年初，陈独秀开始介绍社会主义。他在《答郑宗贤（国家、政治、法律）》《〈共产党〉月刊短言》《社会主义批评》《我们为什么要提倡劳动运动与妇女运动》等文中区别了空想社会主义和科学社会主义，分析了资本主义为何会被社会主义所取代。其中《社会主义批评》一文可见陈独秀对《资本论》《哥达纲领批评》《共产党宣言》是有比较充分的了解的；在1920年前后，这几篇文章在国内也有了译文。②

中国共产党的成立，促进了马克思主义进一步传播。1921年7月到1922年7月，陈独秀在《答蔡和森（马克思学说与中国无产阶级）》《马克思学说》③等文中介绍了马克思在《政治经济学批评》《共产党宣言》《哲学的贫困》中讨论的"唯物史观"，进而以唯物史观阐释社会制度的变动。

1923年以来，陈独秀还讨论了社会改造及共产主义追求。陈独秀在《关于社会主义问题——在广东高师的讲演》一文中指出要从旧社会里创造新社会，所以要从资本主义的社会中创造社会主义的社会。④

以上可知，1919年4月，陈独秀才在政治上逐渐放弃资产阶级民主主义转向马克思主义。当他受到十月革命的触动，认识到资产阶级民

---

① 陈独秀：《谈政治》，《新青年》第8卷第1号，1920年。
② 1920年10月，《国民》月刊第2卷第3号上登载了费觉天译的《资本论自叙》，是《资本论》第1卷第1版序言；1920年李大钊组织北京大学马克思研究会合译德文版《共产党宣言》全文，陈望道是第一个整本翻译《共产党宣言》的译者，由上海社会主义研究社在1920年出版；1922年《今日》第1卷第4号，登载了马克思的《哥达纲领批判》。相关研究请参见邱少明《民国马克思主义经典著作翻译史（1912至1949年）》，南京航空航天大学博士学位论文，2011。
③ 陈独秀：《马克思学说》，《新青年》第9卷第6号，1922年。
④ 参见陈独秀《关于社会主义问题——在广东高师的讲演》，《陈独秀文章选编》（中），生活·读书·新知三联书店，1984，第287页。

主主义、克鲁泡特金的无政府主义无法解决中国问题时，才开始接受了阶级理论、剩余价值、唯物史观、共产主义等学说。

二

陈独秀早在1905年就接触到马克思主义，但在1919年4月才开始在政治上转向马克思主义。那么他在文学观念上是否也在1919年转向了马克思主义呢？在1919年前后他的文学批评有什么特征呢？接下来我们将讨论这些问题。

尽管陈独秀在1915年9月发表的《敬告青年》并不直接涉及文学问题，但这篇文章却是讨论其思想历程的重要文献；对进化论、实证主义的接受标志着陈独秀思想的现代转向，但其思想底色仍是资产阶级的。陈独秀在1915年7月的《〈绛纱记〉序》中介绍过以自然派文学闻名于世的王尔德[1]，但在1915年10月之后，他才开始有意识地介绍在欧洲流行的自然主义、写实主义理论。陈独秀在《今日之教育方针》《现代欧洲文艺史谭》《答张永言（文学—人口）》《答陈丹崖（新文学）》《我们为甚么要做白话文》《学说与装饰品》等文中指出写实主义和自然主义受实证主义影响，是欧洲流行的文艺思潮，是作家们的理想和追求；要从国外输入新写实主义。

"写实主义"成了陈独秀"文学革命"中的武器。1916年10月到1918年7月，陈独秀的《答胡适之（文学革命）》《致胡适信》《文学革命论》《学术独立》等文表达了他的"文学革命"主张，即反对"文以载道"，倡导文学的独立价值，认为自然主义、写实主义[2]可以改良文学。其中他在1917年2月1日发表的《文学革命论》[3] 在当下研

---

[1] 陈独秀：《〈绛纱记〉序》，《甲寅》第1卷第7号，1915年。
[2] 这里自然主义和写实主义的内涵一致，参见俞兆平《写实与浪漫——科学主义视野中的"五四"文学思潮》，上海三联书店，2001，第58~65页。
[3] 陈独秀：《文学革命论》，《新青年》第2卷第6号，1917年。

究中争议比较大。有学者认为这篇文章表现了陈独秀的马克思主义文艺观,有学者则认为这篇文章依然体现的是资产阶级的文艺观。如果联系 1917 年前后陈独秀的政论、书信、批评来看,这篇文章依然体现的是资产阶级文艺观。不仅如此,陈独秀还在这些文章中特意区别了文学之文和应用(载道)之文,即文学之文注重修辞,而应用之文重在朴实说理;之后在 1920 年写作《〈水浒〉新叙》时其进一步区别了文学之文与哲理之文,认为"文学的特性重在技术,并不甚重在理想。理想本是哲学家的事,文学家的使命,并不是创造理想;是用妙美的文学技术,描写时代的理想,供给人类高等的享乐"。① 他在《〈西游记〉新叙》一文中也强调文学的技术性。

陈独秀以"写实主义"作为评价文学的标准。陈独秀在与胡适的讨论中认为《金瓶梅》之所以是古今第一,因为其详细地描写了恶社会。② 陈独秀在《〈儒林外史〉新叙》一文中认为中国文学的短处在尚主观的"无病呻吟"多,少客观的"刻画人情";《儒林外史》的可贵之处在于它不是主观的、理想的,而是客观的、写实的。③

需要说明的是,陈独秀倡导"文学革命"的目的是改良道德,革新政治,实现资产阶级的民主政治,因为旧文学与旧道德相依。以上的观点体现在他于 1917 年 2 月到 1920 年 2 月发表的《文学革命论》《答张护兰(文学革命与道德)》《〈新青年〉罪案之答辩书》《我们为甚么要做白话文》等文中。

从陈独秀写于 1921 年的文章来看,他主张文学的绝对自由,不能以"主义"来批评文学。陈独秀在《社会主义批评》一文中将无政府主义视作社会主义的一派,认为无政府主义对绝对自由的偏重,可以应

---

① 参见陈独秀《〈水浒〉新叙》,《陈独秀文章选编》(上),生活·读书·新知三联书店,1984,第 530 页。
② 陈独秀:《通信》,《新青年》第 3 卷第 4 号,1917 年。原文为陈独秀与胡适的通信讨论,并无标题,暂以《通信》为名。
③ 参见陈独秀《〈儒林外史〉新叙》,《陈独秀文章选编》(中),生活·读书·新知三联书店,1984,第 624 页。

用到艺术与道德方面；因为艺术离开了物质社会关系，没有个体自由的冲突，所以艺术能有绝对自由，且必须有绝对自由。只有脱离一切束缚，艺术的天才才能发展。① 而无政府主义并不在马克思主义的范畴。他在《〈红楼梦〉（我以为用〈石头记〉好些）新叙》一文中指出不能拿什么理想，什么主义，什么哲学思想来批评《石头记》，这样会失了批评文学作品的旨趣。②

可以说，在 1915 年 10 月到 1921 年 4 月，陈独秀的文艺观念基本上没有受到马克思主义的影响，尽管在这段时间，他已经完成政治上的马克思主义转向。

三

如果熟悉中国马克思主义文学批评史，可知在 1925 年以前中国只有马克思主义基本原理在文学上的应用，如阶级斗争、唯物史观等。那么陈独秀是何时在文学观念上完成马克思主义转向的呢？又是怎样以阶级斗争、唯物史观等讨论文学的？在回答这些问题之前，需要单独讨论陈独秀的两篇文章。陈独秀在某文章中以王国维《宋元戏曲考》"一代有一代的文学"来回应钱玄同的"文学革命"。③ 陈独秀在另一篇文章中对张谬子提出的"文学之有变迁，乃因人类社会而转移，决无社会生活变迁，而文学能墨守迹象，守古不变者"④，保持了沉默。根据前文的讨论，不能就确切地判断此时陈独秀的文艺观已受到马克思主义的影响。

陈独秀在政治上转向马克思主义后，对"新文化"也有了新认识，但还不能说他已确立了马克思主义文艺观。尽管从前面的讨论来看，他

---

① 陈独秀：《社会主义批评》，《新青年》第 9 卷第 3 号，1921 年。
② 陈独秀：《〈红楼梦〉（我以为用〈石头记〉好些）新叙》，《陈独秀文章选编》（中），生活·读书·新知三联书店，1984，第 118 页。
③ 《独秀文存》，亚东图书馆，1922，第 146 页。
④ 《独秀文存》，亚东图书馆，1922，第 163 页。

在写作以上文章时，极有可能已经接触了马克思的"剩余价值论"。陈独秀认为新文化是与对劳动者的启蒙、社会的政治改造相关的，这一观点体现在他写于1920年4月的《新文化运动是什么?》中。尽管这篇文章在整体上还具有资产阶级思想，但他已经意识到新文化对劳工启蒙的意义，认为"新文化运动影响到产业上，应该令劳动者觉悟他们自己的地位，令资本家要把劳动者当做同类的'人'看待，不要当做机器、牛马、奴隶看待。新文化运动影响到政治上，是要创造新的政治理想，不要受现实政治底羁绊"。①

陈独秀真正在文学上转向马克思主义是在1922年7月。他开始以唯物史观阐释文化、文学的变迁。陈独秀在《马克思学说》一文中表示马克思的《政治经济学批判》《共产党宣言》《哲学的贫困》阐释了唯物史观的内涵，其中一点即说明人类文化之变动。社会生产关系之总和构成社会经济的基础，法律、政治都建筑在这上面。一切制度、文物、时代精神的构造都是随着经济的构造变化而变化的，经济的构造随着生活资料之生产方法的变化而变化。不是人的意识决定人的生活，倒是人的社会生活决定人的意识。② 关于文化的内容，他在《新文化运动是什么?》《文化运动与社会运动》等文中指出，包括文学、美术、音乐、哲学科学。此后，他在《〈独秀文存〉自序》一文中又指出文学是社会思想变迁的产物。③ 陈独秀在《答适之》（《科学与人生观》序）一文中指出，唯物史观不是不重视思想、文化、宗教、道德、教育等现象之存在，只是认为它们都建立在经济基础之上，而非本身就是基础。白话文的产生也并非胡适、陈独秀等人"闹"出来的，而是随着中国产业的发达而出现的。④ 由此可知，陈独秀以唯物史观阐释"文

---

① 陈独秀：《新文化运动是什么?》，《新青年》第7卷第5号，1920年。
② 陈独秀：《马克思学说》，《新青年》第9卷第6号，1922年。
③ 陈独秀：《〈独秀文存〉自序》，《陈独秀文章选集》（中），生活·读书·新知三联书店，1984，第200页。
④ 陈独秀：《〈科学与人生观〉序》，《陈独秀文章选集》（中），生活·读书·新知三联书店，1984，第350页。

学革命"的发生，认为文学是以社会经济为基础的，随经济的改变而改变。

1922年，陈独秀在《无产阶级专政》一文中指出要努力实现无产阶级的革命与专政。① 之后，在1923年5月到6月20日，陈独秀在《关于社会主义问题——在广东高师的讲演》中已经指出，共产主义者消灭资产阶级，建立无产阶级专政的国家时，应建设无产阶级的工业与文化。② 这一暗示着中国文化发展方向的观点，在以往的研究中是被忽视了的，因此笔者在此特别指出来。虽然，陈独秀再没有进一步探索什么是无产阶级文化以及如何建设无产阶级文化，但是，1923年前后，戴季陶、周建人、沈泽民、瞿秋白、沈雁冰等曾受苏联无产阶级文化派的影响，讨论过"无产阶级文化"这一问题。③

综上，陈独秀在1917年8月到1918年6月，曾无意识地以唯物史观阐释文学的变迁，直到1922年7月，他才彻底在文学上转向马克思主义，以唯物史观阐释文学的发生，倡导建设无产阶级文化。此外，随着阶级观念在其思想中的萌生，在1920年，他开始倡导为劳动阶级服务的新文学。

结　语

陈独秀在政治与文学的马克思主义转向中存在时间偏差。陈独秀在文学革命时期虽然在政治上已经转向马克思主义，但在文学上还不存在马克思主义的文艺观。陈独秀政治上和文学上的马克思主义转向是存在时间上的错位的。1905年9月陈独秀首次在文章中涉及马克思主义，但在1919年4月他才在政治上转向了马克思主义。陈独秀的转

---

① 陈独秀：《无产阶级专政》，《新青年》第9卷第6号，1922年。
② 参见陈独秀《关于社会主义问题——在广东高师的讲演》，《陈独秀文章选编》（中），生活·读书·新知三联书店，1984，第295页。
③ 参见程蕾《"无产阶级文艺"概念在中国的早期译介和接受（1920—1925年）》，《江汉论坛》2019年第6期。

向是与他对中国社会改造的思考相关的。当他目睹了十月革命的胜利，认识到资产阶级民主主义、克鲁泡特金的无政府主义无法解决中国问题时，转而接受了马克思主义的剩余价值、唯物史观、共产主义等学说。尽管1919年4月他在政治上已转向马克思主义，但他在1919年前后，即1915年10月到1921年4月的文学批评活动，基本上没有受到马克思主义的影响，相反其更接近资产阶级的文学观，即倡导在欧洲流行的写实（自然）主义，关注文学的技术性，肯定文学的独立价值和绝对自由等。直到1922年7月，陈独秀才在文学上转向马克思主义。

陈独秀将马克思主义应用到文学批评时，更多是方法论意义上的，并没有充分的批评实践，只是将马克思主义的一般原理应用到文学中。这是因为，一方面，1925年以前马克思主义文学批评尚未进入中国；另一方面陈独秀不是专业的文学批评家，他将更多的精力用在社会革命上，且1924年以后基本不再从事文学活动。不过，在不到两年的时间里，陈独秀初步讨论了经济基础与上层建筑的关系，并以唯物史观阐释文学变迁的必然性；他认为新文学是启蒙劳动阶级战胜资产阶级的武器，应该建设无产阶级文化。尽管陈独秀尚没有深入讨论马克思主义的文学的内容与形式、艺术价值与政治价值的关系等问题，更没有建构完整的批评理论体系，但他致力于将马克思主义与中国新文学的发生联系起来，即为新文学出现的合理性提供了理论支持，设定了新文学的任务，提出了无产阶级文化的建设问题。

马克思主义与陈独秀的文学批评，提供了探索中国马克思主义文学批评的发生，中国马克思主义文学批评的"前史形态"的一个侧面。实际上，早期党内的陈独秀、李大钊、沈泽民、沈雁冰、瞿秋白、蒋光慈等，以及党外的袁振英、胡愈之、汪馥泉、周建人、黄幼雄、戴季陶等，在没有可以借鉴的国外马克思主义文学批评资源时，已经尝试以马克思主义的基本原理去解决文学、文化问题，并且非常注意与中国具体现实相结合。中国马克思主义文学批评的发展、繁荣与这一阶段的尝试、探索，密不可分。

Marxism and Chen Duxiu's Literary Criticism

Li Jinhua

(College of Literature, Liaoning University,
Shenyang, Liaoning 110136, China)

Abstract: Chen Duxiu plays a key role in the development of Chinese Marxist literary criticism. The time of Chen Duxiu's turn to Marxism in politics and literature was not synchronized. In September 1905, Chen Duxiu first mentioned Marx and the doctrine of socialism in his article, but his real political turn to Marxism began in April 1919, and he participated in the establishment of the Communist Party of China in July 1921, taking Marxism as his belief. In the course of turning to Marxism in politics, Chen Duxiu absorbed Marx's theory of class, theory of surplus value, historical materialism and theory of dictatorship of the proletariat successively. However, in the period of literary revolution around 1919, he still held the bourgeois concept of literature and art. Chen Duxiu's Marxist turn in literature began in July 1922, but he only applied the general principles of Marxism to literary criticism. Chen Duxiu preliminarily discussed the relationship between economic foundation and superstructure, and explained the inevitability of literary change with historical materialism. He believed that the new literature was the weapon to enlighten the working class and defeat the bourgeoisie, so the proletarian culture should be built.

Keywords: Chen Duxiu; Marxism; Literary Revolution; Historical Materialism; Class Theory; Proletarian Culture

河北马克思主义文论研究流脉探微

胡镏生　曹桂方[*]

摘　要：在中国马克思主义文论的发展过程中，河北的学者一直扮演着非常重要的角色，这使得河北马克思主义文论形成了自己的流脉。从最初的李大钊到孙犁，再到冯健男和刘润为，他们的研究方式并不相同，但是他们都能依据时代需求进行文论研究和从事文艺批评。他们的成果在构成河北马克思主义文论流脉的基础上，也为中国马克思主义文论的发展和革新做出了不可忽视的贡献。理论的生命力在于创新，文艺伦理这个视角有助于挖掘新的话题和新的资源，从而推动整个马克思主义文艺理论的进步。

关键词：河北马克思主义文论；流脉；创新；文艺伦理

一

1949年以后中国意识形态领域的一大变化，是马克思列宁主义成了"指导我们思想的理论基础"，不仅指导着中国共产党的思想，实际上也指导着全中国人民的思想。马克思列宁主义不但无处不在，而且至

---

[*] 胡镏生，河北师范大学文学院副教授，主要研究方向：马克思主义文艺理论；曹桂方，河北师范大学文学院教授，主要研究方向：马克思主义文艺理论。

高无上。在文学艺术界，马克思列宁主义具体化为马列文论，它是文艺工作者必须学习的思想理论，是高校文学学科和艺术学科的必修课，因而也就成了中国文艺批评普遍使用的准绳和资源库。这是20世纪中叶至今世界文学艺术大观园里的一道奇特风景。

马克思主义文艺理论，最初是指马克思恩格斯哲学、政治经济学、社会学著作及部分书信中涉及美学、文艺学、作家作品评论的思想观点。马恩一生的主要关注点并不在文艺上，可是因为爱好文艺并尝试过文艺创作，广泛涉猎古今文艺作品，所以他们常常拿文艺作品做例证，信手拈来的人物、故事、名言警句成了理论上批判旧世界、创造新世界的有力之器、便捷之途。在部分信件中，马克思、恩格斯针对具体作品表达了他们对文艺的理解和主张，并且提出或解决了部分文艺理论问题。

1917年俄国十月革命一声炮响，给中国送来了马克思主义，也送来了马克思主义文艺理论。说是送，其实哪会那么轻而易举。中国的仁人志士在黑暗中艰苦求索多年，忽一日得到列宁领导俄罗斯革命胜利的消息，于是心向往之，想方设法向俄国人"取经"。多少人努力的结果，是既取来了马克思主义，也取来了列宁主义，合称马克思列宁主义，把它看作唯一的救世良方。列宁同样不是搞文艺研究的，他从组织领导俄国人民革命事业的角度，分析评价文艺人物和文艺作品，给文艺做出定位并提出要求。社会主义后来在多国取得胜利，这些新生政权一方面要对付内外敌对势力，另一方面要追求更远大的社会目标，大家信服列宁，觉得他的一套认识和做法是行之有效的，因此他关于文艺的思想观点，在包括中国在内的一些国家中被普遍认同和施行。

毛泽东是马克思、列宁思想和事业的继承者。他对中国的实际和文艺的实际都有透彻的了解，解决中国革命问题和文艺问题，当然要从马克思、列宁那里汲取智慧，但他不搞本本主义，更重要的还是从实际出发，走出自己的一条路来。1938年他在《中国共产党在民族战争中的地位》中说："洋八股必须废止，空洞抽象的调头必须少唱，教条主义必须休息，而代之以新鲜活泼的为中国老百姓所喜闻乐见的中国作风和中国气派。"① 1939 年他为延安鲁艺题词"抗日的现实主义，革命的浪漫主义"，是那个年代关于创作方法以及文艺与革命事业关系最新鲜、最精要、最有力的概括。1940 年其提出"新民主主义文化"的新概念，规定"民族的、科学的、大众的"三个目标，全面肯定了鲁迅的业绩和精神，确定了中华民族新文化的鲁迅方向。1942 年其发表的《在延安文艺座谈会上的讲话》（以下简称《讲话》），是马克思列宁主义文艺思想史上划时代的文献，围绕战时文艺工作对文艺创作、文艺批评、文艺观念做了全面而深刻的论述，许多观点虽时过境迁仍是不刊之论，影响深远。当然毛泽东这篇讲话也并非学院式的研究论文，所有论述的目的，都集中在如何组织起中国人民解放事业的文化战线，如何让文艺有效地成为"团结人民、教育人民、打击敌人、消灭敌人的有力的武器"，在这一点上毛泽东与马克思、列宁一脉相传。

马克思主义文艺理论、列宁关于文艺的思想观点以及毛泽东文艺思想是不同国度、不同历史阶段形成的马克思主义文艺思想的三个里程碑。在曾经的一个历史时期，我们还因为编辑出版了广为流传的《马克思 恩格斯 列宁 斯大林论文艺》和《毛泽东论文艺》而把他们五位称为马克思主义经典作家，称他们的文艺思想为经典文论思想。

事实上为丰富马克思主义文艺理论库藏做出贡献的理论家范围要大得多。比如普列汉诺夫，当年因为对十月革命有些不同看法，他似乎成了罪人，但他的理论著述深得马克思主义精髓，早期许多中国人正是从其《没有地址的信》《艺术与社会生活》等，窥见马克思主义文艺理论之端倪的。1994 年出版的《马克思主义文艺学大辞典》，确认全球范围内的马克思主义文艺理论家有 90 人之多。仅就文学方面说，曾任国际比较文学协会主席的佛克马在与其他人所著的《二十世纪文学理论》中，就把马克思主义文学理论列为四大世界性文学理论之一，可见这是全世界关注的话题。20 世纪 90 年代，随着东欧剧变、苏联解体，到如

---

① 《毛泽东选集》第 2 卷，人民出版社，1991，第 534 页。

今坚持和倡导马克思主义文艺理论的国家已经寥寥无几，然而研究马克思主义文艺理论，或者在马克思主义指导下研究文艺理论，或者进行马、恩、列、毛式的文艺批评，自称或者实际上是马克思主义文艺理论家的，仍有许多。

任何一种文艺思想都是在特定的历史条件下产生的，都是出于一定的时代需要，因此都有其内质的规定性。马克思主义文艺思想产生于帝国主义和无产阶级革命的时代，或曰世界性民族解放与人民解放大潮涌起的时代，它从诞生之日起就与革命、解放结下不解之缘。马克思、恩格斯提倡文艺上的现实主义，马克思建议斐迪南·拉萨尔说"农民和城市革命分子的代表（特别是农民的代表）倒是应当构成十分重要的积极的背景"[1]；恩格斯批评卡尔·倍克"歌颂各种各样的'小人物'，然而并不歌颂倔强的、叱咤风云的和革命的无产者"[2]。后来，列宁把大文豪列夫·托尔斯泰看作"俄国革命的镜子"，毛泽东说"《红楼梦》不仅要当作小说看，而且要当作历史看。他写的是很细致的、很精细的社会历史"[3]。苏联时期奉行社会主义现实主义，中国自20世纪50年代起奉行革命现实主义和革命浪漫主义相结合，还有，改革开放之前我们讲文艺为无产阶级政治服务、为工农兵服务，改革开放之后我们讲文艺为社会主义服务、为人民服务，这些例子都证明了文艺思想与特定历史条件的密切关系。

比较各种文艺理论会发现，马克思主义文艺理论最重视文艺的来龙去脉。所谓"来龙"，可以理解为生活——这里的生活不是单纯的私人生活，而是创造历史的人们的社会生活；也可以理解为历史——这里的历史不是写在书本上的历史，而是曾经发生和正在发生的活生生的史实。两者的意思其实是一样的。因为重视"来龙"，认为文艺是生活

---

[1] 《马克思恩格斯选集》第4卷，人民出版社，1995，第554页。
[2] 陆贵山、周忠厚编著《马克思主义文艺论著选讲》，中国人民大学出版社，2007，第107页。
[3] 《毛泽东文艺论集》，中央文献出版社，2002，第206页。

土壤上生长出来的花树，所以主张文艺家必须深入生活、洞悉历史，把它看作进行创作的前提。所谓"去脉"，可以理解为目的——这里的目的是相对于"自转"的"公转"即外在目的；也可以理解为理想——这里的理想是相对于现实的社会理想。这二者的意思也相同。因为重视"去脉"，相信文艺具有强大的社会功能，所以主张文艺家应学习马克思主义，学习社会，期望以此激发、养成、升华创作的动机和动力。一个不熟悉社会生活、没有社会理想，或者说心目中装不进人民大众、不关心社会未来的文艺家，肯定不是马克思主义所要求、推崇的文艺家。就此而言，说马克思主义文艺理论属于社会历史学派，其批评方法属于"社会历史批评"，即使不完全正确，也不是没有一点道理。毛泽东1938年在延安鲁艺的演讲中说"我们在艺术论上是马克思主义者，不是艺术至上主义者"[1]，可以证实我们的这个分析不是妄加猜测。

有人可能会误解"不是艺术至上主义者"这句话，觉得马克思主义文艺理论关心来龙去脉，却轻视艺术，其实不然。马克思有一个非常重要的理论命题——"作品就是目的本身"。他说："作品根本不是手段，所以在必要时作家可以为了作品的生存而牺牲自己个人的生存。"[2]这里的目的是"自转"意义上的目的，它和"来龙去脉"并不矛盾，恰恰要实现"目的本身"必须有生活、懂生活，而所谓"必要时"正是冲破束缚和压制走向理想的时候。恩格斯谈文艺批评的标准，有时用"美学和历史的观点"，有时用"美学观点和历史观点"，美学标准都是摆在第一位的。谁都明白，文艺作品如果在艺术创造上不过硬，经不起美学的检验，那它又怎么对得起生活，怎么发挥它推动历史进步的社会功能呢？

差不多一个世纪前我们请来了马列文论的"法宝"，让它在中国的土地上生根发芽，经过毛泽东等理论家结合中国文艺实际的阐述与发

---

[1] 《毛泽东文艺论集》，中央文献出版社，2002，第16页。
[2] 《马克思恩格斯全集》第1卷，人民出版社，1956，第87页。

展，它已经形成完备的有中国特色的理论与方法，成为中国文艺理论与批评的主流话语。我们不会故步自封，但也决不要妄自菲薄，轻视甚或丢弃了这个传家宝。

二

河北大地，环绕京津，环视中华。这片热土有行侠仗义、烈性报国的民风，有铁肩担道义、辣手著文章的文统，近现代以降更在追求新思想、开辟自由途的进程中行风气之先。马克思主义文艺思想在中国的传播、实践、坚守、发展，河北人殊有贡献。

中国共产党创始人之一的李大钊（1889~1927年），河北乐亭人，是中国最早的马克思主义传播者。他曾改写明代杨继盛"铁肩担道义，辣手著文章"，改其"辣"为"妙"，以传达诗胆文心。1918年在北京大学图书馆馆长任上他组织少年中国学会，发表《庶民的胜利》《布尔什维主义的胜利》等，赞扬十月革命，在北京大学组织马克思主义学说研究会，在《新青年》杂志上设置马克思主义专号。他运用马克思主义文艺思想讨论中外文艺，1918年写《俄罗斯文学与革命》，称俄罗斯文学反映现实、关心政治，成为"社会的沉夜黑暗中之一线光辉，为自由之警钟，为革命之先声"。[①] 1919年在《劳动教育问题》《平民主义》等文章中他认为只有以平民主义为旗帜，文艺作品才能传播于社会，通俗的文学可使苦工了解许多道理。1920年初发表的《什么是新文学》，强调新文学的"新"不在于使用白话，不在于点缀新学说、新人物、新名词，而在于创造"为社会写实的文学""以博爱心为基础的文学""为文学而创作的文学"，还说"宏深的思想、学理，坚信的主义，优美的文艺，博爱的精神，就是新文学新运动的土壤、根基"。[②]

---

① 李大钊：《俄罗斯文学与革命》，《李大钊全集》第2卷，人民出版社，2006，第234页。
② 李大钊：《什么是新文学》，《李大钊全集》第3卷，人民出版社，2006，第129~130页。

中国共产党成立前后,他和邓中夏等鼓励少年中国学会会员作家相信"主义","创造动人的文学以冀民众的觉醒"。这些马克思主义的观点和主张,深刻地影响了有志于革新中国文艺的后来人。

五四运动前后在保定、北京与邓中夏、李大钊、陈独秀、何孟雄等早期共产党人有过密切交往的王森然(1895~1984年),原名王樾,河北定州人,是现代文学家、教育家、史学家、画家。他志向高远,12岁即有"振衣帕米尔,濯足太平洋"之语,先后就读于定州高等学校、保定直隶高等师范学堂、北京大学,解放后驻足中央美术学院,是著名国画大师。他的经历异常丰富,辛亥革命时期曾受孙中山接见和鼓励,被蔡元培赏识,也曾在冀州河北省立第六师范和陕西榆林中学作为王任重、刘志丹等的老师,影响他们的思想成长;是齐白石最钟爱的四大弟子之一,又培养出赵望云、张启仁等绘画高徒。他从1917年汇编《河北民歌》起,长期从事各类文艺创作和理论研究,著作等身,成就卓著。

王森然1930年在上海出版了其开创先河的著作《文学新论》。该著分上下两编,分别探讨文学的外部关系与内部特质,章目有文学与时代、文学与社会、文学与经济、中国文学与世界文学、文学上的五种力、文学的定义、文学的要素等。由于思想上追求进步,以民族和人民解放为己任,更由于接触并服膺于马克思列宁主义,所以他在这部著作中,尽其所能用马列主义认识文学、解释文学。书中描述当时社会现实道:"现在这样的人生,每日生活,都是呻吟于帝国主义,军阀,资本家,贪官污吏,土豪劣绅的多重压迫之下的是一切被压迫的人生;每日如牛马一般囚牢在资本家的工厂,吃十二小时乃至十六小时的煤烟的工人的人生;每日在日炙雨淋,胼手胝脚的耕种,到了秋收以后,便没有积粮的是农人的人生。"[①] 文学该如何面对这样的社会现实呢?他写道:"文学不是浮华的装饰品,不是无聊的呻吟品,更不是掩饰罪恶的

---

① 王森然编《文学新论》,光华书局,1930,第86页。

虚伪东西，更不是表扬功德的夸张东西，他是创造人类的新生命，他是改变社会的好工具，他是促进文化的发动机"①，"诗人、文学家，不是风花雪月的鉴赏者，不是海边林下的低能儿，更不是专凭架空幻想的酒徒，更不是形容接吻拥抱的奴才，须要有科学的知识，道德的情操，在人类的心里，得深密的探求；须要有实验的方法，勇敢的热力，在人生的路上，有精确的发现；要能聚拢了人类的精神，超过那时间空间的地位，才有一存留的价值"②，由此他认为："文学是要认识现代的生活，加以表现和批评，而指示出一条改造社会的新路径，以启发未来。"③这里讲的是文学与现实的关系，强调文学必须关注现实而不能脱离现实。

在《文学新论》中王森然使用了"意识形态"和"反映"等新概念。他指出，文学"不单是一种产业的特别种类，而且是一种意识形态（Ideologie）"。④ 意识形态又是什么东西呢？他回答说，意识形态是"成了体系的实在，反映到人类的意识的东西，它是由现实社会发达出来，而带有一种现实社会的特征的"。⑤ 他认为"意识形态者，不能离去一定的社会的兴味，因之意识形态者，常是一种倾向的。即是他用一定的目的，来努力着，组织他的材料"。⑥ 作家不但要表现时代，并且要"寻出创造新生活的原素，而向着这种原素，表示充分的同情，并对之有深切的希望和信赖。文学作家，但一方面要暴露旧势力的罪恶，攻击旧社会的破产，而且要促进新势力的发展，视这种发展为文学的生命"。⑦ 这意思是说，意识形态源自社会现实，它一旦产生又会引导对社会现实的改变。王森然有一句似乎自相矛盾的话："文学应该跟着时

---

① 王森然编《文学新论》，光华书局，1930，第 124 页。
② 王森然编《文学新论》，光华书局，1930，第 124~125 页。
③ 王森然编《文学新论》，光华书局，1930，第 126 页。
④ 王森然编《文学新论》，光华书局，1930，第 125 页。
⑤ 王森然编《文学新论》，光华书局，1930，第 125~126 页。
⑥ 王森然编《文学新论》，光华书局，1930，第 126 页。
⑦ 王森然编《文学新论》，光华书局，1930，第 126 页。

代跑的，文学应该是时代的先驱"，从他对意识形态的解释看，此语并不难理解。

《文学新论》有一章讲"文学上的五种力"即爆发力、热力、独创力、魔力、传导力，分别论述社会重压引起的感应与反抗，面对艰难世事的激情与担当，新内容与新形式的提炼，情感的生动表现，寓教于乐。从字面看，五种力好像仅仅关乎作品，实际上它们何尝不关乎读者，没有这五种力，读者怎么会把作品当回事，作品怎么可能在接受者身上发挥作用。然而王森然的着眼点更在作者，五种力从根本上说是讲给作者听的。从感知生活到酝酿主题，从创造形象到选择形式，从讲究表达到吸引读者，五种力涉及文学全过程，而真正要告诉作者的不过两条：深入生活、熟悉生活是文学创作的前提，艺术上有独创性、有魅力的作品才能感染读者，进而让作品中蕴含的改造社会和人生的思想发挥作用。

与喜欢文学的政治家李大钊、热心政治的文艺家王森然不同，河北安平人孙犁（1913~2002年），一生都徜徉在文学园地，是个比较纯粹的作家。但他不光搞创作，也非常热衷于从理论上探讨文艺各方面的问题。早在1934年他就发表评论《〈子夜〉中所表现的中国现阶段的经济的性质》。七七事变后他加入了抗日队伍，抗战和根据地建设需要他的笔墨，他也有了施展才华的天地，发表了《民族革命战争与戏剧》《区村和连队的文学写作课本》《鲁迅论》《怎样体验生活》《和下乡同志们的通信》等一系列论著，其中他在传播和论述马克思主义文艺思想方面，最值得一提的文章是《现实主义文学论》（1938）和《接受遗产问题（提要）》（1941）。

关于现实主义，孙犁写道："现实主义不能解释为'纯粹的'客观主义，也不能从'锐利斯姆'一词上望文生义地了解到这是描写现实的'写实主义'。写实——这仿佛只要把现实的事情写下来或者'纯粹客观地'分析事实的原因结果——就够了，如果这样去接纳这个口号，那至多不过是限于'影写'的桎梏里罢了。"① 这样，什么是真正的现实主义就有了讨论的必要。孙犁的文章分三个部分展开。（一）马恩与现实主义。引用马恩原著强调暴露现实的客观矛盾、看重作品的现实力量。（二）典型性格的表现。引用高尔基的话论证如何塑造"典型环境中的典型人物"。（三）宇宙观、实践、创作。主张学习辩证法唯物论的宇宙观，积极参加社会实践，反对把写作看成特殊工作的倾向，认为"生活是一切创作的源泉，忽视了生活，而想成功创作，等于水中捞月"。文章结尾总结了现实主义艺术可以达到的三个最低限度指标："第一，是作品内容的真实和诚实。第二，是内容的独创性和清新味以及从来不曾知道的新生活环境的再现。第三，是所描写的生活环境的广大和价值。"瞿秋白1933年首次以论文形式论述了马克思主义的现实主义，时过五年，在战争的环境中，在抗日根据地的土地上，孙犁再次论述现实主义，目的是要说明"资本主义发展到了极顶"，民族解放势不可当，"一切的卖野药的文学制作说明不了这个时代，这个时代将滤尽一切文字上的玩弄"，其以马克思主义的现实主义开辟了文学新的道路。

在《接受遗产问题（提要）》中，孙犁认为接受遗产与建立民族形式有着密切关系，因此讨论接受遗产最终须归结到建立民族形式上。关于民族形式，孙犁的观点是："创造民族形式，我以为主要是写人（从生活写人）、民族精神和风貌。倒不一定是只对中国旧文学作品形式的搜索。"②"民族形式的建立，是在文学上肯定民族的新生活，否定民族的旧生活，发展民族的更新的生活。"③ 他还认为，建立民族形式既要眼睛向内，也要向外，"接受外国的遗产（翻译、研究等），一方面是输入新内容，同时也输入了新的表现形式。这可以帮助中国新的民

---

① 孙犁：《现实主义文学论》，《孙犁文集》第5卷，百花文艺出版社，2013，第233页。
② 孙犁：《现实主义文学论》，《孙犁文集》第5卷，百花文艺出版社，2013，第270页。
③ 孙犁：《接受遗产问题（提要）》，《孙犁文集》第5卷，百花文艺出版社，2013，第268页。

族形式的文学的建立"。① 不过他提醒，接受了外国遗产，"要使新的字眼，新的语法，新的表现法得到真实的生命，也一定要从现实生活出发"。②

1949 年中华人民共和国成立后，特别是在头 30 年，马克思主义及其文艺理论成了正统，出现了不少马克思主义文艺思想研究者和批评家。这方面能够代表河北的人物是冯健男。冯健男（1922~1998 年），湖北黄梅人，1946 年从家乡考取北京大学西语系，1949 年尚未毕业即参军南下，不久调回北京任《解放军文艺》编辑，1956 年转业到河北省，先后在张家口《长城文艺》编辑部、河北省文联文艺理论研究室、河北师大中文系工作，曾任河北省文学学会会长、中国当代文学研究会副会长。

冯健男是一位真诚的马克思主义文艺理论研究者与实践者，他的第一个贡献是在马克思主义文艺思想指导下，于 20 世纪 50 年代中期开始，大量评论了当代文学史上的重要作家作品，其中论述最多、影响最大的是对梁斌、孙犁、周立波、柳青的评论，其跟踪式地总结这些作家的创作经验，论定他们的文学贡献，在他们与读者之间搭建阅读欣赏的桥梁。他经常写一些区域性的、阶段性的、一定体式对象的综合性评论，如《新时期文学十年的思考》等，从中发现作者创作上的倾向和问题并给出适当的建议。他编选了《荷花淀派作品选》并加以论述，确立了该流派在文学史上的地位。第二个贡献是，他作为主编之一参与主持了《晋察冀文艺史》的编写，将"敌后模范抗日根据地"晋察冀十年文学艺术创造的辉煌成果完整地呈现在世人面前，这项开创性的研究肯定了晋察冀文艺工作者的功绩和创造力，同时表明了毛泽东文艺思想产生的必然性和巨大的指导意义。他进而关注整个解放区文艺，

---

① 孙犁:《接受遗产问题（提要）》，《孙犁文集》第 5 卷，百花文艺出版社，2013，第 269 页。
② 孙犁:《接受遗产问题（提要）》，《孙犁文集》第 5 卷，百花文艺出版社，2013，第 270 页。

不断推荐相关学者的研究成果，反驳某些人对这些产生于特殊历史条件下的文艺的贬低。第三个贡献是，他长期致力于解读和阐释马列文论和毛泽东文艺思想，发表有《马克思主义与文艺问题》等文章，1992年他主编出版了《中国马克思主义文艺思想史略》，为该著写了很长的"导言"和"结束语"，回应了改革开放以来对马克思主义文艺理论的种种挑战性言论。第四个贡献是，结合对马克思主义批评观的认识和自身的丰富批评实践，撰写了《谈文艺批评》《文艺批评的性质和职能》《文艺批评的思想标准》《文艺批评的形式》等一系列有关文艺批评的长篇论文，为研究生开设文艺批评研究课程，初步完成了文艺批评学的学科建设。

受其叔父冯文炳影响，冯健男自青年时代即有成为学者的志向。他思想活跃但有一定之规，广涉博学但绪承一宗，头脑始终保持清醒。他对鲁迅做过专门研究，对俄罗斯的别林斯基、车尔尼雪夫斯基、杜勃罗留波夫做过专门研究，写过《重写文学史的一条思路》《正确认识西方"异化"文学》《且将文场比市场》《不要磨掉性格的棱角》等文章，与不同的文学观点、批评观点进行交流对话，真正成了一个敢于面对社会现实和文学现实，一切从实际出发，历史地、辩证地看待各种文学现象的马克思主义学者。

改革开放以后，中国文艺界——大而言之，中国思想文化界，坚守与否弃的矛盾斗争一直异常激烈。河北丰润人刘润为（1949～），就是在这个历史的新时期，出现在奔涌的潮头上的。他先在河北省文联工作，后任职于《光明日报》、《求是》杂志社，不时发声，目标只有一个：保卫革命成果，赓续马列血脉。在他发表的文章中，《论文艺的倾向性》《文艺价值浅析》《文艺家的社会责任感》《马克思主义与"创作情绪"》《文艺创作坚决反对历史虚无主义》《学术贵族主义要不得》等带有论战性质的不在少数。他不是话筒把持者，而是一个讲道理的人，很多老话题经过他的讲述，显出了生命活力。2013年6月，他牵头在北京成立了中国红色文化研究会并担任会长，制订研究计划，开展一系列活动，发表一系列宣扬红色文化的文章，把红色文化定义为"中国人的精神脊梁"，谋求"让红色革命精神伴随中华民族的伟大复兴"。他组织一批学者，在原有的"延安文艺丛书"基础上，扩展范围和内容，历时五年完成国家重点规划项目《延安文艺大系》（17卷28册）的编纂工作，收录1936年秋到1949年7月在延安地区写作、翻译、发表、展览、出版的各门类文艺作品1200万字及图片1300余张，全面完整地展示了延安及陕甘宁边区的文艺成就。他为此写了一篇长文《中国文艺的大道》，总结说："一切从人民的意愿出发，一切由人民主导，一切归结于人民的根本利益，就是延安文艺运动昭示给我们的大道。"①

当代河北还有为数众多的研究者，他们立足文化宣传、教育科研、文学艺术等不同领域不同岗位，从事马克思主义文艺批评，进行马克思主义文艺理论研究，取得可观的成果。某种意义上，河北大学文学院"马克思主义文艺伦理研究"团队进行的研究就是在这方面创新的尝试。

三

2010年5月中国作家协会举办学习会，著名文艺理论家张炯在会上作了一个报告，题为《马克思主义文艺理论及其面临的挑战》。报告的大部分篇幅讲马克思主义文艺理论的地位、历史和构成，都是常识性的内容，最后部分讲"挑战"，认为挑战主要来自两个方面：一是全球化条件下世界文艺多样化的挑战，二是高科技带来的电脑写作和数码传播的挑战。他认为，如何认识现代主义和后现代主义的理论基础和创作现象，仍需要学者们深入研究。"至于信息社会的到来，网络文学的出现，文学创作从手写的纸质时代走向电脑写作和创作的时代，当然也给马克思主义文艺理论带来新的问题。"②

---

① 刘润为：《中国文艺的大道》，《中国艺术报》2015年8月10日，第3版。
② 张炯：《马克思主义文艺理论及其面临的挑战》，《徐州师范大学学报》（哲学社会科学版）2010年第3期。

其实张炯先生所讲的挑战，在某种意义上说也应该是我国文学艺术发展的新境遇。新事物是一定时代的生活变化和科技进步的产物，要说它构成挑战，那它对所有既成的文艺观念、文艺理论都构成挑战，并不独针对马克思主义文艺理论。文艺多样化、文学生产全球规模（全球化）不可逆转，对马克思主义文艺理论来说，这种新境遇正有转化成新机遇的无限可能。

狭义的挑战，一定是拿出招数逼你应战，往往先存了战胜你的把握或目的，专捅你的软肋。你要不应战，他不战而胜，从此把你看低三分，到处笑话你，找机会欺负你；如果应而不胜，不但丢人现眼，关键是自信心会受挫，难再抬起高傲的头来。所以面对挑战，只有两条：一条是勇敢无惧，另一条是自身过硬。现在对马克思主义文艺理论真正的挑战，还是来自意识形态敌手。世界上有那么一些人，在他们看来，什么理论都可以存在，就是不能让马克思主义的理论存在；什么言论都可以发表，就是不能允许马克思主义的言论发表。我们把这称为意识形态偏见。对此除了敢于举旗亮剑，还要有理论创新，以便吸引目光、温暖人心，"科学发展""和谐社会""人类命运共同体"等概念就是这样的范例——当然这些都是政治上的，文艺理论方面还比较缺乏。

对马克思主义文艺理论构成挑战的还有两种并不一定出自敌手的论调，首先是"过时论"，认为马、恩、列的年代太久远了，世界和中国、生活和文艺都发生了巨大变化，有那么多的新鲜理论，为什么一定要继续学习和实践马克思主义文艺理论呢？其次是"非艺术论"，认为马克思主义文艺理论从根本上讲是一种"政治文艺"思想，不是研究艺术本身的，因为没有一位专门研究文学艺术形式的人会被称为马克思主义文艺理论家。不管其中哪一种看法，一旦占据人的头脑，人们就会在马克思主义文艺理论面前止步、遥观甚至扭头离开。资源化和学科化可能是应对"过时论"挑战的可行途径，所谓资源化，就是把马克思主义文艺理论看作文艺研究可资利用的种种理论资源中的一种；所谓学科化，就是把马克思主义文艺理论看作多种文艺批评方法中的有用方法之一。这样至少会让愿意接近马克思主义文艺理论的人真正从专业的角度学有所获、用得其法。应对"非艺术论"挑战主要是纠正认识偏差:马克思主义文艺理论固然不是单纯的艺术形式理论,但是它从来不排斥艺术形式研究,不但不排斥,相反非常重视,追求的是"革命的政治内容和完美的艺术形式的统一",因为不讲究艺术形式的作品是没有力量的。

在当下的中国,马克思主义文艺思想研究的主要问题或曰障碍在自身内部。《国际歌》里有一句歌词:"满腔的热血已经沸腾,要为真理而斗争。"一无所有的无产者身上有血性,充满斗争精神和牺牲精神,"为天地立心,为生民立命,为往圣继绝学,为万世开太平",认定目标披荆斩棘一往无前,这应该是马克思主义者的本色。现在许多人成了"有产者""追产者""护产者",创作和研究成了职业,成了业务,成了交换条件,成了资本,谁还有此雄心大志,有几个人能舍身成仁?精神一旦缺失,生命难免终止。这让我们想起一句老话:欲写革命文,先做革命人。简单地说,我们缺乏足够的真正具备马克思主义者品格的研究人才。在商品经济、商业社会、消费主义、全球化条件下,如何培养一批忠诚的,经得起考验,担得起重任,有开拓精神,有创新意识,一切从实际出发,敢说真话,勇闯雷区,能解决问题又能引导方向,使命感强烈的马克思主义文艺批评家、文艺理论家,是一件迫在眉睫的大事。

真心拥护马克思主义,以传播和发展马克思主义文艺思想为己任,并不能保证工作一定会卓有成效,态度不正确,方法不恰当,效果甚至会适得其反。我们应该重读毛泽东的《反对本本主义》《反对党八股》《改造我们的学习》《整顿党的作风》《反对自由主义》《关于正确处理人民内部矛盾的问题》《在中国共产党全国宣传工作会议上的讲话》。这些著作有助于端正我们的态度,矫正我们的方法,避免机械化、教条化、口号化、主观化、保守化的倾向发生,避免那些看起来是在践行马克思主义,而实际上恰恰违背马克思主义基本原则的事情发生。

比如，马克思主义主张批判态度和批判思维，马、恩在给拉萨尔的信中都有提及，其实质是不相信头脑发热时的判断，反对思想与理论上的盲从和迷信，凡事多动脑子，多问为什么，在任何情况下任何问题上都坚持理性思维，以求得科学正确的结论。[①] 但是很长一段时间以来，我们在文艺界所进行的批判，常常是先下了否定性的结论，然后靠群众运动、舆论攻势，严重时伴以人身攻击，给人戴上一顶反马克思主义甚或反党反革命的帽子，令其永世不得翻身。这就完全背离批判的本意了。

再比如，马克思主义主张百花齐放、百家争鸣，毛泽东把其中的道理讲得非常清楚，其实质是鼓励创造，鼓励思想交锋，营造自由宽松的环境，维护文艺和学术的正常生态。但往往到落实的时候，就发生了变故：也让有毒的花儿开放吗？也让错误的言论发表吗？如果不让，根据什么来判定呢？在有些时候首先是不让，其次是不让的东西多了些，把许多尖锐却有益的，带有"同路"性质的，受历史迷雾影响而主观上并无恶意的作品、言论均认定为有毒有害。在相当一段时间里，国内外一些这样的艺术作品和理论著述，都曾被否定或被拒之门外。文艺创作和理论批评在一种"单一""安全"的环境里只会变得越来越孱弱。

王蒙在一个对话中说，文艺思想上求"纯"是现当代文学史的惯例，其结果正像古人所言："水至清则无鱼，人至察则无徒"，出发点可能是好的，可效果并不好。莫言曾说：当众人都哭时应当允许一个人不哭。此言与王蒙的回顾总结有异曲同工之妙，说的都是如何对待异类异见的问题。

在我们看来，要想理解和传达马克思主义文艺思想的真义，想用马克思主义这个"指南"来解释和评价文艺现象，想基于新的历史条件和文艺成就发展马克思主义文艺思想，就必须做到以下几点。（1）追

[①] 参见《马克思恩格斯选集》第 4 卷，人民出版社，1995，第 555、560~561 页。

本溯源，读好原著，融会贯通，掌握要义。不读经典，无以言马列；不明要义，则只会搬教条而无法当指南。（2）眼睛向下，直面实际，实事求是，敢说真话。必须切实了解人民对精神生活的需求和满足情况，了解文艺家的创作状态和创作成果，从创作与接受的实际提出问题，提炼话题，伸展理论探求空间。（3）胸怀宽广，吐纳万象，自我批评。对各种标新立异的创作与理论持开放的心态，既要虚心学习，又要表达看法。反过来，必须有清醒的自我认识，承认自己的局限与不足，因为傲慢往往意味着自卑。（4）守正创新，不断发声，实力第一，以理服人。守正意味着继承，创新说明在发展，能经常发声表明实力，但说到底要讲道理，不能仅仅靠引经据典。要特别重视"无马之马"类批评与研究成果，用自己的话讲出合于马克思主义基本观念、基本原则的道理来。从某种程度上讲，"马克思主义文艺伦理研究"集刊就尝试以新的视角、新的路径拓展马克思主义文艺理论的关注范围，并期望通过挖掘文艺的伦理资源和解放潜能，从而推动马克思主义文艺理论的发展和进步。

Exploring the Streams of Marxist Literary Theory Studies in Hebei

Hu Liusheng   Cao Guifang

(College of Literature, Hebei Normal University, Shijiazhuang, Hebei 050024, China)

Abstract: Scholars in Hebei have always played a particularly important role in the development of Marxist literary theory in China, which has led to the formation of its stream of Marxist literary theory in Hebei. From the initial Li Dazhao to Sun Li, to Feng Jiannan and Liu Runwei et al., their research approaches were not the same, but they all managed to conduct literary research and engage in literary criticism according to the needs of the times. Their achievements, while constituting the stream of Marxist literary theory in Hebei, have also made a significant contribution to the development and innovation of Marxist literary theory in China. The vitality of theory lies in innovation, and the perspective of literary ethics helps to explore new topics and new resources, thus promoting the progress of Marxist literary theory as a whole.

Keywords: Hebei Marxist Literary Theory; Flowing Veins; Innovation; Literary Ethics

中国阐释学对当代文艺批评发展方向的启示[*]

郄智毅[**]

摘　要：阐释学的普遍性和基础性使其深入人文社会科学诸领域并对它们的发展产生深刻影响。中国阐释学对当代文艺批评的启示，既在本体论层面追问"何为批评""批评何为"，也在方法论层面思考"如何确当理解文本"。在中国阐释学的启示之下，当代文艺批评将走向有限多元之路，即既承认文本意义的开放多元，又避免脱离文本的任意引申；将走向辩证综合之路，即综合考虑读者、文本与作者诸因素，全盘筹划，尽量做到周全合理；将走向公共阐释之路，即批评要遵循公共理性、争取公共认同、扩大公共视域。

关键词：中国阐释学；文艺批评；有限多元；辩证综合；公共阐释

建构当代中国阐释学目前已经引起学术界的热烈讨论和广泛回应，也取得了一些积极的理论成果，相关议题不断向前推进。我们之所以建构当代中国阐释学，至少有两方面的思考。一是在阐释学领域发出中国声音，彰显中国智慧。理解和阐释是人类的普遍行为，古今中外概莫能外。中国有悠久的阐释历史，有闪光的阐释思想，但没有对这些实践和思想系统整合而成的阐释学。我们当代中国学者，可以面对中国实践，

---

[*] 项目基金：河北省社科基金项目"文学公共性视域中批评对创作的作用"（批准号：HB18WX007）。

[**] 郄智毅，河北大学文学院副教授，主要研究方向：中国阐释学与当代文艺批评。

站在中国立场，为阐释学的发展贡献我们自己的力量。二是可以用中国阐释学的思想和智慧推动人文社会科学诸多领域的发展。理解、阐释、文本、意义、语言、历史性、主体性等，这些是阐释学关注的核心问题，也日益引起诸多学科的关注。阐释学对这些问题的思考和洞见，能够为其他学科在各自领域内对相关问题的思考提供坚实的思想基础和理论根基。可以说，阐释学绝不仅仅只是关起门来研究自己的一亩三分地，它对历史学、哲学、宗教学、法学等诸多学科的影响日渐扩大。自 20 世纪 60 年代伽达默尔创立哲学阐释学以来，阐释学已经发展成为当代显学，它的理论成果已经深刻影响了此后人文社会科学发展的版图。可以说，如果我们要建设的中国阐释学不能为人文社会科学诸多领域提供启示、发挥作用，那么这样的阐释学是否有必要建构就是一个巨大的问题。本文着眼于阐释学的普遍性与基础性，分析中国阐释学对于当代文艺批评发展方向的启示，以期促进阐释学和文艺批评两者之间的沟通，实现两者的相互促进、螺旋上升。

一　阐释学的作用领域：本体论与方法论

利科在谈到阐释学的历史时说："诠释学不仅仅是普遍的，而且还是基础性的。"[①] 阐释学的历史可以充分印证利科的这个判断。在阐释学史上，施莱尔马赫超越了特定的具体应用，抽象了各种专门阐释的技艺，建立了一门普遍阐释学。这一普遍性的扩展，也被称为阐释学领域的一场哥白尼式的革命。狄尔泰把阐释问题纳入更广阔的历史知识领域，他有着想要为一切精神科学奠定认识论基础的雄心壮志。狄尔泰把自然科学和精神科学尖锐对立起来，"说明"成为自然科学的方法，而"理解"和"阐释"成为精神科学的独特方法。这样，狄尔泰就为精神

[①] 保罗·利科：《诠释学与人文科学：语音、行为、解释文集》，孔明安、张剑、李西祥译，中国人民大学出版社，2012，第 4 页。

科学寻找到了一般方法论——理解和阐释。海德格尔和伽达默尔（又译作加达默尔）把阐释学从认识论转换到了存在论。在存在论的视野中，理解和阐释不是主体对客体的认知，而是人的此在的一种存在方式，这样，阐释学的普遍性也就转换到了哲学研究的存在论。从施莱尔马赫的一般阐释学，到狄尔泰为一切精神科学奠定认识论基础，再到海德格尔、伽达默尔的存在论阐释学，阐释学的普遍性不断扩大，它也越来越成为基础性的人文社会科学理论。伽达默尔的哲学阐释学不是方法论的，而是一种普遍的哲学，他的阐释学"应当意指我们世界经验的整体"。[①] "今天，诠释学作为一门理解和解释的学问已获得这样一种普遍性：由于它研讨理解和解释的基础问题，因而它与本体论相关；但也由于它研讨理解和解释的具体过程，它又与认识论相关；正是由于这种普遍性，诠释学在今天已深入各种人文学科中去了。"[②] 随着普遍性的扩大，阐释学如今已成为一种哲学理论。我们要构建的中国阐释学，自然也要对理解和阐释的基本问题进行哲学再思考，这样的阐释学，在哲学层面具有基础性。我们相信，当代中国阐释学的理论成果，必然会深刻启示以理解和阐释为基础的诸多学科。

文艺批评是对各种文艺创作、文艺作品、文艺现象的阐释、判断，它是人类阐释活动的一个重要组成部分。阐释学的普遍性使阐释学深入到文艺批评中去。文艺批评要想深入解读和评判文艺作品与文艺现象，而不是沦为印象式的浮光掠影，就必然要面对理解、语言、文本、作者、读者等阐释学的基本问题，对这些基本问题进行思考和追问。这样，文艺批评就必然被纳入阐释学反思的范围之内。阐释学的基础性使阐释学能为文艺批评的阐释活动提供哲学和思想的启示，文艺批评因而能更自觉、更深入地进行。但我们一定要注意的是，伽达默尔认为哲

[①] 让·格朗丹：《诠释学真理？——论伽达默尔的真理概念》，洪汉鼎译，商务印书馆，2015，第188页。

[②] 洪汉鼎：《诠释学：它的历史和当代发展》（修订版），中国人民大学出版社，2018，第12页。

学阐释学绝不是一种操作知识。在这一点上,伽达默尔把作为一种技艺学的语法学和修辞学与作为实践哲学的阐释学进行了严格区分,他认为前者是一种技术性的能力,它可以为讲话或书写准备技术性的规则,即学习了语法学和修辞学的规则,就可以用这种规则来进行讲话或书写;后者则"不像语法学或修辞学作为一种技艺学那样是对人类社会实践的规则知识,毋宁说它是对此类知识的反思,从而最终是'一般的'和'理论的'知识"。① 因此,在伽达默尔看来,阐释学尤其是哲学阐释学是一种理论,而并非一种可以指导文艺批评开展的具体规则和方法,"它并不是用于克服特定的理解困难,有如在阅读文本和与别人谈话时所发生的那样,它所从事的工作,正如哈贝马斯所称,乃是一种'批判的反思知识'"。② 这种"批判的反思知识"使哲学阐释学摆脱了长期以来作为一种理解与阐释的方法论知识,而成为一种哲学。站在伽达默尔的立场上来看,阐释学对文艺批评的影响,并非要解决文艺批评过程中的具体方法和规则,并非要介入批评的操作程序和阶段,而是在关于批评的性质、批评的观念、批评的模式、批评的主体特征等批评的基本理念方面进行哲学和思想层面的启示,这种启示面对的是根本性质、总体面貌、宏观趋势和发展方向。"诠释学在哲学理论层面上关于文学文本的基本概念、文学理解的规定性、文学意义的发生和建构方式等等的基本观点,都有其真知灼见。"③

显然,伽达默尔的阐释学是一种本体论阐释学而非方法论阐释学。他对理解和阐释本体问题的追问使得哲学阐释学的理论深度和高度都发展到了阐释学史中的一个新阶段,但他对方法和方法论问题的轻视又使得阐释学的发展在达到一个新阶段之后又陷入了较长时间的停滞,因而引发了利科、贝蒂等人的争论。我们要建设的中国阐释学,追求本

---

① 汉斯-格奥尔格·伽达默尔:《诠释学Ⅱ:真理与方法——补充和索引》(修订译本),洪汉鼎译,商务印书馆,2010,第315页。
② 汉斯-格奥尔格·伽达默尔:《诠释学Ⅱ:真理与方法——补充和索引》(修订译本),洪汉鼎译,商务印书馆,2010,第316页。
③ 李建盛:《理解事件与文本意义:文学诠释学》,上海译文出版社,2002,第4~5页。

体论和方法论的并重，不能走伽达默尔重本体轻方法甚至放逐方法的老路。中国阐释学对当代文艺批评的启示，既在本体论层面追问"何为批评""批评何为"，也在方法论层面思考"如何确当理解文本"。

那么，在阐释学的哲学和思想启示之下，当代文艺批评会走向何方？我们认为，当代文艺批评至少应是有限多元的批评、辩证综合的批评、体现公共理性迈向公共阐释的批评。

二 启示之一：走向有限多元的批评

从总体趋势和走向来看，西方阐释学有一条从阐释封闭单一走向开放多元的发展路线。以圣经阐释为代表的古典阐释学注重对作者意图的挖掘探寻，实际作者的意图又被统一为绝对神圣精神，阐释的目的因而成为对此神圣精神的靠近和复归。这就形成了古典阐释学的一大特征：作者意图是至高无上的，它是阐释行为的出发点和落脚点，也是判定阐释是否有效的标准，阐释因只有回到作者意图的单一方向而一元、封闭。施莱尔马赫阐释学同样具有这种一元和封闭的特征。施莱尔马赫将文本意义看作客观存在，阐释行为就是要把这种客观存在的意义认识到、寻找出来。在现代阐释学的视野中，施莱尔马赫的阐释学呈现出强烈的客观主义特质，很多人也正是在这个意义上对施莱尔马赫进行了批评。在阐释学史上，伽达默尔高高举起了阐释开放多元的大旗。伽达默尔对阐释的理解，不同于施莱尔马赫所认为的阐释就是去认识已经客观存在的事物，以往阐释学所理解的一元、封闭的作者意图成为伽达默尔质疑和清算的对象："唯心主义诠释学的心理学基础证明是有问题的：难道原文的意思真是只在于'作者的'意思（mens auctoris）吗？理解难道只是原先产物的再生产吗？"[①] 在古典阐释学的视域

---

① 汉斯-格奥尔格·加达默尔：《真理与方法——哲学诠释学的基本特征》（下卷），洪汉鼎译，上海译文出版社，1999，第724页。

中，文本是一个被冷静审视、有待认识的客观对象，但伽达默尔认为这就使其成了一个僵死的存在物。我们只有从自己的前见出发，从当下的情境出发，把文本从已经与我们有时空间距的过去拉回至当下，文本才在我们的理解中展开了它的意义。文本的意义不是僵死的客观存在之物，而是阐释者与文本视域融合的产物，因而它就必然是多元的。在中国古典阐释学中，长期存在"阐"和"诠"两条不同的阐释之路。"诠"之路注重文本的原初语境，以训诂考据之法追索文本的本义、原初意义。"诠"最终落实的是文本的确定性，基本取向是封闭、单一的。"阐"之路注重文本意义的引申发挥，以主体的精神智慧激发阐扬文本之大旨，"阐"的基本态度是对话的、协商的，最终走向开放、多元。"'阐'之公开性、公共性，决无疑义，其向外、向显、向明，坚持对话、协商之基本诉求，闪耀着当代阐释学前沿之光。'阐'之核心要义定位于此。'诠'之实、'诠'之细、'诠'之全与证，亦无疑义，其面向事物本身，坚守由训而义与意，散发着民族求实精神之光。'诠'之核心要义亦定位于此。"①

西方阐释学在伽达默尔之后，在文本开放多元的阐释之路上越走越远，其间虽有赫施发出"保卫作者"的呼声，试图恢复文本的确定性阐释，但总的趋势是主张阐释彻底开放、不受限制的观念占了上风。读者反应文论的代表费什打破了以姚斯、伊瑟尔等为代表的德国接受美学理论在读者和文本之间的平衡，使读者的权利不再受文本制约；罗兰·巴特提出了"作者之死"这个惊世骇俗的口号，宣告了阐释客观性的离场；解构主义将阐释与批评等同于创造，阐释者有着不受限制的创造性。阐释的客观主义被消除之后，相对主义的幽灵挥之不去。面对20世纪以来阐释学宣布"作者之死"，抛弃客观性的限制，相对主义盛行的状况，中国阐释学重新思考阐释中阐释者的伦理和权力问题，主张以辩证态度对待文本和阐释者的关系：既避免了客观主义的封闭，又避

---

① 张江：《"阐""诠"辨——阐释的公共性讨论之一》，《哲学研究》2017年第12期。

免了相对主义的无序。"'阐'尚意,'诠'据实,尚意与据实互为表里。'阐'必据实而大开,不违本真;'诠'须应时而释,不拘旧义。'阐'必据词而立意,由小学而阐大体;'诠'须不落于碎片,立大体而训小学。"① "阐"之多元与开放已成现代共识,但这种开放与多元是建立在文本本义坚实基础之上的,离开文本本义的开放与多元,阐释学就是无根之游谈、无据之妄言。

中国当代文艺批评70余年的历程大致可分为两个阶段。20世纪80年代之前,文艺批评认为作品的意义是单一的,批评的中心任务是把这个意义寻觅挖掘出来,作品通常都有一个一锤定音式的权威解读。80年代之后,批评观念发生了迅速变化,作品的意义不再由作者完全赋予,也不再单纯封闭于语言、结构等因素中,而是在批评者的阐发中被不断构建、不断生发。从僵化单一走向开放多元,批评的境界深远了,格局扩大了。但与此同时,出现了另一些现象:有些文艺批评完全无视作者原意,完全不顾作者意图,所阐发的意义不是从文本细读中自然而然生发出来,而是脱离文本的任意引申。这样的批评,被称为"不及物批评"。"文学批评是一种'对象化'的文学评判活动,离开了'对象',批评是无法发生的。但是,在当下的中国批评界,对批评对象的'虚化'、轻视甚至忽略已经发展到令人吃惊的程度。许多批评不与具体的对象发生真实的联系,而只是把对象作为'思想'或'话语'的由头,使得批评悬浮在对象之上,永远是一种'不及物'的状态。"② 批评所阐发的,不是从作品中得来的真知灼见,而是远离作品的外来的理论和观念。作品不再是批评着力的基础和前提,而是借以传达某种思想的工具,印证某种观点的材料。从阐释学的观点来看,不及物批评的根源在于没有把"阐"之显明多样建立在"诠"之求实求是的基础上。阐释的根据在于文本,文本的客观性约束了阐释主体主观性的任意。当

---

① 张江:《"阐""诠"辨——阐释的公共性讨论之一》,《哲学研究》2017年第12期。
② 吴义勤:《批评何为?——当前文艺批评的两种症候》,《文艺研究》2005年第9期。

代中国阐释学热烈讨论的一些问题，如阐诠之辨，阐释的客观性与主观性，阐释的有限与无限等，可以为当代文艺批评的健康发展提供有益的思想启示。

三 启示之二：走向辩证综合的批评

艾布拉姆斯梳理了西方文学及理论批评的发展历程，提炼出了"镜"和"灯"的比喻。这两个比喻概括了20世纪之前西方文艺理论批评的两大主流：前者认为作者的心灵如镜子一般映照出外界事物，这是柏拉图到18世纪的主导观念；后者认为作者的心灵如灯一般，本身就能发出光芒，这是19世纪浪漫主义文论的主导观念。从古希腊到18世纪的文艺批评，关注的重心在于世界，批评的着眼点在于创作是否如镜子般反映了世界的面貌。19世纪的文艺批评关注的重心在于作者心灵，批评的着眼点在于创作是否真切表现了作者的心灵。进入20世纪，西方文艺批评发生了重大变化，关注的重心出现了几次明显的转移。朱立元在《当代西方文艺理论》中概括了当代西方文论研究重点的两次历史性转移。第一次是从以作家研究为主转向以作品研究为主，这个过程是从20世纪二三十年代开始的，代表性的批评流派有形式主义、语义学、新批评、结构主义等。第二次是从重点研究作品文本转向读者接受，代表性的批评流派有解释学、接受理论、解构主义文论等。当然这种概括是极其粗略的，历史的进程远比这种概括更为错综复杂。20世纪西方文论的研究重点除了朱立元所说的这两次历史性转移外，还有一些。如20世纪60年代开始，一直延续至今方兴未艾的文化研究，就把研究重点由作品、读者又转回到了传统的世界之上，性别、阶级、大众文化、文化帝国、生态环境等现实世界中的问题，尤其是政治问题成为文化研究关注的焦点。文艺批评重心的转移，在西方文艺批评史上尤其是20世纪以来的文艺批评史上，通常都伴随着对前一种思潮和模式的激烈否定。如俄国形式主义正是以对传统社会历史批评的全面否定拉开了20世纪现代新兴批评的大幕，接受美学和读者反应文论是伴随着对形式主义诸派别文本自足性观念的彻底否定而登场的，文化批评与文化研究又坚决批判了20世纪各批评派别对社会、历史尤其是政治的漠视……20世纪文艺批评观点林立，派别众多，你方唱罢我登场，极大促进了文学观念、批评观念的解放。但这些批评流派往往都走向了片面的深刻，激烈彻底的否定批判也就意味着没能有效吸收前代有益的批评观念和批评方法，20世纪文艺批评始终没有进入辩证综合、取长补短的良性发展局面。

阐释学的一些思想成果或可为文艺批评的发展提供一些启示。从阐释学自身理论来看，对文艺活动中的世界、艺术家、接受者、文本等几个要素进行综合观照是其题中应有之义。伽达默尔的重要概念"视域融合"已经包含了兼顾读者、文本和作者的思想。视域融合总是阐释者以其自身视域，在文本阅读的基础上与作者视域的融合，它是各方利益的平衡与兼顾。伽达默尔在理论上自觉认识到了阐释学对各方利益兼顾的特点，他正是在这个意义上描述了阐释行为："传统的证据十分重要——但却不是作为一种语言科学的论据，它只是有效地指出，诠释学现象必须以及正被看得如何宽广而普遍：它被看作'一切思想的使节'。"① 关于"一切思想的使节"，伽达默尔进一步解释为"它涉及的是最广义上的通译工作和中介工作。但正如与经纪人相比较所表明的，这种通译的功能并非仅限于机械的语言的翻译，也并不限于仅对含糊不清的东西进行阐明，而是表现为一种包容一切的理解手段，它能在各派别利益之间进行调解"。② 从这样的论述中可以看出，伽达默尔对阐释学的设计是它能成为"一种包容一切的理解手段"，它能在"各派别利益之间进行调解"，通过这样的中介和调解达到各方利益的平衡与

---

① 汉斯-格奥尔格·伽达默尔：《诠释学Ⅱ：真理与方法——补充和索引》（修订译本），洪汉鼎译，商务印书馆，2010，第369页。
② 汉斯-格奥尔格·伽达默尔：《诠释学Ⅱ：真理与方法——补充和索引》（修订译本），洪汉鼎译，商务印书馆，2010，第369~370页。

融合。阐释学追求的从来都不是"片面的深刻",兼顾各方利益是它最基本的特质之一。当代阐释学研究者提出了与伽达默尔精神旨趣相似的"本体阐释"和"系统发育"思想,"本体阐释的目标之一,就是尽可能地汲取各学派之优长,努力克服其所短,并充分考量理论和批评面临的矛盾和困境,提出具有系统性、规范性意义的理论和批评方法","本体阐释拟构建稳定共生的发育系统,不是简单的理论综合,而是多方面成熟理论的融合共生"。①

全面审视各方面因素,是阐释的必然要求,也应当是文艺批评的必然要求。忽略读者因素,阐释和批评将走向僵化与死板;忽略作者因素,阐释和批评容易偏于强制与虚无;忽略文本因素,阐释和批评就失去了根本依据而流于臆测。阐释学是关乎全局的理论,它理应照顾到各方利益,对读者、文本与作者因素综合考虑,全盘筹划,彼此平衡与制约。文艺批评也不应偏执一端,而应走辩证综合之路。"当代西方文论整合方向应该是将作者、作品、受众理论的优长集合起来,构造能够对文本和文学作更透彻、更系统的全面解读和阐释,将理论和批评实践紧密结合起来,形成一个相对稳定完整的理论体系和方法。"② "文学阐释是多元的,但阐释的多元不应各执一端,承认读者的作用也就不必排除作者和文本的作用,因为真正有说服力的阐释,一定是考虑到各种因素,可以把文本意义的总体解释得最完满圆通、最能揭示作品的意蕴、最合情合理的解释。如果我们的文学批评能够做到这样,那就是我们在学术发展上充满了希望的未来。"③

四 启示之三:走向公共阐释的批评

如何衡量评判阐释及其效果,是阐释学中的基本问题,也是困扰阐

---

① 张江:《作者能不能死:当代西方文论考辨》,中国社会科学出版社,2017,第130页。
② 张江:《文学理论的未来》,《社会科学辑刊》2015年第6期。
③ 张隆溪:《过度阐释与文学研究的未来——读张江〈强制阐释论〉》,《文学评论》2017年第4期。

释学的难题。古典阐释学的目标是寻求文本客观存在的确定意义,因而有效性就成为衡量阐释及其效果的标准:有效的阐释能够揭示出文本的客观意义,而无效的阐释则在揭示文本客观意义方面无能为力。对古典阐释学来说,此有效性的困扰在于:文本的客观意义到底何在?持有不同阐释意见的各方,都宣称自己获得了此意义,但在他们那里,此意义又不尽相同甚至大相径庭,那么,谁的阐释才是有效的?施莱尔马赫建立了一般阐释学,他的目标是避免误解的发生,他将各种具体的阐释方法抽象而成具有高度普遍性的阐释共同方法论:语法阐释方法和心理学阐释方法。在施莱尔马赫那里,通过此种方法,阐释才能达到对作者原意的回归和复建,而能否达致作者原意是阐释有效与否的标准。狄尔泰在把作者原意视为阐释目标上与施莱尔马赫一致,但他把"生命"和"体验"的因素纳入到复现作者原意的过程中,认为只有通过"体验"的方式才能理解"生命",才能正确理解作者及其意图。狄尔泰把阐释和人的生命存在联系在一起,阐释的有效性就很难加以确切的衡量。海德格尔是阐释学中的关键转折人物,他把阐释学从方法论转换到了本体论。海德格尔批判了传统主客分离的认识论,认为这种思维方式是将客体视为外在于主体的被认识者,主体和客体处于外在关系之中。海德格尔提出的"在世界之中存在"(In-der-Welt-sein)试图突破传统认识论框架中主体与客体的关系。世界不再是一个和人没有关系的实体,它是一个意义世界,只有在阐释中意义才能澄明。存在也不能被理解为实体性的存在者,而要在阐释中展现自己。理解和阐释不是主体对客体的认知,而是此在的存在显现,阐释学也由此成为一种本体论。对于这种存在论的阐释学,有效性就绝难对阐释及其效果进行衡量:既然阐释是此在的存在显现,任何阐释都确证了存在,何来无效阐释?有效性的范围只在认识论内,在存在论的视域内则失去了它的判断价值。伽达默尔继承了海德格尔的存在论思想,把哲学阐释学建立在存在论的基础上。伽达默尔认为阐释不是对已经存在的客观性的认知和复原,而是在前理解的基础上的一种筹划过程,它的本性乃是一种效果历史事件。"……理解从来就不是一种对于某个被给定的'对象'的主观行为，而是属于效果历史，这就是说，理解是属于被理解东西的存在。"①伽达默尔坦率承认，他的阐释学并不是提供关于阐释方法的学说，而只是表达了对理解和阐释的一种哲学主张。阐释是一种视域融合的过程，是效果历史事件，难以用有效性对其进行衡量。赫施和贝蒂试图将阐释学从本体论再转向认识论，在他们看来，伽达默尔的理论缺乏证明阐释正确性、有效性的方法和手段，这样的阐释因失去有效性的制约而陷入相对主义。如果说伽达默尔的阐释学探究的是一切理解方式的共同点，那么赫施和贝蒂则试图严格区分正确的阐释和错误的阐释。对于赫施来说，面对"作者之死"的阐释潮流，他发出了"保卫作者"的呼声，认为回到作者意图才是有效的阐释。对于贝蒂来说，文本是独立于作者和读者的，文本意义具有客观性与独立性，同时他又反对回到客观主义的老路，试图在阐释的客观性和主观性之间寻找一条通道。但问题同样不可避免：作者意图和文本意义能不能最终被确定下来？他们捍卫客观性的努力在阐释活动中似乎最终没有能够贯彻下来。

当代中国阐释学的构建，应该坚持方法论和本体论的结合，即阐释学理论一方面能深化我们对"何为理解""何为阐释"这样的基本问题的理解，另一方面能为合理、有效地阐释提供方法论的启示。后者就必须解答上述我们回顾的阐释学的难题：如何衡量评判阐释及其效果？中国学者面对这个问题，正在做出自己的理论探索。张江先生给出了一个回答——走向公共阐释。他对公共阐释的定义是："阐释者以普遍的历史前提为基点，以文本为意义对象，以公共理性生产有边界约束，且可公度的有效阐释。"② 阐释的有效性不再在客观主义的天真和主观主义的虚无之间挣扎摇摆，而由一个新的标尺——公共性来确定。有效阐释即是遵循公共理性、争取公共认同、扩大公共视域的阐释。公共阐释论

---

① 汉斯-格奥尔格·伽达默尔：《诠释学Ⅱ：真理与方法——补充和索引》（修订译本），洪汉鼎译，商务印书馆，2010，第556~557页。
② 张江：《公共阐释论纲》，《学术研究》2017年第6期。

依然以文本的意义为阐释的确定目标,它承认和寻求的是文本的自在意义,在这一点上,它与赫施、贝蒂的意见一致。但公共阐释论没有像赫施那样以区别"含义"和"意义"来确保阐释的客观,也没有像贝蒂那样以排除主观倾向对作者意图的重建来捍卫客观性的阐释学,张江以"公共性"作为文本意义建构过程中的规范和制约因素。当今时代,文本意义的生产因太过强调多元而呈现出空前的失序和不稳定状态,阐释的相对主义和虚无主义之风日盛,一切阐释似乎都被允许和接纳,在这样的背景下,以阐释的公共性来规范和制约阐释活动,无疑具有重大意义。

公共阐释论为文艺批评通向合理、有效的批评提供了启示。在文艺批评中,公共阐释的达成比起哲学、历史等领域,更为困难。哲学文本是以理性语言传达的对世界的理解与认知,文本的意义阐发建立在确定含义之上;历史学虽有阐释者史识的各自不同,但都以确切历史事件的考证描述作为阐释的基础;而文艺作品自身就不以确定性为自己的目标,甚至有意通过种种艺术手段和技法造成作品的多义存在。文艺作品意义的不确定性特征,为文艺批评的多元阐释打开了方便之门。但与此同时,随着部分学者把"诗无达诂""仁者见仁,智者见智"推向极端,出现了任意解读、过度阐释、强制阐释的批评之弊。走向公共阐释,可以视为克服此弊病的良方。下一个问题是,究竟如何生成公共阐释,这需要我们在阐释学理论和文艺批评实践中共同努力。

阐释学可以是一个认识论、方法论的问题,也可以是一个本体论、存在论的问题,它"既能上升到很高深的学理,也能下降到很具体的应用"。[1] 无论从根本上更深刻地理解"什么是批评",还是获得具体的方法论启示,阐释学对文艺批评的意义都十分重大。文艺批评的许多问题,只有在阐释学的背景中才能获得更好的理解,也扩大了进一步思考

---

[1] 何卫平:《理解之理解的向度——西方哲学解释学研究》,人民出版社,2016,总序第1页。

的空间。对当代文艺批评而言，阐释学的理论既能使其获得必要的哲理深度，提升其精神境界，也能在方法层面开拓创新，本体和方法的协同配合，就使得文艺批评避免了封闭和僵化，走向更为合理、圆融，更具说服力的新境界。

从起源来看，阐释学与解经学、法学、修辞学、逻辑学、语法学等密不可分，阐释学的理论触角伸向了诸多学科，又从诸多学科汲取为我所用的营养。阐释学的发展历程表明，它是一个跨学科的事业，需要哲学、历史学、法学、神学、心理学、文学艺术等诸多人文社会科学的通力合作。伽达默尔指出阐释学反思的范围包括："从人与人之间的交际到社会的控制；从社会个体的个人经验到他同社会打交道的方法；从由宗教、法律、艺术和哲学等构成的传统到通过解放的反思使传统动摇的革命意识。"[1] 在所有这些范围中，文学艺术，尤其是文艺批评与阐释学有着极为密切的关系。显然，我们应重视和强调中国阐释学和具体文艺批评之间的紧密联系：阐释学成为当代文艺批评的思想策源地，当代文艺批评又为阐释学的鲜活思想提供了推动力，两者互相促进、互相支撑，在螺旋式上升中，文艺批评和中国阐释学的理论创建都会迈向新的境地。

Implications of Chinese Hermeneutics for the Direction of Contemporary Literary Criticism

Qie Zhiyi

(College of Literature, Hebei University,
Baoding, Hebei 071002, China)

Abstract: The universal and fundamental nature of hermeneutics has led to its penetration into all fields of the humanities and social sciences and has

---

[1] 汉斯-格奥尔格·加达默尔：《哲学解释学》，夏镇平、宋建平译，上海译文出版社，2004，第18页。

had a profound impact on their development. The inspiration of Chinese hermeneutics for contemporary literary criticism is not only to ask, "what is criticism" and "what is criticism for" at the ontological level, but also to consider "how to understand the text accurately" at the methodological level. Under the inspiration of Chinese hermeneutics, contemporary literary criticism will move towards the path of limited pluralism, i. e. acknowledging the open plurality of textual meanings while avoiding arbitrary derivation from the text; it will move towards the path of dialectical synthesis, i. e. taking into account the reader, the text and the author, and planning holistically to be as comprehensive and reasonable as possible; it will move towards the path of public interpretation, i. e. criticism should follow public rationality, strive for public recognition and expand the public field of vision. It will move towards the path of public interpretation, in which criticism is guided by public reason, seeks public recognition, and expands the public sphere.

Keywords: Chinese Hermeneutics; Literary Criticism; Limited Pluralism; Dialectical Synthesis; Public Hermeneutics

◈ 中国美学与审美正义

方正为善　神采飞扬
——《爨宝子碑》之美学思考

周子牛[*]

摘　要：本文尝试对《爨宝子碑》进行书法解析与美学反思。笔者认为其结字上"方正为善"，笔法上"个性张扬"，章法上"格调清雅"，刀法上"奇趣生姿"。形态表现等诸多方面兼具了楷、隶的风貌，并融合了楷、隶的众多创作技巧和思想内涵，其闪烁的光芒不仅照耀了边陲的民族地区，也为整个中华文化增添了光泽，成为书法史上不可多得的杰作，是中国书法艺术的重要组成部分。

关键词：方正为善；正书；中庸思想；审美精神；《爨宝子碑》

在中国书法的传承发展中，石刻文字发挥了重要作用。而作为石刻文字核心载体的"碑"，其文字形态的审美对认知中国书法具有深刻的学术意义。

《爨宝子碑》刻立于东晋时期，于清代乾隆年间被发现。此碑被发现后，对其的认知经历了曲折的过程。由于刻立的年代、地区、书体风格等诸多因素的影响，学界一时对其难有清晰的认识，直到清代著名书

---

[*]　周子牛，东南大学校友经济产业园双创导师、特聘教授，主要研究方向：历史文化、文艺美学、近现代文艺现象等。

法家阮元的鉴定方才初步奠定了其书法地位："此碑（《爨宝子碑》）文体书法，皆汉晋正传，求之北地亦不可多得，乃云南第一石。"[1] 由此，书法界开始热推《爨宝子碑》，各种刊本频繁出版，经久不衰。然而，相对于书法界，学术界对《爨宝子碑》的关注要弱了许多。从发现至今，两百多年来，虽然众多的书法教材、理论书籍中都提到过此碑，但基本上是条目式的简介，详细的、深度的解读明显不足。为此，本文尝试从美学的视角深入地认知《爨宝子碑》。

一　结字——方正为善

中国书法史上，"两晋"是个值得大书特书的时代，尤其是"东晋"，因为有了"王羲之"，这个时代被赋予了特别的内涵，成为学界高度肯定的历史上的书法巅峰时代。然而，当我们梳理《爨宝子碑》时，其似乎与之没有太多的渊源。从书体上说，东晋时行草书显赫一时；从传承上讲，此时汉隶依然有余温；从创新上谈，楷书逐渐向正体过渡。由此，《爨宝子碑》几乎就没有了书法地位和学术尊严。然而，事实并非如此。

《爨宝子碑》的诞生地远在云南，是历史上的所谓"蛮夷"之地，是少数民族较为集中的地方。动荡的社会现实既阻碍了文化发展的相对统一，又催生了地域文化的蓬勃生机。可以说《爨宝子碑》就是在这样一个特殊环境下的特殊产物。"东晋晚期，西南边陲的《爨宝子碑》也是'方厚平直'的隶式，而且书写着意增饰了'翻挑'和'飞扬'的笔姿，把方笔书写得恣肆放纵，仿佛是建康一带方笔隶书的'漫画像'。"[2]

从书体形态上看，约定俗成的观点，《爨宝子碑》既不是隶书，

---

[1]　杨再春编著《中国书法工具手册》（上册），北京体育学院出版社，1987，第259页。
[2]　刘涛：《中国书法史·魏晋南北朝卷》，江苏教育出版社，2009，第254页。

也不属于楷书。从宏观的视角分析，它既是"正书"，又是"正书"中的另类。就结字审美角度而言，其整体风格取向还尊崇"方正为善"。

图1是《爨宝子碑》中的一个"子"字，此"子"的形态方正，基本代表了《爨宝子碑》的个字状态。"子"的笔画简约，由上、中、下三个部分组成，结构明了清晰。但是如果我们将"子"的书法形态向前倒推，当汉隶中的"子"呈现在我们眼前时就会发现，《爨宝子碑》中的"子"与汉隶中的"子"在形态上是基本相同的，完全可以视作克隆的字体，如图2东汉《张迁碑》中的"子"。这可以清晰地说明，《爨宝子碑》的结字字体形态是继承了汉隶的，因为汉隶尤其是汉隶碑中字体的审美取向就是"方正为善"。

图1 《爨宝子碑》之"子"

图2 《张迁碑》之"子"

我们知道，汉隶是汉字觉醒后的产物并成了汉字成熟的标志。以汉隶碑为代表的隶书书体，它的诞生和成熟标志着书法书体发展的转折。

书法发展到汉代，其篆书文体的不足日益显现，民间的俗体文字大量出现。正是在先秦俗体字的基础上，佐书越来越受到社会的认可。这种佐书是以官方通行的"小篆"为基准的，它的逐渐完整、提炼促进了隶书的成熟。"隶书者，篆之捷也。"同时，隶书在发展的前期有"八分"之谓。"八分"就是将修长的"篆书"方正化的标尺。

在书法书体发展过程中，从"修长"到"方正"是一个演变过程。"修长"是象形文字、文体的自身特质，"方正"则是审美标准的滥觞。"方则止，圆则行。""方正"表现出一种静止之势。字体方正具有端直、整齐、敦厚、严正和安详之美学特质，迎合了人们的审美需求。因而以方正为美的汉隶一经诞生便获得了社会高度的认可，由此，可以确知之所以隶书中方正美的代表《张迁碑》长期受到人们的喜爱，其方正审美的基准是一个极为重要的因素。由此，当继承了"方正"美德的《爨宝子碑》一经发现即能获得学界高度关注继而获得学界肯定也就可以理解了。这不仅是它的传承中规中矩，更为重要的是它契合了书体发展的脉络。当我们审视图3楷书之"子"时便会发现，楷书书体也是以"方正"为美的。这就足以说明，"隶书—《爨宝子碑》—楷书"是一脉相传的。

图3 《九成宫醴泉铭》之"子"

由此从有序传承的时间节点上，《爨宝子碑》成为隶书到楷书间的一座桥梁，然而，深入地解析就会发现，《爨宝子碑》架起的绝不仅仅是时间的桥梁。它的美学价值的体现也不仅是"方正"这一种，它还具有极为丰富的内涵等待我们去发掘、去梳理。"书法艺术的本质不是在书写中去追溯汉字最初的象形形态,而是通过抽象的笔画去抒情达意。形态多变的笔画、丰富多彩的形体中蕴含着更为深刻的尚意宣情性。通过外在的笔画和形体,表现书者内在的审美思想、精神气质和风采神韵,甚或是人格魅力和学识修养。"①

二　笔法——个性张扬

一般来说,"笔法"就是指用笔方法。考察《爨宝子碑》的"笔法"主要透过碑文的石刻形态去解析其生成之前的书法用笔之妙。

就"碑"而言,一般由"碑首""碑身""碑座"组成。通常情况下,"碑首""碑身"刻有文字。有的"碑身"文字与"碑首"文字文体一致,有的并不相同。有时,"碑侧"也有文字,与"碑身"基本一致。"碑首"又称"额题",是"碑文"的标题,"碑身"方是"正文"部分。"碑身"又有"碑阳"和"碑阴"之分,但文体基本相同。遵照惯例,人们分析"碑文"笔法时多以"碑身"文字文体为核心。

综观全碑,《爨宝子碑》以方笔居多,圆笔辅佐。在起笔上,《爨宝子碑》的方笔既不同于汉隶碑,也有异各类楷碑。图4是《爨宝子碑》之"君"字,从"君"字的横笔起笔来看,首先是逆入左上起笔后侧锋右下顿笔,再回收向右上转笔。在转笔过程中,第一横画偏圆,第二横画则呈现方笔形态。这一起笔的丰富内涵既汲取了汉隶起笔的审美情趣,又有所变化和创新。这种变化和创新对楷书的起笔具有重要影响。这是《爨宝子碑》笔法难能可贵的地方,有着重要的书法传承意义。

运笔在《爨宝子碑》中有着独特的韵味。它的横画、竖画运笔基本上是按照中锋曲线运行的。横画取向略向下,竖画的曲线则略偏右。图5是《爨宝子碑》中的"子"字,其横画取向向下弯曲特征非常明

---

① 欧阳中石主编《书法教程》,高等教育出版社,2008,第191页。

图 4 《爨宝子碑》之"君"字及起笔局部显示

显,中锋运笔十分厚重;它的竖钩笔则是中锋略向侧运行,以偏圆为主,尤其是其收笔,圆笔更为显著。并且圆笔的收笔呈现飞扬之势,这既是对汉隶"飞动"笔势的继承,也为日后隶书笔法的有序传承起到了间接的促进作用。

图 5 《爨宝子碑》之"子"字及运笔局部显示

但是,从整体上看,《爨宝子碑》的收笔还是以方笔居多的。图 6 是《爨宝子碑》中的"高"字。"高"的横画、竖画均以方笔收尾。或许有人会说,收笔方圆与刻制有关,但在碑刻技法十分成熟的东晋,用驾轻就熟的技法表现笔法已非难事。尽管有偶然的因素,但其主要的表现审美是毋庸置疑的。并且,这种审美情趣极大地影响了楷书的笔法规则,因而具有极高的学术价值。

图 6 《爨宝子碑》之"高"字及局部显示

同时,《爨宝子碑》中的点画、转折、撇画、捺画等也各具风采,它们共同营造了《爨宝子碑》丰富多彩的笔法个性,"张扬而又收敛、放纵而又适度",这种凝重丰满的用笔意趣、方正雄强的审美取向透射出《爨宝子碑》独有的艺术魅力。"晋大亨四年(405)所立《爨宝子碑》,形体朴拙,古致盎然。有隶书的收笔放尾,又参以真楷的入笔放肆,结字奇妙,形象严谨,正襟端坐却又挑达生谐,属于出隶入楷的过渡作品。"[①]

三 章法——格调清雅

碑的"章法",简单地说就是该碑谋篇布局的基本法则。在碑的鉴赏和解析中,人们往往谈及章法较少,主要原因是碑在创作过程中它的章法源自书法的章法。当我们直面《爨宝子碑》的章法时,也会面临同样的问题。为了更直观地探析《爨宝子碑》的章法准则,我们不妨就事论事。

图7是《爨宝子碑》局部原大截图,从原大的图片中可以清晰地考察其章法。唐代书法理论家孙过庭曾经说过:"一点成一字之规,一字乃终篇之准。违而不犯,和而不同。"[②] 这是他对前人书法章法最好的归纳和提炼。在《爨宝子碑》的章法体系中,个字的处理、字与字之间的布局透过行间距呈现出来,显示出字与字之间的连缀、配置相当和美。在行间距之间,其疏密、穿插、挪让、顾盼和呼应都淋漓尽致地表现出来。当碑以拓片形式呈现时,还会发现其"空素地"也是恰如其分的,"计白当黑"的书法审美准则含蓄又准确地散射开来。这也暗示着《爨宝子碑》的创作者所具有的厚实的书法功底,表明该碑的书法创作是其创作的基础和前提。同时,书法创作者又是一位文化底蕴深

---

① 欧阳中石主编《书法教程》,高等教育出版社,2008,第134页。
② 姜寿田主编《中国书法批评史》,中国美术学院出版社,1997,第375页。

图 7 《爨宝子碑》原大局部

厚的"学人",深知"阴阳核心"之说并能较好地体现于自己的作品之中。或者说,此碑的创作过程中曾经有过众多的"谋士",精心研讨、潜心创作,绝不是如碑文书体中个别文字形态所呈现出的率意个性的急就而为。"晋人之美不在于其善于表达艺术心灵,而在于其本身拥有艺术化心灵,甚至其心灵本身就是艺术性的,这艺术性已植根于其本心中。"[1]

大家知道,传统的"碑"的创作一般遵循两种章法布局模式,一是纵成行横成列,二是纵成行横无列。《爨宝子碑》无疑采用的是纵成行横成列模式。当我们打破它的章法创作模式后,另外的审美效果就出

---

[1] 王一川:《德国"文化心灵"论在中国——以宗白华"中国艺术精神"论为个案》,《北京大学学报》(哲学社会科学版) 2016 年第 2 期,第 65 页。

现了。图 8 是将《爨宝子碑》的行距进行了半厘米的压缩后呈现的画面。尽管只有半厘米的行距变化，但字与字之间就明显感觉到了局促，字与字之间的疏朗、呼应关系也随之紧张。如"庭"和"乡"两字之间，原本是一种十分优美的顾盼关系，当它们迅速接近时，原先的"顾盼"立即变成了"粘连"。这种"粘连"明显超出了人们对"碑"的审美界限，美感荡然无存了。

图 8　《爨宝子碑》压缩后的局部

　　同样，当我们将行间距进行拓展时，不同的审美效果也会显现。图 9 是将原碑中的行距拓展了半厘米的效果图。拓展之后，从画面上看似乎更为疏朗，但仔细分析就会发现，它就像兑了水的陈年老酒，淡而无味了。如"帛"与"皋"之间原本是适度的疏离，如今变得老死不相往来了。它们的"亲情"关系不在了，创造性的情感维系也就断裂了，我们就再也读不出"庭"的温馨和"帛"的缠绵了。

方正为善　神采飞扬　*217*

　　当然，继续分析还会有一些其他的意味。需要指出的是一旦原有的韵味掺了杂质，碑中文字的行气以及虚实关系都会随之变化。若从个字的方正形态来看，《爨宝子碑》的章法或许并不严谨，甚至有一些野味。它强烈的对比似乎稍欠规矩，也体悟不出更多的书卷气，然而，一旦对其章法进行压缩和拓展之后，它的"野味"就愈加明显了，由此说明"野"不是《爨宝子碑》审美追求，"野"是为了追求更加个性的"美"。

图9　《爨宝子碑》拓展后的局部

　　由此，我们可以这样认为，《爨宝子碑》在章法的运用上是用了心思的，说它匠心独具也是不为过的。它充分体现了学者所言："篇幅以章法为先。运实为虚，实处俱灵；以虚为实，断处俱续。观古人书，字外有笔、有意、有势、有力，此章法之妙也。"[①]

---

①　（清）蒋骥：《续书法论·章法》，侯镜昶主编《中国美学史资料类编·书法美学卷》，江苏美术出版社，1988，第194页。

四 刀法——奇趣生姿

当我们对《爨宝子碑》的字法、笔法、章法的艺术特色进行解析之后不妨再对其技法特色进行梳理。就碑刻而言，技法特色主要体现为刀法，或者说刀法是其技法的核心内容。清代书法理论家秦爨公曾云："章法字法虽具，而风神流动，庄重古雅，俱在刀法。"① 碑刻的刀法一般有冲刀、切刀、削刀等几种主要方式，也有的从表现方式上将其归纳为方刀、圆刀以及方圆相济等技法。但碑刻由于载体的型制区别，它与篆刻技法有相似之处也有不同之处。碑刻刀法实施时往往要借助于外力和相关的敲击工具方能顺利完成，因而其刀法的表现中综合使用各种刀法、融合数种技法是常态。经过了汉代碑刻的大发展时期，碑刻刀法在技术上已经相当成熟，但是由于魏晋"禁碑"等政治因素的影响，魏晋碑刻数量明显减少，尽管如此，两晋碑刻技法尤其是刀法技术依然有序地传承下来了，这在其不多的碑刻作品中可以得到清晰证明。"书以晋人为最工，盖姿制散逸，谈锋要妙，风流相扇，其俗然也。"②

图 10 是从《爨宝子碑》中截取的"庭"字，此字在刀法的技法呈现中有多种表现，可以彰显《爨宝子碑》的刀法风貌。其"点画"均为方笔，以切刀完成为主，与楷体碑刻有异曲同工之妙；横画的起笔和收笔也是切刀，体现方笔笔意，但横画主体运笔却是冲刀所为并兼以削刀补充，呈现出方圆相济的面目；左钩使用圆刀兼以削刀，显示出圆转妩媚之姿；走之的刀法最为灵动，以削刀为主表现圆笔旨趣，呈现飘逸奔放之势，完美地汲取了汉隶笔势。如此种种，在一个"庭"中较好地将各种刀法融合于一体，楷、隶风貌笔意尽显。"《爨宝子碑》是今天我们所能见到的由隶书过渡到楷书的典型实物，有着凝重平满的楷

---

① 吴清辉编著《中国篆刻学》，西泠印社，1995，第 185 页。
② （清）康有为：《广艺舟双楫》，孙玉祥、李宗玮解析，北京图书馆出版社，2004，第 141 页。

隶笔意。其用笔技法的一大特点是：似乎全心倾注于一个'敛'字，而很少出现'纵'的笔画。即使稍纵的笔画，亦仅示意而已，仍以擒敛收笔。"①

图10 《爨宝子碑》之"庭"字刀法显示

从《爨宝子碑》的技法呈现中，我们可以这样推测，此碑的刻工具有在魏晋主流文化区域生活、工作的经历，或者说就是从中原汉文化区域迁徙、游学乃至流放至云南边陲的文人墨客。为什么这么说呢？因为魏晋的禁碑制度造成了大量身怀碑刻绝技的"艺人、技师"失去了用武之地，云南是少数民族集中住居的"蛮夷"之边陲，有"天高皇帝远"之有利条件。同时，边陲地区历来与封建统治者若即若离，其与统治者间虽有君臣之名，但自身有时又无臣民之心。因而不时地通过各种方式有所呈现是可以理解的，也是历史上的基本事实。

当然，尽管有地域或者政治因素的影响，云南等边陲地区的文化艺术仍是中国主体文化的组成部分，这一事实是不可改变的。因此，《爨宝子碑》所呈现出的"技进乎道"的艺术境界高度吻合了中国传统文化发展的脉络。"东汉初期已经明显在书写新字体规范的情况下追求美饰的一面，对各种形式技巧已经有了较为敏锐的感受能力和处理能力，东汉后期的书家非但对书法美已经有了明显的追求，形成蔚为壮观的

---

① 杨再春编著《中国书法工具手册》，北京体育学院出版社，1987，第272页。

风格化世界，而且各种形式技巧的成熟将要催化书法主体意识的觉醒，从而促使书法由自然形态向着自觉形态过渡。"① 由此，我们透过《爨宝子碑》的书法形态可以读出东晋时期的文人墨客在压抑体制下的呐喊及无声的宣泄，这符合中国传统文人的行为方式，只不过以技法刀法的形式体现在《爨宝子碑》中，更为含蓄内敛。犹如学者所言，"《爨宝子碑》端朴若古佛之容"。② 具有"佛"的静寂和安详，岂不更具风姿了吗?!

结　语

《爨宝子碑》具有厚实的书法审美趣味，这没有太多的争议，这不仅仅是几位书法权威的若干赞美之词所能左右的，经过系统的解析我们可以清晰地读出其深刻的内涵，因而自其发现以来一直受到关注是可以理解的。欧阳中石先生说："《爨龙颜碑》立于刘宋，与《爨宝子碑》合称'二爨'，已经删汰了隶书的笔画形貌，楷化程度远比《爨宝子碑》高，前人特别重视它兼具隶、楷之美而形成的朴拙雄强、茂密温醇的气度。"③ 这样的肯定不止一次，并且还与《爨龙颜碑》捆绑在一起，合成"二爨"，相互支撑。这就说明《爨宝子碑》兼具楷隶风貌已经形成共识，问题是《爨宝子碑》风貌的"兼具楷隶"是可以有不同的解读的。一种是过渡说，还有一种是融合观。

"过渡说"通过对《爨宝子碑》字体形态的审美解读就可清晰可见，也已被书法界、学术界所认知。如图 11 所示，《爨宝子碑》兼具了隶书、楷书的某些风貌，这种认知的主要依据如本文所阐释的对其字法、笔法、章法和刀法的解析。

"融合观"认为仅仅就书法形态的呈现来探索还是不够的，还需要

---

① 陈振濂主编《书法学》（上），江苏教育出版社，1992，第 256 页。
② （清）康有为：《广艺舟双楫》，孙玉祥、李宗玮解析，北京图书馆出版社，2004，第 210 页。
③ 欧阳中石主编《书法教程》，高等教育出版社，2008，第 31 页。

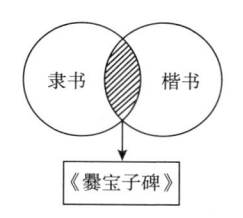

图 11 《爨宝子碑》"过渡说"示意

历史和文化的支撑。大家知道，书法书体的发展是个漫长而渐进的过程。当汉代经历了隶书巅峰之后，汉末隶书的发展开始有了分支，从传世的墨迹来看，有的隶书"蚕头燕尾"的隶书标志已经弱化，有的甚至去掉了"蚕头燕尾"，楷书的萌芽开始出现。"东汉上谷王次仲以隶书改为楷法，仲又以楷法变为八分，其后继迹者，伯喈（蔡邕）得之极，元常（钟繇）或其亚。"[①] 据此可以理解为汉末已经有初始化的"楷书"，而《爨宝子碑》刻立于公元405年，距汉末已经前行了近两百年，这两百年间虽然由于魏晋禁碑等诸多因素的影响，能够佐证的书法资料有限，但书法书体的发展是不会停滞不前的。毫无疑问，这期间的楷书比之汉末肯定要成熟得多。同时，由于区域的局限，云南边陲地区的文化进程肯定要滞后于主流文化区，这在书法、书体的进程中也会得到体现。由此，《爨宝子碑》的创作者就具备了将楷书与隶书进行融合再创造的一切条件。如图12所示，《爨宝子碑》属于融合了隶书、楷书以及其他姊妹艺术后的再创造。图中的A、B部分分别代表隶书和楷书，C则是汲取相关姊妹艺术后的自我创作，A、B、C共同构成了《爨宝子碑》的基本风貌。这种风貌更为宝贵的是"融合"后的"创新"，因此，"融合观"对书法艺术化的探索更具现实指导意义。为此，我们在认知《爨宝子碑》艺术特色并肯定它的"过渡说"的同时，"融合观"也是不可或缺的，这是客观、全面、公正评价《爨宝子碑》学术地位时首先要思考的问题。

---

① 李国钧主编《中华书法篆刻大辞典》，湖南教育出版社，1990，第10页。

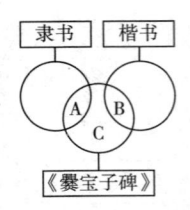

图 12 《爨宝子碑》"融合观"示意

另外,无论是"过渡说"还是"融合观",它们都共同体现了创作者的"中庸思想"。

"笔墨当随时代",书法创作中的"中庸"思想与时代背景、政治制度乃至地理区域等有着密切的联系。黑格尔就曾经说过,助成民族精神的产生的那种自然的联系,就是地理的基础,自然的联系似乎是一种外在的东西,但是我们不得不把它看作"精神"。[①] 作为民族聚居区的云南边陲,在极为动荡的社会背景下要想求得生存,"中庸"是比较合适的安身立命的选项。"中庸"思想虽应体现于言行之中,但在其他相关的文化载体中也会显现,碑刻就是其中之一。两晋时期,战争等所带来的社会变革,统治者的频繁更替,使得人口大规模南迁,在迁徙的人群中自然有文人墨客,他们所受的教育以及文化背景对地域文化的发展有着一定程度的影响,这些影响首先要为生存和发展服务,因而也需要"中庸思想"的支撑。就《爨宝子碑》而言,它兼具楷隶风貌是一种"中庸",其内在蓄积的指导思想、文化内涵更是"中庸",内外的高度吻合既迎合了历史发展的潮流,也符合时代背景下的书法审美旨趣,因而我们可以说《爨宝子碑》的"中庸"取向是值得肯定的。同时,"中庸"取向也是一种精神的召唤,体现于《爨宝子碑》中,就是通过书法、书体的变革和拓展为地域文化的发展指明方向,提供精神食粮。还有,《爨宝子碑》对书法传承具有启发意义,既体现出创新、包容的思想,更是彰显了民族地区书法创作对中国书法的独特贡献。

---

① 黑格尔:《历史哲学》,王造时译,上海书店出版社,2006,第 123 页。

图 13 表现的是隶书、楷书发展情况。当书法发展进入汉代之后，文字时代全面开启，书法的进程呈现出质的变化，隶书率先突围成为主流书体，一改篆书独行天下的局面，真正开启了书法的新时代。"众所周知，隶变是书体的一次大解放。当书法美最后扬弃了模拟象形的范型，它就赢得了不受任何物象构架束缚的独立自由的品格。它可以凭借从篆书中继承来的纯形式质素和自身形式的合规律性，辉煌地走向富有创造性的新的历史阶段。"[1] 以汉字为核心的汉文化内核的形成，及在书法上的呈现对中国社会影响巨大。通过书法形态的丰富和完善，人们的审美情趣也日益浓厚，并逐渐由核心文化区向边陲地区蔓延扩散。《爨宝子碑》无疑是受到影响和波及后的产物。"汉字书法之所以成为艺术，就是因为它是人的审美精神的物化。"[2] 在审美精神的牵引下，隶书的隶变在悄然进行，局部的楷书化倾向日渐显著。虽然隶书和楷书发展的步伐有前后之别，前行的速度也无法统一，但历史的耦合还是时断时续的，《爨宝子碑》就是一个节点。姑且不论其是偶然的产物还是必然的再现，在东晋诞生就已经成为书法史上的一个亮点，如图 13 所示，隶书在东汉登上巅峰之后开始下滑，相反楷书则呈现昂扬态势，直至唐代走向巅峰。隶书和楷书的发展在东晋有了交叉，交叉点的亮眼之处便是《爨宝子碑》的诞生。这个亮点凝聚了人们的精神旨趣，犹如徐复观先生所言："人类的精神文化最早出现的形态，可能是原始宗教，更可能是原始艺术。"[3] 可以大胆推测，对地处边陲的云南少数民族而言，书法具有较为原始的艺术魅力，呈现在地区的文化环境中，具有特定的精神力量。同时，从中国书法的有序传承来看，《爨宝子碑》的诞生对中国书法发展做出了极大贡献。并且，这个特殊的贡献来自边陲的民族地区，不仅具有书法意义，文化价值也是极高的。

---

[1] 金学智：《中国书法美学》（上册），江苏文艺出版社，1994，第 83 页。
[2] 乔志强编著《中国古代书法理论解读》，上海人民美术出版社，2012，第 10 页。
[3] 徐复观：《中国艺术精神》，商务印书馆，2010，第 13 页。

《爨宝子碑》

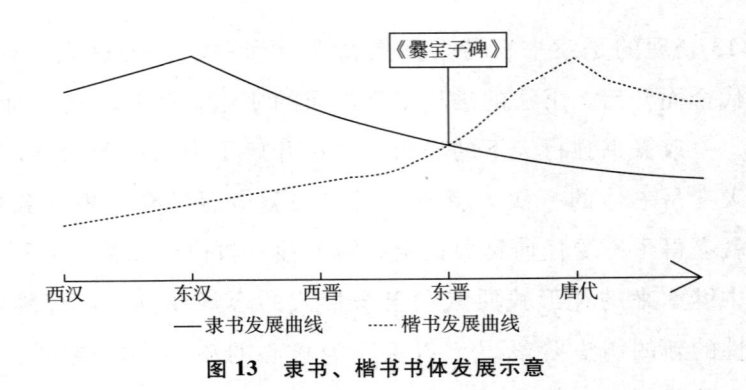

西汉　东汉　西晋　东晋　唐代
──隶书发展曲线　……楷书发展曲线

图 13　隶书、楷书书体发展示意

当然，在中国书法的发展史上，《爨宝子碑》的出现是有其局限性的，"真书以平正为善，此世俗之论，唐人之失也"。[①] 它的审美取向是否误导后人尚无定论。笔者认为，《爨宝子碑》的局限并不仅在于它没有成为一种主流书体，而且在于其地域性文化色彩十分显著，但它散射出的包容的情怀、审美的旨趣是具有进步意义的，因而求全责备地审视它是不可取的学术态度。

总的来看，《爨宝子碑》无论是在字法、笔法、章法还是刀法等诸多方面兼具了楷隶的风貌，还融合了楷隶的众多创作技巧和思想内涵，它在中国书法传承和发展的进程中都是一个亮点，其闪烁的光芒不仅照耀了边陲的少数民族地区，也为整个中华文化增添了光泽，成为中国书法史上不可多得的宝贵财富，自然也是中国书法艺术的重要组成部分。《爨宝子碑》所具有的平正、和美，创新、拓展，敛而不纵等诸多美学禀赋至今仍然影响着中国书法的传承和发展，因而深入地研究它、解析它，从美学的视角精心地考量它，必将具有厚实的学术价值和深远的现实意义。

---

① 乔志强编著《汉唐宋元书论赏读》，上海人民美术出版社，2020，第 168 页。

The Clean Criterion, The Elevated Spirit: Aesthetic Thinking of "*Cuan Baozi Stele*"

Zhou Ziniu

(Southeast University, Nanjing, Jiangsu 210000, China)

Abstract: This article attempts to analyze the calligraphy and aesthetic reflection of "Cuan Baozi Stele". The author thinks that the criterion of the stele's structure is clean, the writting way is in distinct style, the chapter arrangement is orderly and the knife technique is wild and interesting. In many aspects of the form expression, it has both the style of Kai and Li, and integrates many creative skills and ideological connotations of Kai and Li. Its flickering light not only shines on the minority areas in the border, but also adds luster to the entire Chinese culture. It's a rare masterpiece in the history of calligraphy and an important part of Chinese calligraphy art.

Keywords: The Clean Criterion; Calligraphy Canon; Central Harmony; Aesthetic Spirit; *Cuan Baozi Stele*

《春秋繁露》"中正"美学的精神生成及其伦理规定性[*]

刘 洁[**]

摘　要：本文通过对汉代董仲舒的《春秋繁露》中正美学精神具体生成路径的分析，试图揭示其在正贯名伦的意识形态支撑下，对源自《周易大传》正象性美学精神的继承与转化，并认为其内涵表现出更为强劲的正向性特质以及单向度缺失。全文从四个方面即性善之辨与正名之善、养性之辨与大义之善、生成之辨与中正之美、阴阳之辨与位德之美展开论述，以细致呈现这一美学精神在伦理规定性上的意义与局限，从而发现其历史功效和文艺伦理层面的当代价值与启示。

关键词：中正之美；正贯；美善；文艺伦理；《春秋繁露》

引　言

文艺伦理的问题域离不开两个基本的价值维度，即美与善，而中国美学精神的主色调始终是美善和合的，无论是诗论文评、画论书学、乐论经义，诗性判断始终与德性判断保持着或显或隐的统一性。从精神生

---

[*] 项目基金：国家社会科学基金重点项目"中华美学精神的诗学基因研究"（批准号：19AZW001）。

[**] 刘洁，河北大学文学院教师，文学博士，主要研究方向：中国美学。

成的内在逻辑上说，美善之间是一种互生互成的关系，完美的感性形式往往也呈现出良善纯正的内在心性，而高尚端直的德行也同样会散发出由内而外的人格魅力，中国儒家尤其偏爱这种德性良知与生命表达的内外统一。在汉以后的各个大一统时代，美善和合的观念凭借"正贯名伦"这一意识形态体系的强力支撑，其"中正"的精神取向得到充分强调和发展。相对于纷争时代"和而不同"的大同理想，"中正之美"有着更为明确的现实伦理规定性，表现为崇尚"正善"追求"阳刚"的精神特质，落实到具体的人文实践诸如书画、诗文、辞赋等中，便呈现出一种正向性同时也是单向度的思维症候。"中正之美"的观念本自《周易大传》，意指光明、正大、刚健、志坚的君子美德。《乾·文言》曰："乾始能以美利利天下，不言所利，大矣哉！大哉乾乎！刚健中正，纯粹精也。"《坤·文言》曰："君子黄中通理，正位居体，美在其中，而畅于四支，发于事业，美之至也！"《履·象》曰："刚中正，履帝位而不疚，光明也。"《同人·象》曰："文明以健，中正而应，君子正也。唯君子能通天下之志。"《观·象》曰："大观在上，顺而巽，中正以观天下。"《大畜·象》曰："刚健笃实，辉光日新。其德刚上而尚贤，能止健，大正也。"《姤·象》曰："天地相遇，品物咸章也。刚遇中正，天下大行。"《鼎·象》曰："君子以正位凝命。"《巽·象》曰："刚巽乎中正而志行。"《节·象》曰："说以行险，当位以节，中正以通。"[①] 从以上诸传辞足见，作为君子"美利天下"的精神特质，"中正"显然是用来描述一种积极向上、乐观向前的正向性人格与生命状态的。宗白华曾在《形上学——中西哲学之比较》（1928）中以《鼎卦》象辞"正位凝命"为核心分析过中国"正"象观念的美学意义，他特别指出："中国人所言之'正'及'条理'，其序秩理数，皆人生性的，皆为音乐性的。……法象之所取，即此'正'

---

① 高亨：《周易大传今注》，齐鲁书社，2009，第47、62、112、132、176、213、327、364、405、421页。

'条理''天则'是也。法象者，即此'正'象也。中正，中和之象也。致中和，天地位焉，万物育焉。此'正'唯显示于乐。'法象莫大乎天地，变通莫大乎四时。'取正于天地四时之象。"宗白华清楚地认识到，中国美学的宇宙精神和生命态度具有以"正象"为"法象"的基本特质，"中正"是一种时空"正位"，只要能抵达此位置，生命便达到了天地和谐的至乐境界。他还由此引用了董仲舒的观点："故仁人之心平和不失中正，取天地之美以养其身。"并进一步通过中西比较得出结论："中国则观四时寒暑之往来，日月之运行，发现'天地以顺动而四时不忒'之宇宙，其目的在中正，在生成。""'流动性的、意义性的、价值性的。'以构成中正中和之境为鹄的。"[①] 宗白华把"中正"解读为一种与宇宙节奏并行不悖的生命进程和人生目的，它在根本上是不可逆的或正向性的动态生成境界。

《周易大传》的"中正之美"在《春秋繁露》中获得了深刻发挥，其正向生成的本质内涵在董仲舒天人感应的大一统体系下得到更加强劲的推进与贯彻。但同时易学体系中所本有的"正大"的宇宙精神和"正位"的生命美学却在"元神正贯"的体系中逐渐降落于王道与文理之中，"中正之美"的精神内核实际上已经转化为圣王之德与名伦之位的正确性和正当性，因此意味着格外强大的现实伦理规定性。董仲舒以元神观念和王道精神建构了中国精神之学的一种独特的生成式模型，即以"正贯名伦"为根本特征的自古而今、自上而下的"一元"体系及其"正义"。这一模型对于中国美学所依托的人文精神有着重要的构建意义，它强化了先秦儒、法、名、阴阳等各家之天道观念中的人文元素，基本悬置了关于宇宙生成的玄思，直接而集中地探讨作为天人之间唯一通道的王者生成，从而将天道生生转向到王道生生的轨道上。尽管董子所言的王道对于人道精神的发展并不具有彻底性，但是它启动的秩序理性却为人格的超越提供了一条可行之路。《春秋繁露》的人格塑

[①] 林同华主编《宗白华全集》第 1 卷，安徽教育出版社，1994，第 590、593、596、597 页。

造显然不再是"真人"或"至人",人格理想之形而上的天道本色已经褪去,精神训练的技术也不再专注于内修,而更多是一种外施,通过仁爱之术来完成人间可见的功名与位权。所以,在董子对王者以及王臣的人格叙事中,我们更多看到的不是对"真"这一价值维度的标举,而是对"正"即义正名伦和尊卑贵贱的恪守,当然这并非原始儒家的本有之义,只是董仲舒接着《春秋》的微言大义而展开的全新逻辑。可以说,这种正义观念基本悬置了早期精神之学所提倡的"精诚之至"即真性与至道的价值取向,取而代之的是"美善"观念的天道化,从而使名伦超越人伦,成为精神升华的明确路径。在这个重新建构生命价值观的过程中,"中正之美"开始发生意义转化。由于篇幅所限,本文仅就《春秋繁露》中这一美学精神的生成路径进行分析,以揭示其伦理规定性的正向性特质与单向性缺失。

一 性善之辨与正名之善

《春秋繁露》中的"真"与人之初的精神纯粹与形体未成以及元气不失等这些与"真人"相关的人格特征并没有什么关联,而是名实论意义上的"真物",即物体的真实存在性,并认为此真实存在性是"名"的基础,也就是说,"真"是一种物性或物理,而"名"是对此物性或物理的辨别与认知,圣人之神明体现为"正名",即认清万物之真性真理而使之进入到名伦的秩序中,因此根本上"名"才是属人的,而"真"是属物的,"正"则是二者的一致性。《深察名号》有曰:"名生于真,非其真,弗以为名。名者,圣人之所以真物也。名之为言真也。""《春秋》辨物之理,以正其名。名物如其真,不失秋毫之末。"《实性》亦曰:"《春秋》别物之理以正其名,名物必各因其真。真其义也,真其情也,乃以为名。"[①] 这都是在名实论之下讨论"真",

---

① (清)苏舆撰《春秋繁露义证》,钟哲点校,中华书局,1992,第290、293、312页。

其内涵与"正名"观念紧密关联。值得注意的是，董子对于儒家"性善论"的反思正是建立在这个"正名物真"的基本观念上，即生命的原初状态并不具有根本的善或恶，它只是真，唯有获得正名的真性才具有善的可能，因此人性之始就不具万物皆有的真性，而当以圣人名物为正元。于是，性与善的必然联系被剥离了，逻辑上人性的理想状态也不可能是返璞归真、宇宙同化，而是一种具有人道意义和人文价值的"正善"品质，"正"是名伦秩序上的正位坚守，"善"是这份坚守的外施内化。《深察名号》在名真论之后便直接对性善论提出了这种新见解，其曰："今世闇于性，言之者不同，胡不试反性之名。性之名非生与？如其生之自然之资谓之性。性者质也。诘性之质于善之名，能中之与？既不能中矣，而尚谓之质善，何哉？性之名不得离质，离质如毛，则非性已，不可不察也。"① 这里明确区分了"性中"与"质善"，即自然之生与名伦之善，不应该简单地加以等同，它们之间的关系需要进一步深察。于是董子便借天道比附人道，展开了一系列的"名教"之论。

首先是强调"禁"与"教"应当作为人性的天道基础，其曰："栣众恶于内，弗使得发于外者，心也，故心之为名栣也。人之受气苟无恶者，心何栣哉？吾以心之名得人之诚。人之诚，有贪有仁。仁贪之气，两在于身。身之名，取诸天。天两有阴阳之施，身亦两有贪仁之性。天有阴阳禁，身有情欲栣，与天道一也。是以阴之行不得干春夏，而月之魄常厌于日光，乍全乍伤。天之禁阴如此，安得不损其欲而辍其情以应天。天所禁而身禁之，故曰身犹天也。禁天所禁，非禁天也。必知天性不乘于教，终不能栣。察实以为名，无教之时，性何遽若是。"② 这里所主张的"天道有禁""天性有教"的观念显然是基于名伦的比附，与先秦儒道两家的自然论和心性论都是不同的。圣人之"心"是一种

---

① （清）苏舆撰《春秋繁露义证》，钟哲点校，中华书局，1992，第291~292页。
② （清）苏舆撰《春秋繁露义证》，钟哲点校，中华书局，1992，第293~296页。

"名栝"即"以名禁性"的天道感应能力,是能够像天道"禁阴"而"向阳"那样"禁贪"而"向仁",即把人性中的两面性以名教的方式加以单向性的"一元"化。由此下文便直接指出了"内"在天性并非人之成德的关键,"外"在人事才是关键,其曰:"故性比于禾,善比于米。米出禾中,而禾未可全为米也。……善与米,人之所继天而成于外,非在天所为之内也。天之所为,有所至而止。止之内谓之天性,止之外谓之人事。事在性外,而性不得不成德。"① 所以"善"绝不是内在天性所成,而是外在人事所成。于是"善"成为一种纯粹人道,是人对天之所为即"天有所止""天有所至"的承继与贯彻,人道不是内守天性而是外成人事,这才是真正的"善"。可以说仅凭以上人性论,董子已经与儒道两家以及淮南一派都划清了界限。实际上,"禁"与"教"或"止"与"至"都是在"性"与"善"之间的深察,即在性善论中加入更多人道精神的实践性,尤其"教"是直接的外在向善之力,是圣人启动真正人性的重要人事之施。所以下文又继续从文理上揭示"民"之"瞑"的本性,然后郑重指出"万民之性,教然后善"的核心观念,也就是说董子要把原来的"性本善"精进为"教以善",但这又不同于荀子的"性本恶"故"学以善",他是主张生而中性的人性本质和圣人知天以名教施化天下的自上而下的生成逻辑,这是董子人性论更具理性深度的地方,即其曰:"民之号,取之瞑也。使性而已善,则何故以瞑为号?以霣者言,弗扶将,则颠陷猖狂,安能善?性有似目,目卧幽而瞑,待觉而后见,当其未觉,可谓有见质,而不可谓见。今万民之性,有其质而未能觉,譬如瞑者待觉,教之然后善。当其未觉,可谓有善质,而不可谓善,与目之瞑而觉,一概之比也。静心徐察之,其言可见矣。性而瞑之未觉;天所为也。效天所为,为之起号,故谓之民。民之为言,固犹瞑也,随其名号以入其理,则得之矣。"②

---

① (清)苏舆撰《春秋繁露义证》,钟哲点校,中华书局,1992,第297页。
② (清)苏舆撰《春秋繁露义证》,钟哲点校,中华书局,1992,第297~298页。

这里明显有一个"文理"作为先验逻辑而贯穿整个推衍过程，即"民"的名号中已经有了天意的表达和天道的明示，民作为待觉者，而圣人作为施教者，这样的名伦的秩序是根本性的，所以"善"是一种名教施化的"觉"，是从人之"生"的天性本质里被名教启蒙的人之"成"。至此，人格上的真性理想已经不复存在，正善觉知才是人性成德的根本，而这个过程是以圣人之"名"与"教"为人道循天的起点与原则的，民的觉醒与向善而行只有在名伦秩序中才是可能的，任由天性、保持中性之真质，这并不是人事之所为，更不是圣人之所教。

表面上看，董子没有抛弃性善论，甚至更加推崇"善"作为人性价值的重要性，但是他却认为善非本性，而是人之所为的可能性，是圣人名真教化后的一种人道和合天道的知性觉醒，因此"善"是超越于真性或天性的人心之所向。而这个观念的逻辑起点是"性中待觉"的观念，即人之真性就是非恶非善、民之天性就是未觉未知，性只是天地所生的物质情实，一切都有待于圣人的文明开启。这一点被反反复复地强调着，同时又进一步将"教民为善"当成"王任"、将"正名设教"当成"法言"，皆是不可违的天命与天意。《深察名号》曰："名性，不以上，不以下，以其中名之。性如茧如卵，卵待覆而成雏，茧待缲而为丝，性待教而为善，此之谓真天。天生民性有善质，而未能善，于是为之立王以善之，此天意也。民受未能善之性于天，而退受成性之教于王。王承天意，以成民之性为任者也。今案其真质，而谓民性已善者，是失天意而去王任也。万民之性苟已善，则王者受命尚何任也？其设名不正，故弃重任而违大命，非法言也。"[①] 强调"王任"和"法言"都是有利于"善"的价值进取，但同时也使"善"只是作为可能性而不是必然性这个思维前提变得更加深切，因此"善"绝不是人道能够轻易抵达的人生境界，它需要一代代圣王的持续引领才能使天下万民也可以在持续不断地接受教化的超越个体生命的历史进程中获得更为根

---

① （清）苏舆撰《春秋繁露义证》，钟哲点校，中华书局，1992，第300~303页。

本性的"善",此善才是"真天"。这正是董子重新定义的"善",其曰:"性有善端,动之爱父母,善于禽兽,则谓之善。此孟子之善。循三纲五纪,通八端之理,忠信而博爱,敦厚而好礼,乃可谓善。此圣人之善也。是故孔子曰:善人吾不得而见之,得见有常者斯可矣。由是观之,圣人之所谓善,未易当也,非善于禽兽则谓之善也。使动其端善于禽兽则可谓之善,善奚为弗见也?夫善于禽兽之未得为善也,犹知于草木而不得名知。万民之性善于禽兽而不得名善,知之名乃取之圣。圣人之所命,天下以为正。正朝夕者视北辰,正嫌疑者视圣人。圣人以为无王之世,不教之民,莫能当善。善之难当如此,而谓万民之性皆能当之,过矣。质于禽兽之性,则万民之性善矣;质于人道之善,则民性弗及也。万民之性善于禽兽者许之,圣人之所谓善者弗许。吾质之命性者异孟子。孟子下质于禽兽之所为,故曰性已善;吾上质于圣人之所为,故谓性未善。善过性,圣人过善。《春秋》大元,故谨于正名。名非所始,如之何谓未善已善也。"[①] 我们看到董子明确反对孟子的性善论,而重新从孔子言论中引申出了新的性善论,准确地说,应该是"性未善"之论,即"人道之善"并不是仅仅高于禽兽这种"下质"之善,而应该是"上质"之善,这个善不是"已善",而是"未善"之善和"过性"之善,是人道不断超越天性的圣人之善。所以"人道之善"必须在人之所为中去奋力追寻,而不是无所作为的回归物性。在董子看来,《春秋》正是记录了此一未竟之人事的人道历程,"大元"就是以这个"人道之善"为目的的人事之始,这才是人之所以为人的真正的生命价值,而"正名"的意义便是在圣人微言大义的文理之中领受到这个"上质"的根本性,使其成为"民教"的天下"法言"。

可见,"善人"不再被真人树立为人格的至高理想,其善不在性真,而在受教名伦,因此,"善"实际上已经不是一种个体目标,而是超越时空的整体性的"人事"理想。通过性善之辨,董子重新树立了

---

① (清)苏舆撰《春秋繁露义证》,钟哲点校,中华书局,1992,第303~305页。

人性论的基础,即"善过性,圣人过善"的一种全新的正名之理。如果说"人道之善"是万民之人性受教之目的,即民不能止于性真,还要受教于王道之正名而获得超越人伦之序的名伦之位,也就是忠信大于孝悌的大元之善,这就是所谓"善过性";而对于"王"而言,其善又不止于此,他必须以"圣人"自身的人格理想而"过善",即要比万民所能抵达的善更为"上质",这就是"教","王"与"民"在"教"与"受"的名位上朝着各自的德行而有所作为。正如《实性》再度强调的那样,"王教"与"民受"的"名正言顺"才是真正整体上的"人道之善",其曰:"孔子曰:名不正则言不顺。今谓性已善,不几于无教而如其自然,又不顺于为政之道矣。……王教在性外,而性不得不遂。""性者宜知名矣,无所待而起,生而所自有也。善所自有,则教训已非性也。……性者,天质之朴也;善者,王教之化也。无其质,则王教不能化;无其王教,则质朴不能善。质而不以善性,其名不正,故不受也。"[①] 最终"性善之辨"的结论非常明确地安放在王教民受的"正名"论上,"人道之善"与"王道精神"再度和合。

二 养性之辨与大义之善

《春秋繁露》的精神生成始终遵循一个"王道通三"的基本逻辑,王道是中正之道的核心,王作为"元神"即人之位格的开端与顶端而成为人之向善的人间信仰。所以,《玉杯》有曰:"《春秋》论十二世之事,人道浃而王道备。法布二百四十二年之中,相为左右,以成文采。其居参错,非袭古也。是故论《春秋》者,合而通之,缘而求之,五其比,偶其类,览其绪,屠其赘,是以人道浃而王法立。"[②] 这被反复强调的"人道"与"王道""王法"之合通,正是名伦至善的实践理

---

① (清) 苏舆撰《春秋繁露义证》,钟哲点校,中华书局,1992,第 310~313 页。
② (清) 苏舆撰《春秋繁露义证》,钟哲点校,中华书局,1992,第 32~33 页。

性。董子的人性论始终坚持着这一基本观念，所以孟子的性善之论就不可能被直接承继过来，因为其中缺席的正是"王道"的功能与价值，如果认同性本善，就等于认同圣人教化并无意义，但若持性不善不恶之论，那么君人者便可大行其道，以名伦之网纲纪人事，终成天下一元之大统。所以从精神生成的思路上来重审这个逻辑，我们会非常明确地认识到，对于董子来说，天道不过是王道之理想比附，而人道不过是王道之必要条件，也就是说，天人之间王者才是至尊。正是王道精神使性善论遭到了质疑，并最终为"性未善"和"善过性"之论所取代，而自上而下的教化之功便成为整体性精神生成的强大力量。

但是董子也非常清楚"性"作为一种自然真实之物"质"，或者说人之形体肉身作为一种内在性的天道存在其实是外在性的王道教化无法真正抵达的，"教"民使之"觉"只是一种唤醒，若要始终保持在"人道之善"的这个轨道上，还需要另外一种可能转化为内在性的实践方式，这就是"养"，正如所"教"不只是生而是生之"名"，所"养"的也不只是身而是身之"心"，通过"教"人即有"过性"之"正善"，通过"养"人更有"过善"之"大义"，也就是所谓"善善之心"。并且，对于"性"中的"未善"也就是"恶"的存在，董子也主张应该抱有"含容"的态度，因为"无恶"一如"至善"都是极为罕见的，这就在人道维度上建构了"善"作为人间信仰的合理性，同时也夯实了元神崇拜及其施教化民的合法性。《玉杯》曰："人受命于天，有善善恶恶之性，可养而不可改，可豫而不可去，若形体之可肥臞，而不可得革也。是故虽有至贤，能为君亲含容其恶，不能为君亲令无恶。"[①] 这不仅强调了"养"的重要性，而且也给人性的"恶"或"未善"留有空间，这样"君子"便有所为有所不为，下文所谓"六艺赡养"便具有了重要的意义，不仅王道精神获得深化，人之精华领受圣人之教化的人文精神也获得了名伦意义上的绝对权威性。其曰："君

---

① （清）苏舆撰《春秋繁露义证》，钟哲点校，中华书局，1992，第34页。

子知在位者之不能以恶服人也，是故简六艺以赡养之。《诗》《书》序其志，《礼》《乐》纯其美，《易》《春秋》明其知。六学皆大，而各有所长。《诗》道志，故长于质。《礼》制节，故长于文。《乐》咏德，故长于风。《书》著功，故长于事。《易》本天地，故长于数。《春秋》正是非，故长于治人。能兼得其所长，而不能偏举其详也。故人主大节则知闇，大博则业厌。二者异失同贬，其伤必至，不可不察也。是故善为师者，既美其道，有慎其行，齐时蚤晚，任多少，适疾徐，造而勿趋，稽而勿苦，省其所为，而成其所湛，故力不劳而身大成。此之谓圣化，吾取之。"① 所谓圣化，即圣人之教已经成为一种人文教养而内化为君子品行，这显然是把"善过性，圣人过善"的理念从元神位格进一步贯承至精华位格，且"六学皆大""兼得所长"更是一种属于王者的完美理想。如果说"名教"在于"觉知"，这是王道作为"人之始"的"生"之实践理性，那么"养心"则在于"行义"，这是王道作为"人之终"的"成"之实践理性，二者共同构成了"生人"的生命意义以及"治人"的存在价值。

从"养性"到"养心"，"义"是"善善之心"的关键。所以《身之养重于义》曰："天之生人也，使人生义与利。利以养其体，义以养其心。心不得义不能乐，体不得利不能安。义者心之养也，利者体之养也。体莫贵于心，故养莫重于义，义之养生人大于利。奚以知之？今人大有义而甚无利，虽贫与贱，尚荣其行，以自好而乐生，原宪、曾、闵之属是也。人甚有利而大无义，虽甚富，则羞辱大恶。恶深，祸患重，非立死其罪者，即旋伤殃忧尔，莫能以乐生而终其身，刑戮夭折之民是也。夫人有义者，虽贫能自乐也。而大无义者，虽富莫能自存。吾以此实义之养生人，大于利而厚于财也。民不能知而常反之，皆忘义而殉利，去理而走邪，以贼其身而祸其家。"② 这里并未完全否定养身之利，

---

① （清）苏舆撰《春秋繁露义证》，钟哲点校，中华书局，1992，第35~38页。
② （清）苏舆撰《春秋繁露义证》，钟哲点校，中华书局，1992，第263~264页。

但是与养心之义相比，显然后者更有利于人道至善。何谓"义"？当然是圣人循天道明天意而成六艺之义理，是君子内化为自身品质的"以义正我"之"正义"和"大义"，它是身体力行的"过性"之"善"和"过善"之"治"，是推进人道正气云天的内在"心"力。可见"义"是一种更为高级的"善"，它是以内在之心力而引动外在之行为的"善善"，是王道精神真正贯通天下的纯粹之善、恒久之善，是超越于"名教"之善的"化行"，即"圣化"之善，动万民若自然之造化，非生性而成人性的"神化"之善。即其曰："圣人事明义，以照耀其所闇，故民不陷。《诗》云：示我显德行。此之谓也。先王显德以示民，民乐而歌之以为诗，说而化之以为俗。故不令而自行，不禁而自止，从上之意，不待使之，若自然矣。故曰：圣人天地动、四时化者，非有他也，其见义大故能动，动故能化，化故能大行，化大行故法不犯，法不犯故刑不用，刑不用则尧舜之功德。此大治之道也，先圣传授而复也。"① 所以，养性之辨的思维落点终在"化行"之功德，而"六义之理"则是名伦与心术内外合一完成理想人格的"教养"体系，这个体系的全面性终将落实于"无为"之"元神"与"群为"之"精华"高度一致的"同心"上，而这个人间信仰的精神生成模型也会顺着"一元"之线代代相传，此即为"大治之道，传授而复"。所以，逻辑上我们不得不得出这样的结论，《春秋繁露》重新建构的"人道善善"根本上就是一个不断寻求"人间正道"以使"人道生生""人道成成"的无尽历程，"王任"与"法言"皆当以此"善"为目标，一切不利于"生生""成成"的天性虽不能"去"不能"革"，却可以通过"止""教""养""化"而成为"过性""过善"的超越力量。总之，"善"在董仲舒这里已经超越人性论的范畴成为人道朝向更高可能性的精神实践论和生命价值论的重要范畴。

---

① （清）苏舆撰《春秋繁露义证》，钟哲点校，中华书局，1992，第265~266页。

三 生成之辨与中正之美

在人性论上，董子表达了不同于以往的新观念，他更加重视生命已"成"的行进过程，而不去强调"生"的本真不变以及回归初始的意义，虽然生性的基质性并没有被忽视，但"性"一定要朝向"善"而"生生"的，"善过性"的命题中可以说是包含着彻底告别真性的一种意志诉求，而"圣人过善"就更加强调了"成德"的理想，即存在一种超越于善之上的完美德行，尽管那是极少数人的境界，却可以成为天下人的信仰。因此当《春秋繁露》最终要将此人道生成附会至天道生成上去的时候，这个单向度的线性思维模型是没有改变的，从"生"到"成"的一元贯通性始终被坚持，于是"中""正""和""美"等一系列"过善"属性在"天道"与"圣人"的"理"的层面上演绎出来，其内涵不再止于对"生"之价值的肯定，它更增进了"成"的价值，从而明显暴露出其内在逻辑上坚定的人道特色。生成之辨与中正之美的提出在《循天之道》一篇中表达得格外清晰，事实上"循"本身已经是一种更具实践意义和意志属性的表达，就人性发展的高度来说，"循"并不属于"下质"而是"上质"的人道，是所生所成皆在中正和合之道上的具体所为，却也是最难持守的最高人道。

首先，董子从"养身"角度比附"循天"，辨析"生"与"成"的上、下、中、和、大、正之理，其曰："循天之道，以养其身，谓之道也。天有两和以成二中，岁立其中，用之无穷。是北方之中用合阴，而物始动于下；南方之中用合阳，而养始美于上。其动于下者，不得东方之和不能生，中春是也。其养于上者，不得西方之和不能成，中秋是也。然则天地之美恶，在两和之处，二中之所来归而遂其为也。是故东方生而西方成，东方和生北方之所起，西方和成南方之所养长。起之不至于和之所不能生，养长之不至于和之所不能成。成于和，生必和也；始于中，止必中也。中者，天地之所终始也；而和者，天地之所生成也。夫德莫大于和,而道莫正于中。"① 与《淮南子》或先秦道家的生成论注重天地、阴阳、四时的密切关系不同,这里又加入了"四方"以暗示王道"天下"的观念,同时"和"也并不纯指阴阳四时的和气,而是更强调四方之合于"中",所以天地生成论最终指向的是"道莫正于中"。"中"是"成"的过程性,是"始终"之"中",它不是始也不是终,而是其间无穷无尽的经验与历程,即所谓"二中""两和",就是说王道、天道都是在成就一个"贯通"的"养长"过程,这个过程是不可逆的,是一直朝向更为中用和合的状态发展的,所以"中""和"就是在不断地持续地生成的过程,其间总是有外部的力量汇合进来,并逐渐生成为内部力量,如此"性"便获得一种"过善"的可能,并完成一种"中心"性的"正道"的美德。故下文即曰:"中者,天地之美达理也,圣人之所保守也。《诗》云:不刚不柔,布政优优。此非中和之谓与?是故能以中和理天下者,其德大盛;能以中和养其身者,其寿极命。"② 中正之道是一种德行之"美",它是超越于真性与善为的圣人美德,是"达理",即最高智慧。我们认为,"中"在董子这里并非"中庸",而是人性"正善"实践的可能性描述,即人道可以抵达恒久生成的一种渴望与追求,"正"就是始终保持着这样的信仰,并且认为这是圣人明确告知天下的"理",圣人以下之人,循此达理便可始终在这条正确的道路上,显然这为后世人文的"征圣""宗经"之说开辟了思想先导。

其次,董子虽反对孟子的性本善之论,但是对其"养气"之说非常认同,并进一步结合公孙尼子的养气说而发展出"正气"论,所谓正气即"气华而上,从心道至"的中正之气。其曰:"举天之道,而美于和,是故物生,皆贵气而迎养之。孟子曰:我善养吾浩然之气者也。谓行必终礼,而心自喜,常以阳得生其意也。公孙之养气曰:里藏泰实

---

① (清)苏舆撰《春秋繁露义证》,钟哲点校,中华书局,1992,第444页。
② (清)苏舆撰《春秋繁露义证》,钟哲点校,中华书局,1992,第444~445页。

则气不通，泰虚则气不足，热胜则气□，寒胜则气□，泰劳则气不入，泰佚则气宛至，怒则气高，喜则气散，忧则气狂，惧则气慑。凡此十者，气之害也，而皆生于不中和。故君子怒则反中而自说以和，喜则反中而收之以正，忧则反中而舒之以意，惧则反中而实之以精。夫中和之不可不反如此。故君子道至，气则华而上。凡气从心。心，气之君也，何为而气不随也。是以天下之道者，皆言内心其本也。故仁人之所以多寿者，外无贪而内清净，心和平而不失中正，取天地之美以养其身，是其且多且治。"① 其实，无论是对孟子还是对公孙尼子的养气论，董仲舒都做了一种"养生论"的修正，一方面将浩然之气解读为"心喜生阳"的精神面貌，另一方面又将"气反中和"解读为"气华而上"，这其实都是将养气论引向更加注重"阳""上"之精神气志的意义上。也就是说，"中"或"和"在内涵上有着明确的"正"向性发展态势，是有益于"寿"和"治"朝向恒久生成的"道"的极性。所谓"凡气从心"，即君子"心"有所向，其"气"便朝向那个方向而生成无穷的"意"，因此董子的养气说是与其养心说并行不悖的，养气是"养心气""养正气"，生命必须在不断地"升华"中去完成自身，对于民来说就是以"精华"和"元神"为信仰，而不断受教于王道，求取功名。尽管这条道路被董仲舒锁定在单向性的名教伦序上，但是人性作为可改变可升华的无限发展之质已经被深刻地认识到，所以天道与天下之道、王道与圣人之道、人道与君子之道等皆统一于"中正"的完美性，它是过性之善，也是过善之美，"中正之美"之所以成为"圣人达理"，就在于此理始终是有方向性的，它不是未分不仁的原始人性，而是已然有所超越的人道与文明，这种智慧是永恒地指向天道的。可以说，中正之美是人道和王道的终极，它作为唯一的圣人天道而被立作王之理想、民之信仰，它以一种难以抵达的宗教性完美引领和规定着个体与国家的教养之"成"的人间事业，在董子看来，能立此"心"中元神者，

---

① （清）苏舆撰《春秋繁露义证》，钟哲点校，中华书局，1992，第447~449页。

便是真正走向"人道之善"并奔向"圣人之德"的君子品行。

所以《循天之道》的最后,一要突出"君子"人格作为统一王、臣、民等各个位格的名教属性,二要强调"精神内充"于己于国皆是一种真正的"生成"力量,对这两点的深入探讨又都落脚于"养生",即"寿长"、"治长"与"天长",就君子"循"天之道的具体实践来说,"长"才是根本而切实的信仰,即君子立于天地之间当不断生成和变化以使生死之间、始终之间的"中"性获得最大的时空存在性。"气"正是这样一种内外皆有的持存之力,在外是"天气""和气",在内是"心气""志气",都是贯通"正气"运行的生命基质,因此以"气"循天道便是"君子精神"最为重要的养生原则了。其曰:"故养生之大者,乃在爱气。气从神而成,神从意而出。心之所之谓意,意劳者神扰,神扰者气少,气少者难久矣。故君子闲欲止恶以平意,平意以静神,静神以养气。气多而治,则养身之大者得矣。"又曰:"和乐者,生之外泰也;精神者,生之内充也。外泰不若内充,而况外伤乎?忿恤忧恨者,生之伤也;和说劝善者,生之养也。君子慎小物而无大败也。行中正,声向荣,气意和平,居处虞乐,可谓养生矣。凡养生者,莫精于气。"[1] 这里董子是比孟子更加明确地将"心气"与"精神"两个范畴合体,所谓"气从神而成,神从意而出"就是对人生之"生成"的"中正"运行之道的描述,"意"是内在心志对天道的领会、"神"是此心志领受而外显清明的精神面貌、"气"是这由内而外和合欢喜的生命状态与现实效能,因此"精神内充"与"和乐外泰"的内外统一将使得"君子"人格散发着高贵的"中正之美",而此美正是循天之道得以实现的天人合一的完美性。其曰:"四时不同气,气各有所宜,宜其所在,其物代美。视代美而代养之,同时美者杂食之,是皆其所宜也。……天无所言,而意以物。物不与群物同时而生死者,必深察之,是天之所以告人也。……君子察物而成告谨……天所独代之成者,君子

---

[1] (清)苏舆撰《春秋繁露义证》,钟哲点校,中华书局,1992,第452、453页。

独代之，是冬夏之所宜也。春秋杂物其和，而冬夏代服其宜，则当得天地之美，四时和矣。凡择味之大体，各因其时之所美，而违天不远矣。……君子察物之异，以求天意，大可见矣。"[1] 君子是明察天地之意的人，首先就表现在选择食物以养生的这个生命持存的基础层面上，可食与不可食的判断原则就是君子所循的第一重天道，所以董子这里讲养生，重点不在罗列时序与食物的关系，而是君子的生命原则，所以他其实不像汉初儒道皆讲"禁欲"，而是要有一个发展"察物之异"的实践理性的精神历程，在"深察"中领会"天告之意"，做出判断和选择，进而成为"天意独代"之人。"君子独代"中的这个"独"再一次强调了"贯通"的"元神"属性，即君子作为理想人格、圣人作为人间信仰的合法性。同时，"寿"作为一种最直接的现实可见之"成"，是君子领受到的天意酬报，其曰："自行可久之道者，其寿雠于久；自行不可久之道者，其寿亦雠于不久。久与不久之情，各雠其生平之所行，今如后志，不可得胜，故曰：寿者雠也。"这里所谓寿不仅仅是个体生命的持存，君子之"精神""气志"是在名伦之序上的生成与贯承的持久性，此"寿"便是始终之间的"中正"性，人道本质就是对此中道的持守，因此《循天之道》最终的结论便是人性之"独立"，即其曰："夫损益者皆人，人其天之继欤！出其质而人弗继，岂独立哉？"[2] 这是一个非常有力量的结论，是把人性的本质最终落实于"继天"而"独立"的高度上，从而完成了理论逻辑上的"过善"之"成"的精神抵达。

四　阴阳之辨与位德之美

关于《春秋繁露》的精神生成模式，我们一直强调它的单向性和

---

[1] （清）苏舆撰《春秋繁露义证》，钟哲点校，中华书局，1992，第454~456页。
[2] （清）苏舆撰《春秋繁露义证》，钟哲点校，中华书局，1992，第457页。

一元性，这是因为董仲舒无论在人道、王道还是在天道的哪个层面上都始终进行着尊卑贵贱的价值判断，他所说的"一元"是一个不可逆的宇宙时空秩序，是一种方向性、目的性都非常明确的实践理性，从"实性"到"善过性"再到"圣人过善"的"气华而上"，正是元神与精华作为位格信仰的精神生成的现实通道，王、臣、民皆在此伦序之上成其位德。但真正中正完美的只有圣人，圣人与天同一，圣为王之信仰，王为臣民之信仰，天为天下一切之信仰。这个一元性的名伦体系也是一个上尊下卑的价值体系，所以这个体系所标举的"中和"其实是"中正"，即始终朝拜"尊"位的方向性和正确性。这种绝对的尊卑理念将使一切的"二元"不是通过彼此交融的方式走向"二中""两和"，而总是从一元趋向另一元的转化行动。也就是说，天地之间、阴阳之间、君臣之间、心物之间等都有一个主次问题，次要方面是必然要被主要方面同化或忽略掉的，因此董子所说的"中正""独立"其实就是做"人主"，在一套人伦秩序中不断地向上攀升，位德愈高便愈能实现人道的各级信仰，这显然是董仲舒大一统思想所需要的。在向尊向上这种单向思维的作用下，天地、阴阳等天道二元也要附会于君臣的王道二元、善恶的人道二元之上，即天尊地卑、阳尊阴卑的贵上贵阳之观念，尽管地卑阴卑是"两和"不可或缺的元素，但其属性必须是次要的，引领人道进展的将永远是主要方面的"天气"和"阳气"，这与君为人主、善为性主必须是一致的。董仲舒正是在这样的天道阐释上，与先秦儒道两家的思想都划清了界限，天地并非不仁，阴阳并非和合，人在天地之间始终想要离天近一点，气行阴阳之间终要聚阳而显形，显示出人道与天道的贯通性，即生成的同步与共向。

以天道附会人道尊卑，这是《春秋繁露》一元思想的最后落脚点，由阴阳之辨再到天地位德之辨，都在明确指向"两和""中正"的王道秩序和人道法则。《阳尊阴卑》曰："阳始出，物亦始出；阳方盛，物亦方盛；阳初衰，物亦初衰。物随阳而出入，数随阳而终始，三王之正随阳而更起。以此见之，贵阳而贱阴也。故数日者，据昼而不据夜；数岁者，据阳而不据阴，阴不得达之义。"这里把"阳"的主位之德以天道比附的方式确定下来，将"阳"视为"正"是董仲舒将天道与人道一元化的重要思维进展。同时，"阳"也是"善"，是秩序上的相对在上者，其曰："阴之中亦相为阴，阳之中亦相为阳。诸在上者皆为其下阳，诸在下者皆为其上阴。阴犹沈也，何名何有？皆并一于阳，昌力而辞功。故出云起雨，必令从天下，命之曰天雨。不敢有其所出，上善而下恶，恶者受之，善者不受。土若地，义之至也。是故《春秋》君不名恶，臣不名善，善皆归于君，恶皆归于臣。"① 这就是说，阴阳、善恶、上下、君臣皆有同样的"一元"性即"上阳君善"是根本性的，正如"恶"本质上就是"未善"一样，阴便是未阳、臣即是未君、下就是未上，位德便是"事""归""受"的行事原则，如此下位者便在"并一于阳，昌力而辞功"的隐蔽中获得自身的转化，所以阴阳之间的向阳运动是董子认为《春秋》要表达的"至义"，它并不破坏天道基本的和合运行，但却明确把人道自原始昏冥无名之阴向先圣明朗有名之阳的发展过程看得比任何阶段都重要。如果说，由阴向阳和由阳向阴，这是事物发展的两个阶段即"盛"与"衰"，那么《春秋繁露》显然把前者即"向阳之盛"看得格外重要，因为《春秋》大义的根本不是要把历史当成记录衰亡的"达阴"之辞，而是相反，要把人居天地之间的最大可能性和最高实践性记录下来，所以历史是记录盛世之治的"达阳"之辞，非如此天地人不能真正地三才并立，人性的独立价值与无穷潜能也是无法彰显的。所以，真正的"中正之美"是人能以王者之姿长久立天地之间，并且自信能够以生命的向上之力获得尊严，我们所说的"位德之美"就是此人格的一种具体实践历程，是一种人格精神不断向着上阳尊位的忠义与虔诚。尽管这包含着一种巨大的束缚性力量，但是其在思想史上的积极意义还是不应被忽视。

对于天道美德与人道的附会，《天地之行》有论，其开篇即将

---

① （清）苏舆撰《春秋繁露义证》，钟哲点校，中华书局，1992，第325页。

"美"与"位"相关联，布列出一个严格附会于君臣关系的"阳"性体制，其曰："天地之行美也。是以天高其位而下其施，藏其形而见其光，序列星而近至精，考阴阳而降霜露。高其位所以为尊也；下其施所以为仁也，藏其形所以为神也，见其光所以为明也，序列星所以相承也，近至精所以为刚也，考阴阳所以成岁也，降霜露所以生杀也。为人君者，其法取象于天。故贵爵而臣国，所以为仁也；深居隐处，不见其体，所以为神也；任贤使能，观听四方，所以为明也；量能授官，贤愚有差，所以相承也；引贤自近，以备股肱，所以为刚也；考实事功，次序殿最，所以成世也；有功者进，无功者退，所以赏罚也。是故天执其道为万物主，君执其常为一国主。天不可以不刚，主不可以不坚。天不刚则列星乱其行，主不坚则邪臣乱其官。星乱则亡其天，臣乱则亡其君。故为天者务刚其气，为君者务坚其政，刚坚然后阳道制命。"① 这一段的表达甚至比《阳尊阴卑》更加直白地标举"阳道制命"和"刚坚之政"，王道作为天道的直接且唯一的贯通与对应，它必须始终显现出"主""正"不乱的位德之美，即秩序的、上升的、向阳的、持久的精神生成性。以天地阴阳比附君臣实际上表达了董仲舒心中一种"上质"之人的完美关系，即在"元神"与"精华"之间建构起来的位格美德将形成一种人间"正气"而"化美"万民。正如《天地阴阳》所曰："天地之间，有阴阳之气，常渐人者，若水常渐鱼也。所以异于水者，可见与不可见耳，其澹澹也。然则人之居天地之间，其犹鱼之离水，一也。其无间若气而淖于水。水之比于气也，若泥之比于水也。是天地之间，若虚而实，人常渐是澹澹之中，而以治乱之气，与之流通相殽也。故人气调和，而天地之化美，殽于恶而味败，此易之物也。推物之类，以易见难者，其情可得。治乱之气，邪正之风，是殽天地之化者也。生于化而反殽化，与运连也。《春秋》举世事之道，夫有书天，之

---

① （清）苏舆撰《春秋繁露义证》，钟哲点校，中华书局，1992，第458~459页。

尽与不尽，王者之任也。"① 人生存于天地之间，与澹澹之气无间，必受浸润而毂化，所以气"正"则人"化美"，气"邪"则"毂恶"，"王者之任"就在于正风气而美教化，故其曰："天者其道长万物，而王者长人。人主之大，天地之参也；好恶之分，阴阳之理也；喜怒之发，寒暑之比也；官职之事，五行之义也。以此长天地之间，荡四海之内，毂阴阳之气，与天地相杂。是故人言：既曰王者参天地矣，苟参天地，则是化矣，岂独天地之精哉。王者亦参而毂之，治则以正气毂天地之化，乱则以邪气毂天地之化，同者相益，异者相损之数也，无可疑者矣。"② 这就是说，所谓王者通三，关键在"参"在"毂"在"化"，即与天"同"道。因此王者以"正气"治天下与天者施"阳气"生万物是根本一致的，其位德之美就显现在对名伦之序的认同与遵守，其目的在自上而下的君臣同心，自古而今的圣王同德。

总之，阴阳之辨的"正气参化"之说使得董仲舒的气论与一元论汇合，名伦秩序的位德之美成为人道的理想境界，所谓"圣人配天"即此"天行之美"，其精神生成的运动始终充满着"刚坚"之"正气"。因此，从中正到位德，"过善"之"美德"都是一个不断被实践着的"气华而上"的生命历程。从精神生成的层面来看，如果说《淮南子》的《精神训》还是更多关注"天道生生"的意义，那么董仲舒则是把"人道成成"描述得更加细致，前者之"圣人"的神性显现于"归真"，而后者之"圣人"则显现于"过善"，前者在"无"在"虚"在"思"，后者在"有"在"实"在"行"，因此就人道精神而言《春秋繁露》实际上更加鲜明而强烈。同时，董仲舒论人性论人道始终不离《春秋》之"达辞""文理"，所以其人道精神的标举始终表现出一种人文倾向，这对后世直接标举人才和文气都颇有影响。但是，毋庸置疑的是，董子的人文精神从未离开过名伦秩序的大一统根基，所以其单

---

① （清）苏舆撰《春秋繁露义证》，钟哲点校，中华书局，1992，第467页。
② （清）苏舆撰《春秋繁露义证》，钟哲点校，中华书局，1992，第468页。

向性的压迫和束缚对于上下位格的变化显然是一种阻碍，尽管它可能包含一定程度的启蒙和自由，但以位格替代人格，实际上是把最根本的人性之"真"的价值维度掩埋于历史之中，而这正是之后王充《论衡》最想解决的思想问题。我们认为，中华美学精神的人文智慧和诗性基因中如果彻底缺失了"真"的维度，是令人遗憾的，但值得庆幸的是，被大一统思想压抑的"真性"将很快以更加丰富的驳杂之貌重现于精神生成的基质中。

结　语

中正美学精神是一种崇尚人作为精神存在的正向性审美意识形态，从伦理规定性上说，它具有美善和合的本质内涵，因此在政治、文化、生活等各个层面都具有强烈的正向性功能，尽管其在王道体系中显现出单向度的内在缺失，以至于跟先秦儒家和而不同或周而复始的美学原则发生了一定冲突，但是其中的历史合理性也应该予以精神生成逻辑的正当还原。然而对于当下文艺伦理的建构来说，中正精神的意义也许并不只是一种对正能量、正确性的提倡，它还需要我们用更加符合文化正义和审美伦理[1]的方式，去尊重生命本身的正向性进程，并发展出文艺实践在自律性与他律性之间更为成熟更为多元的和合智慧，从而回归生命美学的价值体系中。

---

[1]　傅守祥：《文化正义：消费时代的文化生态与审美伦理研究》，上海人民出版社，2013。

The Stretching Aesthetic Spirit of "Zhong Zheng" in *Luxuriant Gems of the Spring and Autumn Annals with Its Ethical Prescription*

Liu Jie

(College of Literature, Hebei University, Baoding,
Hebei 071002, China)

Abstract: Through the analysis of the specific generation path of the "Zhong Zheng" aesthetics spirit in Dong Zhongshu's *Luxuriant Gems of the Spring and Autumn Annals* in the Han Dynasty, this article tries to reveal that under the support of the ideology of "Zheng Guan Ming Lun", Dong Zhong shu's inheritance and transformation of the spiritual aesthetics originated from *The Yi Zhuan*. The connotation shows a stronger positive characteristic and a lack of one-dimensionality. The text discusses from four aspects, that is, the distinction between the goodness of nature and the goodness of "Zheng" "Ming", the distinction between the cultivation of nature and the goodness of righteousness, the distinction between generation and the beauty of "Zhong Zheng", the distinction between "Yin and Yang" and the beauty of "Wei De", in order to present the significance and limitations of this aesthetic spirit in terms of ethical regulations in detail, and to discover its historical function and its contemporary value and enlightenment at the ethic of literary and art.

Keywords: Aesthetic of "Zhong Zheng"; Normalize; Goodness; the Ethic of Literature and Art; *Luxuriant Gems of the Spring and Autumn Annals*

◈ 笔谈：当代文艺批评和文化伦理研究

编者按：某种程度上讲，文艺批评和文化伦理研究是某个时代的风向标，它们既捕捉着大众的审美取向，也引领着大众的审美取向，既揭示了大众的道德境况，也指引着大众的伦理追求。政治话语研究有助于我们研究批评者的立场，新媒体"大众批评"凸显了大众的声音，但其价值有待提升，民间文学批评在遭遇多元媒介后，迸发出生机和活力。如何在多变的语境中，保持其独立性和应有的价值，这需要文艺批评和文化研究遵守自身的法则，在探究时代症候的同时，也为解决这些症候探寻有效的方法。

新媒体"大众批评"的价值与隐忧

孟 隋[*]

摘 要：在新媒体时代，"大众批评"以其超规模的数量优势成为文艺批评领域最显著的现象。WEB 2.0之后，UGC成为各大网络平台的主要战略。新媒体场域中的批评主体有着多样的构成，他们偏爱大众文化作品，参与讨论了多样的议题，并创造了许多不同以往的网络批评新形式。大众批评的"集体智慧"有其特有的价值，但包括网络水军在内的一些互联网上的"极化群体"也给大众批评带来负面的影响，不利于大众批评的良性发展。

关键词：新媒体；大众批评；UGC；集体智慧；网络水军

随着以互联网为代表的新媒体兴起，"大众批评"呈爆炸式增长，成为近二十年来文艺批评领域最值得关注的现象。几十年前，本雅明（Walter Benjamin）在《机械复制时代的艺术作品》中把握到了机械复制的媒介技术可以降低艺术作品创作的门槛，促进艺术民主化，为普通社会底层接触艺术、欣赏艺术带来机会。20世纪末兴起的新媒体因其双向传播的互动性、去中心化的民主式架构、泛媒体化的领域扩张（"万物皆媒"），文化生产的话语权进一步朝广大社会底层转移，带来了"草根文化"（草根指相对于精英的社会底层）的勃兴。与此同时，

---

[*] 孟隋，河北大学文学院副教授，主要研究方向：当代文学批评和文化伦理。

草根大众的批评话语迅速成为文艺批评领域的重要板块。如今普通大众比以往历史上任何时刻都更深地介入文艺批评，甚至有学者说现在"人人都是批评家"。这是因为新媒体文化生产成本大幅下降，也因为新媒介的"赋权"提升了弱势者的话语权。

一 大众批评的新特征

从批评的参与主体看，新媒体主要壮大了大众批评的力量。21世纪初 WEB 2.0 技术诞生之后，UGC（User Generated Content，用户生成内容之意）成为各个网站平台的制胜法宝，动员鼓舞起大量网民参与文化生产。复旦大学张宝贵就认为，"传媒对艺术批评最大的改变应该是在批评主体，它甚至冲破职业壁垒，让每个人都可以成为批评家。……他们来自'三教九流'，其中有各界精英，更有'贩夫走卒'，共同游走于微博、贴吧、快手、抖音、微信朋友圈、网页专栏等不同媒体，可以肆意跨界、随时发声，这放在过去更是难以想象"。[①] 新媒体场域中的批评主体，既有传统文化精英，又有比一般网民专业一些的"意见领袖"（opinion leaders，俗称"大V"），更有人数最多的草根大众、普通网民。大众批评主体的构成无疑是多样性的，随着议题的变化，参与并能够形成"有效评价"的批评主体也有所不同。一般而言，在事关重大的专业问题的评价上，传统文化精英的评价最易凸显；而在无关紧要的非专业问题上，草根批评就比较容易凸显。比如在传染病防治、财经、法律、学术评价上，基本上是以精英专家的声音为主；而在社会新闻、体育、影视、明星、普通文艺作品等这些"不重要"的议题上，则基本上是以网络意见领袖和草根阶层的声音为主。从批评主体角度看，大众批评的首要特点是人多势众，能形成一定的合力。

在数字化网络技术的加持下，大众批评文本自身产生了很多新形

[①] 王德胜等：《"微"时代文艺批评笔谈》，《探索与争鸣》2022年第11期，第153页。

式。其中有简单的点赞、评分、段子式评点、印象式评点,也有形式较为复杂的图文结合的长篇分析、视频形式的批评、准专业的技术分析;因媒介环境转换,大众批评文本还呈现出社区化、共享化、社交化等新特点。说到新媒体上产生的批评新类型,最有代表性的当属在线视频网站的弹幕和网络小说网站的段落评论(本章说)。弹幕是与其他观看者共享的对当前画面的评论,这项技术将众多观众置身一处(虚拟空间),可以实时分享当时的反馈信息,很像是和众多趣味相投的朋友一起边看边评论的情形。网络小说中的段落评论(本章说)与此类似,被称为文字版的弹幕。虚拟空间为评论提供了即时性、交互性、狂欢性、表演性等特点,这些弹幕文字也附加到作品中构成了作品的有机组成部分:弹幕成为欣赏作品时的乐趣来源之一。新媒体上的大众批评形式多样、随物赋形,相比刻板僵化的传统批评获得了很大的竞争优势。正如黎杨全所说:"曾经在传统文学生活中引领与塑造大众合法性阅读与文学趣味的专业文学批评面临着严峻挑战。专业文学批评的笨重、深奥与冗长,不仅与追求短平快的网络氛围难以相容,更与移动互联网的'O2O'机制格格不入;而灵活、短小、机动、更具有'及物性'与时效性的大众点评显然与此更加契合。"[1] 大众批评因创造了更接地气的批评新类型,因而获得了比传统批评更大的影响力。

从批评客体上看,大众批评绝对是更偏爱大众文化作品的,这首先因为大众文化作品的"易读性"高,大众批评的优势也在普通文艺作品上,专业领域并不是大众批评施展手脚的地方;同时也因为大众文化作品拥有宽泛的阐释空间。正如费斯克(John Fiske)所言,大众文化与官方文化、高雅艺术相比,有开放性和多义性的特点:"通俗文化则清楚地意识到它的商品是文化工业制造出来的,因此没有独一无二的艺术品地位。这些商品因此也就对创造性地重塑、重写、修缮和参与敞

---

[1] 黎杨全:《大众点评的兴起与文学批评的新变》,《中州学刊》2016 年第 11 期,第 161 页。

开了大门。"① 大众批评最偏爱这种"开放性的文本",比如 2023 年热映的《阿凡达 2》,很多社交媒体影评说这部电影表现了"他的软肋,其实是他的孩子"。这种戏谑式的解读,与当时某社区工作人员试图给辖区居民"扣帽子"的舆论热点有关。在这里,网民基于自身利益巧妙地对《阿凡达 2》做出阐释,在批评的过程中也收获了表达微观社会政治诉求的快感。大众批评在多义性的文本中辗转腾挪以创造属于自己的意义。

二 大众批评是有价值的数据资产

"一般人对政客、产品、昨天吃完的餐馆等的评价积累起来,也可以变成很有价值的公共财产。"② 这个判断,如今已是常识了。大众批评在各类型的 UGC 中也算是最有价值的数据资产之一,成为我们获取产品/作品信息的重要来源和参考。比如在阅读小说、观看电影的时候,我们主要参考信息来自社交媒体(如朋友圈、微博等)、内容平台网站(如豆瓣、知乎、头条、抖音、百度等)。散布在网络平台上的大众批评,影响着人们对文艺作品的消费,它们甚至还可以给专业性很强的学院派研究"设置议程"。比如暨南大学的蒋述卓老师称,"不少专业学者在进行正儿八经的学术评论写作之前,还得偷偷跑去'豆瓣'评论区吸收观点、丰富感受"。③ 依笔者愚见,这里的"偷偷"一词用得很巧妙,它说明大众批评在有些地方胜过了传统学院派的"正儿八经的学术评论",为何大众批评能胜过专业的学者呢?

凯文·凯利(Kevin Kelly)、亨利·詹金斯(Henry Jenkins)等新

---

① 约翰·费斯克:《粉都的文化经济》,载陶东风主编《粉丝文化读本》,北京大学出版社,2009,第 18 页。
② 霍华德·莱茵戈德:《网络素养:数字公民、集体智慧和联网的力量》,张子凌等译,电子工业出版社,2013,第 133 页。
③ 王德胜等:《"微"时代文艺批评笔谈》,《探索与争鸣》2022 年第 11 期,第 143 页。

媒体研究者借用生物学、社会学中的"集体智慧"（collective intelligence，也译为群体智慧、群智）来说明这种现象。在生物学中，蚂蚁、蜜蜂单个个体智慧水平很低，但它们通过分布式的社会化网络协作却能完成复杂的任务，表现出很强的智慧。[1] 新媒体的分布式节点架构，允许每个个体都可以展示自己的看法，并利用分发网络与其他个体协作，这样经过层次堆积、优势叠加，就能从量变引起质变，产生强于单个个体的"集体智慧"。如果要论及公共影响力，恐怕大众批评确乎远远超越了专业批评，因为大众批评呈现的是"集体智慧"。大众评分就像一个票选系统，它会筛选出特定类型的最优作品，而票选出的作品又通过"正反馈"能力吸引到更多关注和评价，这样众人协作完成了筛选，筛出的作品大概率是优质的、准确的。就像豆瓣网上电影、小说的评分，只要是网友充分参与了且没有政治、商业因素的干扰，那么基本上总是能和电影、小说自身品质相吻合。

不过也要注意，豆瓣网上的评价能筛选出优质的大众文化作品，却未必能够选出优质的高雅文化作品：一是因为高雅作品的一般公众读者较少，二是因为高雅作品需要特定的解读技巧，非专业读者很难介入。如果说大众文化是读者导向的，那么高雅文化就是创作者导向的，也即"观众必须顺从艺术形式，时刻关注艺术的意图"。[2] 对于这类作品，集体智慧的大众批评虽也有很多的介入，但是这并非其强项。

对于大众批评文本自身来说，那些点赞最多、传播最广的作品，可能并非内涵最深刻的，却大概率能代表当下多数人的态度，因为它是集体智慧的结果。从这个意义上讲，大众批评生成的大量数据应该被视为有价值的数据资产。透过大众批评，我们能分析出某个时代公众的审美偏好，能深刻理解优秀作品应该具备哪些特质。而且，随着公众教育水平的提升和学术界对新媒体平台的重视，大众批评在批评版图中的占

---

[1] 参见凯文·凯利《失控——全人类的最终命运和结局》，新星出版社，2010，第17~18页。
[2] 维多利亚·D. 亚历山大：《艺术社会学》，章浩、沈杨译，江苏美术出版社，2013，第253页。

比有望进一步提升，甚至对于高雅作品的"经典化"都会产生重要影响。比如，近些年作家莫言和余华在网上一直有较高的人气和较多的讨论话题，这无疑会提升他们的"象征资本"。

大众批评虽然能体现集体智慧，但它的批评方法往往不如专业批评那样多样化。大众批评主要使用相关性批评（如将《阿凡达2》和日常生活政治结合起来）和技术细节批评方式。某部作品只要有过人之处，那么这部作品就会受到大众的夸奖。在大众批评的逻辑当中，艺术似乎被理解成做到极致的某种技术、手艺。只要技术细节、手艺上的精湛超过同类作品，就会得到大众的褒奖。这很像霍加特（Richard Hoggart）观察到的工人阶级美学：对日常生活之"精确细节的兴趣高于一切"。仍以《阿凡达2》为例，很多网络影评都提及这部电影故事虽然显得平庸，但是它的特效是很值得看的。再比如对余华小说《活着》的评价中，被点赞最多的一条短评是："他看似沉重冷静的描述却字字见血"，主要褒扬了余华小说呈现现实的"精湛技艺"。在我看来，大众批评并不是方法论至上，而是重点关注作品的相关性和技术细节。

三　大众批评面对的隐忧

众所周知，批评中的"批"意味着解释、阐释对象，而"评"意味着给出一个最终的价值判断。所以批评就是通过阐释对象的意义并给它一个价值判断（如好坏、对错、美丑、进步保守等）。既然是价值判断，那么批评就不可避免地带有主观性。大众批评固然是"集体智慧"的体现，但里面也充斥着争吵不休，甚至不乏言语暴力和人身攻击。

大众批评往往是一种泛政治的批评。传播学研究发现，人们往往采取"概略"的方式来理解媒介信息。概略是人比较稳定的认知结构，人们用之来处理新信息，但概略却是"认知的吝啬鬼"，容易形成简单化的思维模式。① 大众批评做出的评价所凭借的概略（认知框架）主要是形形色色的网络社会思潮，如自由主义、新左派、民族主义、民粹主义、女权主义等。我们通过参考这些认知框架来评价网络上的信息。受网络社会思潮影响的网民表现出比较稳定的社会政治态度，他们在进行评论活动时，往往会政治先行。大众批评因此也就表现出一种泛政治化的批评倾向。

近些年，某民族主义"大V"及其粉丝质疑作家莫言以展示我国的落后一面来迎合西方；贾平凹因为在性别问题上的不当情节，被某网络女权主义者指责"思想堕落"；有微博网友批评杜甫的诗歌不太好，"都是发牢骚"，"围绕个人利益在转"；还有某网络作家因为描写中日战争用词不当，被粉丝骂得"退圈"；等等。泛政治化的批评中，有上述这种直接针锋相对的，但更多的是委婉的、戏谑化的、转弯抹角的。大众批评的泛政治化，似乎自有其道理在。这不正是詹明信所言的"政治无意识"吗？按照马克思主义的思路，"一切事物都是社会的和历史的"，说到底就是政治的，所以批评应该"为作为社会象征行为的文化制品祛伪"。② 当然，对于那些立场极端、使用语言暴力、以不正当理由干涉胁迫别人评价的大众批评，我们应该保持警惕并且抵制这种风气。

大众批评因为涉及我们的认知建构，而暗含着很大的商业利益和政治利益，因此其直接面对着来自资本和权力的双重风险。最直接的表现就是各种"网络水军"，尽管国家和网站平台一直致力于打击网络水军，但由于利益牵扯的原因而很难被根除。比如前几年就爆出，有的影视公司雇用水军给自己刷评论、刷分，给竞争对手打差评；有些明星艺人工作室，安排粉丝无偿地给明星艺人"控评""反黑"维持网络形

---

① 参见 Werner J. Severin、James W. Tankard《传播理论：起源、方法与应用》，郭镇之主译，中国传媒大学出版社，2006，第71页。
② 弗雷德里克·詹姆逊：《政治无意识》，王逢振、陈永国译，中国社会科学出版社，1999，第11页。

象；还有一些社会团体也动用网络水军来铺垫自己的公共意见。客观上讲，网络水军一定程度上威胁着大众批评的公信力，也凉了不少大众批评的热情和共享精神。随着平台打击的力度增大，网络水军的技术也能升级，变得越来越难以识别。将大众批评变成所谓"认知战"战场的思维，对大众批评的良性发展十分有害，希望有关部门和网络平台能够早日根除混淆视听的"网络水军"。如果自愿协作、大众参与、内容开放、协同创新的互联网精神被弱化，那么大众批评赖以生存的土壤将受到考验。

结　语

新媒体催熟了大众批评。相对于刻板沉闷、陷入失去受众焦虑的专业批评，大众批评展现出了灵活多样的形式和众人共创的强大生产力。技术手段让它拥有了"集体智慧"，让大众批评相比传统批评有了显著优势。然而，有些"极化群体"的不良批评风气、有利益牵扯的搅局水军，也给大众批评的热情和信心造成了一定程度的打击。

The Value and Hidden Concerns of "Mass Criticism" of New Media

Meng Sui

(College of Literature, Hebei University, Baoding, Hebei 071002, China)

Abstract: In the new media era, "mass criticism" with its explosive quantitative advantage has become the most significant phenomenon in the field of literary criticism. After WEB 2.0, UGC has become the main strategy of major network platforms. Critical subjects in the field of new media have different compositions, prefer popular cultural works, participate in the discussion of various issues, and create many new forms of Internet criticism that are different from the past. The "collective intelligence" of mass criticism has its unique value, but some "polarized groups" on the Internet, including the network water army, also bring bad effects to mass criticism, which is not conducive to the healthy development of mass criticism.

Keywords: New Media; Mass Criticism; UGC; Collective Intelligence; Online Water Army

中国现代民间文学批评话语生成简论

张琼洁[*]

摘　要：百余年来，中国民间文学批评话语历经多次转变。五四前的民间文学批评几乎完全失语；五四时期，知识分子取代文人士大夫，成为民间文学批评的主体，并开始承认底层文化的正当性。此后，以钟敬文为代表的"民俗学派"将民间文学置于整个民俗学学术研究体系当中。20世纪90年代后，中国民间文学研究呈现出从"文化"到"生活"的转向，更注重呈现实践主体的话语，显现出生活世界中意识形态的多元样态。

关键词：中国民间文学批评；转变；民俗学；学科自觉；多元意识形态

中国民间文学批评话语经历了一个从完全失语到被知识分子代言，再到实践主体声音凸显的过程。在传统社会，民间文学作为参照性他者湮没在正统文学坚硬有序的符号话语体系中，随时被选择性征用。到近代乃至五四时期，其作为批判旧文学、启迪民智的新工具逐渐被认可，进入由知识分子代言的不断抵抗外在他者与平衡内在自我的自觉阶段。从此之后，民间文学批评经历了社会自觉、学科自觉、实践主体自觉三个阶段，在自我的不断否定与抵抗中生成。

---

[*] 张琼洁，河北大学文学院讲师，主要研究方向：民间文学伦理研究和批评。

一　五四时期民间文学批评标准更变
　　与价值观碰撞

　　五四时期，先觉的知识分子受到两种价值评价体系交互影响，在国家民族救亡的共同目标中，所持有的民间文学批评标准开始出现分歧。"这两种思潮几乎是并行地或错落地向前发展，既有对抗，又有吸收。"[①] 一种是以传统文学价值观为导向的评判体系，另一种是以西方人类价值观为标准的评价体系。二者的历史变迁主要体现在北大歌谣研究会、民俗学派、社会民族学派、文学人类学派、俗文学派等若干流派的消长上。

　　我们先以北大歌谣运动中歌谣征集简章的前后变化透视两种思潮的碰撞。1918 年，刘半农起草的《北京大学征集全国近世歌谣简章》为歌谣征集标准作了四项设定："一、有关一地方一社会或一时代之人情风俗政教沿革者；二、寓意深远有类格言者；三、征夫野老游女怨妇之辞不涉淫亵而自然成趣者；四、童谣谶语似解非解而有天然神韵者。"[②] 四项设定中，第一、二、四条的"有类格言""自然成趣""天然神韵"皆用肯定性审美标准，只有第三项用否定性词语框定入选标准。四年后，征集简章再次刊登时出现了这样的调整："歌谣性质并无限制；即语涉迷信和猥亵者，亦有研究之价值。当一并录寄，不必先由寄稿者加以甄择。"[③] 1922 年，周作人在《发刊词》中对上述调整做了解释："汇集歌谣的目的共有两种，一是学术的，一是文艺的。……歌谣是民俗学上的一种重要的资料。我们把他辑录起来，以备专门的研究：这是第一个目的。因此我们希望投稿者不必自己先加甄别，尽量的录寄，因为在学术上是无所谓卑猥或粗鄙的。从这学术的资料之中，再

[①] 刘锡诚：《20 世纪中国民间文学学术史》，河南大学出版社，2006，第 7 页。
[②] 刘半农：《北京大学征集全国近世歌谣简章》，《北京大学日刊》1918 年 9 月 21 日，第 5 版。
[③] 《本会征集全国近世歌谣简章》，《北京大学日刊·歌谣》1922 年 12 月 17 日，第 8 版。

由文艺批评的眼光加以选择,编成一部国民心声的选集。……这种工作不仅是在表彰现在隐藏着的光辉,还在引起当来的民族的诗的发展:这是第二个目的。"①

历时四年,现代知识分子开始对民间歌谣、神话、传说、故事进行全面认识,注意到民间文学作为本体存在,以其自身为内在目的。从"有类格言""自然成趣""天然神韵"到"在学术上无所谓卑猥或粗鄙",从"不涉淫亵"到"并无限制",征集标准不再框定于审美一维,而是兼顾学术(民俗)标准与文学标准,具有了从全面性到典型性的筛选层次。

1936年3月,胡适恢复《歌谣》周刊(《歌谣》原为《北京大学日刊》的附属版块,后独立成刊),《复刊词》颠倒了周作人在《发刊词》中以学术为第一目的、文学为第二目的的批评次序,再次将文学标准列为首位,强调民间文学对作家文学的"范本""开拓者""可以为师"的意义:"我以为歌谣的收集与保存,最大的目的是要替中国文学扩大范围,增添范本。"②"我们现在做这种整理流传歌谣的事业,为的是要给中国新文学开辟一块新的园地。这园地里,地面上到处是玲珑圆润的小宝石,地底下还蕴藏着无穷尽的宝矿。聪明的园丁可以徘徊赏玩;勤苦的园丁可以掘下去,越掘得深时,他的发现越多,他的报酬也越大。"③"玲珑圆润的小宝石""聪明的园丁""报酬"等词语隐喻着民间文学滋养、反哺、回馈作家文学的功能,表达了胡适将民间文学作为解决中国文学"窄化"弊病和顽疾、开拓中国文学疆域的工具论思想。

征集标准由"文学的"到"学术的"再到"文学的"之变化体现了现代民间文学工具论与目的论两种思想的碰撞。"文学的"立足中国文学整体,以刘半农、胡适为代表,将民间文学视为滋养、革新、充实中国文学"完整版图"的有力工具,口头文学与书面文学相辅相成;

---

① 周作人:《发刊词》《北京大学日刊·歌谣》1922年12月17日,第1版。
② 胡适:《复刊词》,第2卷第1期,1936年4月4日。
③ 胡适:《复刊词》,第2卷第1期,1936年4月4日。

"学术的"立足科学本位,以周作人为代表,首先还原民间文学到民众生产生活中去,在占有全部资料之后,觉察国民心声,引导其发展成为民族之诗。在碰撞中,民俗科学价值观萌芽在文学价值观深厚根基上悄然生长并逐渐分离。1928 年,"民俗学"研究转移到中山大学,形成民俗学派,后来与社会民族学、文学人类学等流派汇合,一直延伸至解放前夕。"文学的"还是"学术的"标准成为两种相互牵制纠葛的学术传统和出发点,转化为后来的文学形式研究和民俗生活研究,一直活跃在整个 20 世纪民间文学学术史中。

总体来说,五四时期的民间文学批评主体身份由文人士大夫向知识分子转变。"文学标准"是现代知识分子立足民间文学对作为中心话语的文人文学的否定,是裹挟着政治性和批判性对外在他者的抵抗。后来加上的"学术标准"表面上取消了尖锐的政治批判性,实则是一种后撤的、内省的政治无意识,是对底层民众文化合法性的承认。无论采取怎样的批评标准,此时的知识分子作为总体性的国民启蒙者,自觉肩负着民族复兴与政治改革的使命与责任,时刻保持着与社会实践对接的浪漫主义、人文主义的批判精神,将知识生产、传播作为与当下时代社会变革相关的总体性关怀。此时的民间文学不再充当着正统文学的参照系,开始具有了自成系统的自觉意识。

二 民间文艺学学科自觉意识与体系建构

"民间文艺学"概念的提出与学科建设,几乎贯穿了大半个世纪。1935 年,钟敬文在杭州发表一系列论文首次提出"民间文艺学"概念及其建设问题,认为关于"民间文艺底断片的、部分的理论方面底探究,可说是'古已有之'的了。但它底研究底科学化,换言之,就是合理化,这却还是很新近的事"。[1] "现在我以为这种科学底建设的事

---

[1] 钟敬文:《民间文艺学底建设》,《艺风》第 4 卷第 1 期,1936 年。

业，是不容许再迟缓了。"① 1983 年，他在中国民间文艺研究会第二届年会上发表了《建设新民间文艺学的一些设想》讲话，明确指出民间文艺学的定位及要素构成。他认为，民间文艺学是一种有别于作家文学的"特殊的文艺学"。中国文学分为作家文学、俗文学、民间口头文学三大支流。当前学界流行的文艺学是按照西方框架编纂而来的作家文艺学，"很少从广大人民各种口头文学概括出来的东西，除了关于文学的起源等问题，偶然采及人民集体创作（原始文学）的例证。我们大家知道，民间口头创作，从作者身份、思想、感情、艺术特点、社会联系、社会功用到传播方法、艺术传统等，跟古今专业作家的文学，有着极大的差异性。要研究、阐明这种文学的性质、特点、功用、影响等，是决不能只运用作家文学的文艺学所能办到的"。② "系统的民间文艺学"包括"原理研究、历史的探索和编述、评论工作、方法论和资料学"等要素。诸要素完全可以按照"一般文艺学"中文学理论、文学批评、文学史的构成嵌套为民间文学理论、民间文学批评、民间文学史。此时的中国民间文艺学抵抗了作为外部的他者，似乎是获得了与书面文学"平起平坐"的话语权力，但是没有抵抗他者眼中的"自我"，仍然逃不出以"一般文艺学"为参考标准的框架模式，只是冠以"民间"头衔；仍然冲不出民间文学与作家文学二元对立的思维窠臼，只是将二者调转了参照身份。有学者认为，钟敬文关于民间文学"集体性""口头性""传承性""变异性"四项基本特征的规定，都基于"民间文学和作家文学在创作和流传方面"相区别的定义，是在文学活动中显示的外在形式特征，属于外在性研究，并没有触及民间文学的内在性系统规则本身。在之后长期的学术实践中，民间文艺学因缺乏、忽略系统内在规则而使得其学术概念、体系难以建立，理论方法思考难以

---

① 钟敬文：《民间文艺学底建设》，《艺风》第 4 卷第 1 期，1936 年。
② 钟敬文：《建设新民间文艺学的一些设想——四月十一日在中国民间文艺研究会第二届年会上的讲话（摘要）》，《民间文学论坛》1983 年第 3 期。

深入，常受"浅薄之讥"。① 后来，以钟敬文为代表的"民俗学派"将研究重点从民间文学转向其他民俗事象，民间文学作为精神民俗中语言民俗的一种被置于整个民俗系统中，成为"民俗学这个学术'国家'里的一部分'公民'"。② 民间文学的人文属性逐渐被民俗属性遮蔽。至此，它刚刚跳出了一个书面文学系统局限，又被归入另一个更大的民俗系统之中难以自拔。

三 90年代以后"从文化到生活"的学术转向

新时期以后，受到芬兰地理历史学派、俄国形式主义等影响，当代民间文学在经历了与作家文学二元对立的"外在的"研究之后，强调系统内部结构、形态，凸显"文学性"，转向"内在的"无对象主体的类型、形式化研究。形式化研究像一位解剖者，对不同类型、主题、功能进行分割、归纳、关联，使系统内部自洽的客观性原理得到长足发展。然而，"仅从研究对象中排除活动主体，往往使民间文学研究丧失了'五四'启蒙—浪漫主义、人文主义民间文学研究的批判精神，也丧失了诊断当前重大社会问题的反应能力，成为对社会基本'无用'的学问"。③ 于是，民间文学研究逐渐成为一种"面向抽象的文化，背对人的现实活动"④ 的科学。

90年代以后，受到存在哲学、表演理论、口头诗学等思想的影响，民间文学研究者针对愈演愈烈的书面历史文本研究，呼吁应"从文化回到生活"。高丙中提出民俗的两种存在形态：文化的民俗和生活的民

---

① 吕微：《"内在的"和"外在的"民间文学》，周星主编《民俗学的历史、理论与方法》（上册），商务印书馆，2006，第101页。
② 钟敬文：《新的驿程》，中国民间文艺出版社，1987，第416页。
③ 吕微：《"内在的"和"外在的"民间文学》，周星主编《民俗学的历史、理论与方法》（上册），商务印书馆，2006，第107页。
④ 吕微：《"内在的"和"外在的"民间文学》，周星主编《民俗学的历史、理论与方法》（上册），商务印书馆，2006，第107页。

俗。民俗研究可分为两种不同的倾向：事象研究和整体研究。"如果民俗作为文化而存在，那么，它表现为符号、表现为知识的积累和文明的成果，它是相对稳定的、静止的，它是人的活动所完成的，又可能被赋予新起的活动……如果民俗作为生活而存在，那么它表现为活动、表现为知识的运用和文明的事件，它是动态的，它是人正在进行的过程。"① 事象研究者醉心于学术"自嗨"游戏，完全不关心"传统向现代的大转换过程中显得异常艰难、异常困苦的人生"。② 因此应该从单纯研究文本回到研究语境中的文本，回到关注创作了文本的、活动着的实践主体上来。

由"文化"转向"生活"可以说是 90 年代以来民俗学研究的主要范式。它突破了作为文化切片的事象研究，强调整体研究，注重突出实践主体的声音与话语，是对"内在的"封闭自我的否定和超越。"我们所说的'整体'首先是一种取向，是一种理想；其次是我们获得关于对象的充分信息后所建构的认知单位。"③ 在整体研究中，获得充分语境信息后建构的"生活世界"不应是一个模糊的笼统概念，应是建构起来的有层次有逻辑的认知单位。

四 当下民间文学批评的现代性回复

中国民间文艺学在抵抗了外在的"他者"（文人文学系统）之后生成自我概念，"自我"经历了"外在的"（社会历史研究）与"内在的"（形式研究）研究的分裂之后转向"朝向当下"的生活整体研究。发生转向之后的民间文学，在民俗学系统整体中，应采取怎样的定位？除了向外寻求转向之外，它是否还应向内在抵抗中生成"自我"？

笔者试借用日本学者竹内好在反思鲁迅\中国现代化模式时提出

---

① 高丙中：《文本和生活：民俗研究的两种学术取向》，《民族文学研究》1993 年第 2 期。
② 高丙中：《民俗文化与民俗生活》，中国社会科学出版社，1994，第 146 页。
③ 高丙中：《文本和生活：民俗研究的两种学术取向》，《民族文学研究》1993 年第 2 期。

的"转向"与"回心"概念来描述中国民间文艺学的现代征途。"转向是向外运动，回心则是向内运动。回心以保持自我而反映出来，转向则发生于自我放弃。回心以抵抗为媒介，转向则没有媒介。"[1] 前文提及，现代民间文艺学发轫期的"文学的"还是"学术的"标准成为两种相互牵制纠葛的学术传统和出发点，并转化为后来的文学形式研究和民俗生活研究。如果此说法成立，那么所谓"生活转向"强调的对知识分子代言文学标准的抵抗，与对实践主体真实声音的凸显，只不过是学术（民俗）标准的另一种切入，并未发生"自我放弃"的向外运动。因此，民间文学常常迷失在他者与自我的"转向"顾盼中，从根本上缺乏一种朝向文化内部的否定力量，一种对于自身否定性固守与重造的回心运动。有学者已经认识到，目前民间文学的学科危机并非来自其他学科的越界，而来源于学术与社会文化因素（社会实践）耦合关系的错位，即学术无法根据现代社会问题调动来自自身的否定力量。他们号召，"重塑'五四'以来中国现代人文主义（启蒙主义兼浪漫主义）的民间文学研究那富于批判精神的传统……希望学术研究最终成为对社会'有用'的学问"。[2]

重返五四批判精神不是历史复古主义，而是针对当下社会问题给予的现代性批判，恢复批评主体的站位与立场，彰显民间文学批评话语。尽管，当初钟敬文在学科体系设计时将民间文学评论作为重要部分，并给予了概念解释："评论工作指对民间文学作品及有关的理论著作、史学著作的出版物等及时的评论活动，有效地分析、评断，使读者受到启发和帮助。"[3] 然而此种定义仍旧在"作家文学批评"窠臼上嵌套，根本无法涵盖当代民间文学批评的题中之义。如果可以借鉴而不是套用"文学批评"的内涵，我们可以学习"文学批评"作为公设性概

---

[1] 竹内好：《近代的超克》，李冬木等译，生活·读书·新知三联书店，2005，第206页。
[2] 吕微：《"内在的"和"外在的"民间文学》，周星主编《民俗学的历史、理论与方法》（上册），商务印书馆，2006，第114页。
[3] 钟敬文：《建设新民间文艺学的一些设想——四月十一日在中国民间文艺研究会第二届年会上的讲话（摘要）》，《民间文学论坛》1983年第3期。

念的提出者韦勒克的观点。韦氏认为文学与文学批评相辅相成,其基本判断是"文学是一个与时代同时出现的秩序"。① 文学批评绝不是只针对单个文学作品发表的静态探讨,而是兼及对象主体与研究主体二者"已"在时代的标准和规则,是对发生时代以及历代接受者批评积累的结果,是立足当下,统合既有文学观念,做出具有现代性意义的价值判断。民间文学批评亦然。

观照当下民间文学现实,无论是户晓辉关注的网络民间文学,杨利慧关注的旅游产业生产的神话主义,还是近来热议的李子柒现象(民间文化审美化),都有一个共同特点,那就是实践主体(研究对象主体)不再需要代言,不再需要被凸显,而是通过自媒体自主发声。民众原来自由自足的生活世界被"现代性"切了一个口子,多元意识形态沿着直通口径蔓延出去。当"生活世界"不再通过研究者的意识形态进行过滤与筛选,而是与现代性直接对接时,民间文学与民俗文化不再原本地呈现于眼前,而是经过滤镜、包装之后,通过自媒体广泛播散至各个社会群体。研究者再也不是占领知识权力高地的品鉴者与判决者,而是面临前所未有的民间文学"排异"反应(作为现象的民间文学现象与作为学科的民间文学),其应该作为一种积极的主体介入,在自己与被研究者"主体间"相互寻找共同语言。如此,中国民间文学批评话语才可能不作为依赖他者的参照力量在自我的不断否定与抵抗中形成。

---

① 勒内·韦勒克、奥斯汀·沃伦:《文学理论》,刘象愚等译,文化艺术出版社,2010,第31页。

On the Generation of Discourse in Modern Chinese Folk Literature Criticism

Zhang Qiongjie

(College of Literature, Hebei University, Baoding, Hebei 071002, China)

Abstract: Over the past hundred years, the critical discourse on Chinese folk literature has undergone many changes. Before The May Fourth Movement, the criticism of folk literature was almost completely aphasic. During The May Fourth Movement, intellectuals replaced literati and scholar-officials as the main body of folk literary criticism, and began to recognise the legitimacy of Under-level culture. Since then, the "folklore school", represented by Zhong Jingwen, has placed folklore within the overall academic research system of folklore. Since the 1990s, the study of Chinese folk literature has shifted from "culture" to "life", paying more attention to the discourse of the practical subject and showing the pluralistic pattern of ideology in the living world.

Keywords: Chinese Folk Literature Criticism; Change; Folklore; Discipline Consciousness; Pluralistic Ideology

❖ 笔谈：希望风景与生态伦理美学

编者按： 马克思在《1844年经济学哲学手稿》中指出"自然界，就它本身不是人的身体而言，是人的无机的身体"。围绕着人与自然的身体关系、审美关系和伦理关系，恩斯特·布洛赫的"希望风景"美学，以乌托邦视角的再阐释，让我们看到从文艺复兴到18世纪风景画的风景理念变迁；当代西方自然美学对18世纪"如画"美学的批判，则让我们看到当代生态伦理视域下的风景审美重构；以世界科幻大会雨果奖获得者金·斯坦利·罗宾逊的科幻小说《2312》为例，探讨其中太阳朋克式的地球化生态构想，以人类纪的希望风景，让我们反思希望风景美学的生态伦理问题。

论恩斯特·布洛赫"希望风景"美学[*]

张　芳[**]

摘　要：作为对黑格尔美学的超越，布洛赫的希望美学以"尚未"的方式将唯物辩证法与思辨辩证法统一起来。在具体的艺术实践中，布洛赫的希望美学体现为"希望风景"。布洛赫论述了西方美术史上风景画作中所体现的人与自然关系的变迁，其中，风景与乌托邦的关系呈现出不同形态。"希望风景"是一种动态的美学形式，它具有现实性的美学观念，也蕴含着指向未来的发展线索。

关键词：恩斯特·布洛赫；希望风景；乌托邦；尚未；希望美学

"蒙娜丽莎的一瞥既看向这里，又看向远方，看向展现出来的事物或者完全未知的谜团。"

——布洛赫：《希望的原理》

恩斯特·布洛赫（Ernst Bloch）是一位专注于"乌托邦"领域，有宏大而连贯的思想体系的德国现代思想家，他以"尚未"（Noch-Nicht）范畴为基础构建了自己独特的"希望原理"，为我们呈现出一种独特的"希望风景"美学。

---

[*]　项目基金：国家社科基金项目"法兰克福学派的流亡情结研究"（批准号：18BWW007）。
[**]　张芳，河北大学文学院副教授，主要研究方向：德国审美思想史。

作为前显现美学的希望风景

　　一定意义上，封闭的黑格尔理论与开放的布洛赫理论，形成鲜明对照，布洛赫美学是对黑格尔美学的超越。从主—客体关系出发，我们看到，当黑格尔强调主体性时，把物质自然当作与主体相对的客观对象来看待，同时，当黑格尔强调客体性时，实际上把客体当作主体的一种异化对象来看待，与其说客体性，不如说这是一种对象性，所以在黑格尔那里，无论怎样，主—客体之间始终存在一种相对的、对立的关系。而在布洛赫那里，唯物辩证法和思辨辩证法以一种"尚未"的方式奇特地统一起来，"主体的客体化"与"客体的主体化"都是一种悬而未决的尚未状态，因而呈现出一种期待状态，"主体期待客体化"，"客体期待主体化"，主—客体之间是一种动态的不断生成状态下的尚未关系。如果说黑格尔的美学是"静观"的视角，一种主体对客体或对象的审视，而布洛赫的美学是"希望"的视角，一种主体对客体的期待，或者确切地说是当下的主—客体状态对未来的主—客体状态的期待。

　　乌丁教授在《布洛赫的前显现美学》中指出，布洛赫的"前显现"（Vor-Schein）美学与黑格尔美学的理念的感性"显现"（Schein）之间存在不同之处，"布洛赫在前显现的论断上，不同于黑格尔关于显现的论断，即认为显现是真的显露（Zum-Vorschein-Bringen der Wahrheit）。客体的尚未生成（Noch-Nicht-Gewordene des Objekt）通过艺术作品表现出来，其自我探索，自我诉求意义。因此，前显现与主观的显现相对，不单单是客观的显现，它更多的是一种存在方式，前显现唤醒乌托邦意识，预示着尚未存在的可能性"。[①] 在艺术中，尚未生成的可能性

[①] Gert Ueding, "Blochs Ästhetik des Vor-Scheins," *Ästhetik des Vor-Scheins* (I, II), Hrsg. Gert Ueding, Frankfurt am Main: Suhrkamp Verlag, 1974. S. 21.

转化成为艺术的理想，通过艺术的方式获得实现，因而艺术具有向未来开放的维度，同时是未来世界的前显现预演。黑格尔和布洛赫都肯定"艺术对真的显现"，但是黑格尔强调的"显现"，是一种主客体对立方式下的"显现"，是一种"真的表现形式"，是通过美"静观"到"真"，从根本上来说，美就是到达绝对精神的运动过程中的一个阶段；然而布洛赫强调"前—显现"，他把"前显现"当作一种"真的存在方式"，而不是一种纯粹的表现形式，是由"美"唤醒和引发出"真"，这是一种"希望"的视角，主体与客体表现为一种主体与客体互为动力、密不可分的趋势关系，代表着主体与客体之间充满着未来的可能性。

布洛赫"希望"的美学视角，在具体的艺术实践中，就体现为"希望风景"（Wunschlandschaft）。德文"希望风景"一词是布洛赫自己独创的理论术语，其中前半个词"Wunsch"意思是"请求、愿望、希望"，后半个词"landschaft"意思是"风景、景色、风光"。这两个词语组合起来，中文直译大概是"愿景"的意思，但是用作美学概念，结合布洛赫的希望原理思想，翻译为"希望风景"更为合适。所谓"希望风景"既包含主体希望的外化，也包含着客体风景的内化。布洛赫用其来指艺术作品呈现出来的乌托邦的前显现图景，其中包含着体现客观真实性的希望。当然这不是一种严格的定义，只是略微为我们引出理解的路径。其实，布洛赫本人是尽量避免定义概念的，正如他在最宽泛的意义上使用"乌托邦"这个范畴，他也在最宽泛的意义上去描述"希望风景"这个意象。

进而，布洛赫提出美学的希望风景的视角（或作前景）（die Wunschlandschaft Perspektive），强调"希望风景"的指示作用，其中包含了人们的愿望、希望和理想等，暗含着未来发展趋向的线索。与黑格尔"美是理念的感性显现"的传统静态美学不同，布洛赫认为"美是具体乌托邦的前显现"，这是一种动态美学，是一种更具有现实性的美学。布洛赫试图超越传统的形式主义美学和黑格尔的内容—形式美学，建立内容—唯物的美学。内容—唯物的艺术（inhaltlich-materielle kunst）"是讲求效果、展望前景的，尽管其也强调纯粹的过程，然而其本质是具有现实性的"。还有，内容—唯物的艺术"不是封闭的，而是一种追求终极的前显现方式，在前显现之中呈现出艺术对象的倾向性和潜在性。由于这种前显现，艺术不是一种贯穿始终的总体，而是处处呈现为一种前景，在描绘的对象之中，通过这种前景自身，传达出对象的内在完美性"。[①] 由于布洛赫在"尚未"的哲学本体论下把"前显现"理解为一种存在方式，布洛赫的美学就建立在"前显现"的存在之上，所以与黑格尔的内容—形式美学的抽象显现不同，布洛赫的内容—唯物美学具有现实的唯物的基础。因此，"前显现"在美学中就体现为一种"前景"，一种"希望风景的前景"。"希望风景"就是艺术中显现出来的未来"前景"，而"理想"的希望风景，就是"具体乌托邦"之真的"前显现"。一定意义上，最能够体现"希望风景"特征的是风景画，所以这里我们主要通过布洛赫对绘画的具体例证来进一步阐释之。

在人与自然之间的希望风景

当我们谈及"风景"时，多从客体角度，指自然风光、地理景色，而当我们谈及"希望"时，多从主体角度，指人的愿望、未来期求等，然而布洛赫把包含主体意向性的"希望"和客体意向性的"风景"组合在一起，用"希望风景"来描述艺术中显现出来的未来"前景"，可谓煞费苦心。实际上，进一步说，当"风景"不再是纯粹的自然风景，而是成为艺术作品比如风景画的表现内容之一时，那么这就不是简单的历史现象，而是体现着人与自然之间关系的时代变迁。

---

① E. Bloch, *Das Prinzip Hoffnung*, Frankfurt am Main: Suhrkamp Verlag, 1977. S. 946.

在西方美术史上，风景画是由人物画的背景逐渐发展为独立的画科的。英国美术史论家肯尼思·克拉克在《风景画论》中说"风景画标志着我们对自然认识的阶段。自中世纪以来，它的产生和发展就属于人类精神试图再次创造与周围环境的和谐这一周期的一部分"。[1] 作为一种装饰效果，风景画的雏形首先出现在中世纪早期，花朵、树木、植物、山石都被看作一种象征符号，都是上帝神性的体现。

经过文艺复兴对人性的热切呼唤和对自然的重新认识，在画面中出现一种新的空间观念和对光的新的感觉。"扬·凡·埃克的绘画第一次使人们意识到透视点的原理，开始在平面中增强艺术对象的延伸效果"[2]，布洛赫指出，在扬·凡·埃克的"圣母像"中（见附图1），他对背景的描绘极其细致，给画面增加了三个拱形设计，透过华贵殿堂的这些拱形廊柱，依稀可以看到远处的城市风光，"完全就是透过房间窗户所看到的风景"。[3] 于是自然不是神性的自然，而成为人眼中的自然。

到了达·芬奇（Leonardo da Vinci）那里，他创造出一种完全开放的梦幻色彩的风景透视。布洛赫认为，在达·芬奇的名作《蒙娜丽莎》（见附图2）中，梦幻的自然背景和朦胧的人物形象相映成趣，"风景在这里同人物形象一样重要"，远方的风景也像蒙娜丽莎一样，在最柔和的光线下，显得神秘而梦幻，"蒙娜丽莎的一瞥既看向这里，又看向远方，看向展现出来的事物或者完全未知的谜团"。[4] 我们看到，蒙娜丽莎那神秘的微笑，仿佛就是洞察乌托邦之谜后的会心一笑。"风景的乌托邦特性，具有历史性，依赖于自文艺复兴以来的乌托邦与风景之间的相互关系。"[5] 通过扬·凡·埃克和达·芬奇的绘

---

[1] 肯尼思·克拉克：《风景画论》，吕澎译，四川美术出版社，1988，第1页。
[2] E. Bloch, *Das Prinzip Hoffnung*, Frankfurt am Main: Suhrkamp Verlag, 1977. S. 935.
[3] E. Bloch, *Das Prinzip Hoffnung*, Frankfurt am Main: Suhrkamp Verlag, 1977. S. 935.
[4] E. Bloch, *Das Prinzip Hoffnung*, Frankfurt am Main: Suhrkamp Verlag, 1977. S. 936.
[5] Francesca Vidal, *Kunst als Vermittlung von Welterfarung: Zur Rekonstruktion der Ästhetik von Ernst Bloch*, Würzburg: Königshausen und Neumann, 1994. S. 149.

画，我们可以看到，自文艺复兴以来，自然已经不完全是上帝意志的体现，而是在人的视野下去观照和审视的对象，人类试图通过自己的力量去把握自身、把握自然，人类睁开双眼，仿佛打开了一扇窗户，把广阔的世界收入眼底，而且这双眼睛，在布洛赫那里，更是一双乌托邦之目，既看向这里，又看向远方，让世界蒙上一层乌托邦的梦幻色彩。

到了 17 世纪，风景画真正蓬勃发展起来，以荷兰风景画为代表。我们知道，16 世纪末 17 世纪初荷兰商队在海洋上称雄一时，随着航海业和海外贸易的大发展，"17 世纪的荷兰是个伟大而英雄的资产阶级时代，它的艺术反映了想观赏被描绘出来的可辨识的经验这样一个愿望"。[①] "这个时期的一些最优秀的绘画是理想风景，如象在乌菲齐宫里伦勃朗的《磨坊》（疑是《风车》的错译，见附图 3）"[②]，肯尼思·克拉克认为对于伦勃朗来说，"风景画意味着一个想象世界的创造，较之对于实用物的感受来说，更广阔，更富戏剧性，也更加充满着联想"。[③]

不过，与风景画中注意光影、远近的处理、创造一个想象的世界相似，布洛赫更关注伦勃朗在肖像画中对光的神奇使用。布洛赫在论述了扬·凡·埃克和达·芬奇通过透视法扩展视域之后，开始着重阐述荷兰著名画家伦勃朗（Rembrandt）的绘画。伦勃朗常常通过光暗的对比来表现空间和光的效果，值得注意的是，伦勃朗的绘画对光的使用令人印象深刻，他的绘画背景常常一片漆黑，而恰恰在最黑暗的地方打出一束光亮，如伦勃朗著名的画作《夜巡》（见附图 4），人物处于黑暗的空间之中，通过两束高光打在特定人物身上，显示出人物层次，可谓用黑暗绘成光明的典范。布洛赫称，这种"光"是"希望的前景之光"[④]，

[①] 肯尼思·克拉克：《风景画论》，吕澎译，四川美术出版社，1988，第 34 页。
[②] 肯尼思·克拉克：《风景画论》，吕澎译，四川美术出版社，1988，第 36 页。
[③] 肯尼思·克拉克：《风景画论》，吕澎译，四川美术出版社，1988，第 37 页。
[④] E. Bloch, *Das Prinzip Hoffnung*, Frankfurt am Main：Suhrkamp Verlag, 1977. S. 938.

能够照亮近在眼前的黑暗与孤独。因为布洛赫从"黑暗的生活瞬间"出发来理解人们此刻的生活或生存状态,其乌托邦理论强调以乌托邦之光照亮黑暗的生活瞬间,而伦勃朗的绘画,恰恰是布洛赫乌托邦理论的形象例证。"伦勃朗的所有绘画,也即世俗画,都与背景布局结合在一起,通过黑夜、烟雾、光晕、金色,其画笔描绘出一种前景:闪着光的空穴(Hohlraum)。"[1] 这里,"闪着光的空穴",实际上是对以乌托邦之光照亮黑暗的生活瞬间的另外一种表达方式,顺便提一下"空穴"也是布洛赫常用到的一个术语,其此刻的含义并不是空空如也,而是具有潜在生发可能性的无。

在理想与期待之间的希望风景

如果说 17 世纪的荷兰风景画,还依据于眼睛所看到的客观自然,去描绘一种想象处理过的希望风景,那么 17 世纪末 18 世纪初,优美而轻巧的洛可可艺术风靡法国乃至欧洲,美开始离开宗教、政治,向着纯粹的形式方向发展。法国画家华托(Jean-Antoine Watteau)的风景装饰画,借用爱情神话,描绘游乐男女,不再表现人物形象的端庄神圣,而是表现贵族生活的闲情逸致,呈现出另外一种希望的风景。

《舟发西特尔岛》(见附图 5)是华托的代表作。"西特尔岛"(Cythera)是希腊神话中想象的岛屿,是爱神和诗神嬉戏的地方。"《舟发西特尔岛》","其标题就已经包含了乌托邦意义。青年男女等待小舟,将他们带到爱的岛屿"。[2] 华托的绘画给出了一种享受感官之乐的感性的希望风景。他曾经三次校订画稿,最后在画稿上增添了清晰可见的爱之舟,船帆周围环绕着许多天使。那么,究竟是乘舟向

---

[1] E. Bloch, *Das Prinzip Hoffnung*, Frankfurt am Main: Suhrkamp Verlag, 1977. S. 938.

[2] E. Bloch, *Das Prinzip Hoffnung*, Frankfurt am Main: Suhrkamp Verlag, 1977. S. 933.

西特尔岛出发，还是已经乘舟行至西特尔岛？至今一直没有定论。然而正是如此，华托描绘的西特尔岛成为一种乌托邦的希望风景，给我们留下想象的空间。此外，关于西特尔岛的希望风景，还可以呈现为通过女性形象来表现情欲与爱的乌托邦，在意大利文艺复兴时期画家乔尔乔内（Giorgione）的名作《沉睡的维纳斯》（见附图6）和西班牙18世纪著名画家戈雅（Goya）的名作《裸体的马哈》（马哈是姑娘的意思，见附图7）中，都投射着西特尔岛之光。[1] 前者女神维纳斯早已走下圣坛，完全成为一位可感可亲的女友，犹如生活于豪华宫廷或卧室的贵妇；而后者干脆以普通的姑娘作为主题，而裸体的姑娘，既是一位鲜活的爱人，又仿佛一位圣洁的女神。不管怎么样，通过这样的女性形象共同呈现出来的是人类对于爱的乌托邦的期待，这种乌托邦糅合了审美性、宗教性以及此岸性，恰恰在艺术中得到生动体现和超前演绎。

西特尔岛的希望风景是风景与具体乌托邦前景的融合，而随着18世纪启蒙运动的发展，对人的理性的强调和主体性的张扬，"理想风景"（Ideallandschaft）替代"希望风景"，更进一步强调风景的理念性。如前所述，这里的"理想"与黑格尔意义上的"理想"，即带有感性形式的理念，有着相通之处，对比"希望风景"，理想风景更强调一种理念的真。这种理想风景，不单纯是希望的前景，而是一种终极意义上的乌托邦前显现，是一种走向主客合一、时空合一的希望风景。这在歌德的素描绘画《理想风景》（见附图8）中有着体现。[2]

众所周知，歌德是德国伟大的文学家，"然而却很少有人知道，歌德还是一位画家，更准确地说，是一位有相当造诣的风景画家"。[3] 歌德当时居住在西西里岛，《理想风景》的画面描绘的是在灿烂的阳光下

---

[1] E. Bloch, *Das Prinzip Hoffnung*, Frankfurt am Main: Suhrkamp Verlag, 1977. S. 934.
[2] E. Bloch, *Literarische Aufsätze*, Frankfurt am Main: Suhrkamp Verlag, 1977. S. 533-538.
[3] 《歌德绘画》，高中甫选编，人民文学出版社，2004，第1页。

一座大自然中的庙宇，庙宇的碑文写着"阳光日子之谜"。在对这幅画的阐释中，布洛赫说：太阳象征着健康和光明，在太阳的内在法则之下，所有生物都可以找到自己的正确道路。在这幅绘画中，我们可以看到乌托邦的"前显现"，或者大致说，这幅画象征着乌托邦的美好图景；但是正如"阳光日子之谜"的暗示，这一乌托邦风景本身是有问题的，充满着解释的要求和可能。理想风景的这种启示性既展现在清晨，又不完全在清晨；既展现在希腊，因为在希腊可以找到我们与世界脉动最贴近的象征，而又不仅仅在希腊。因此理想风景既跨越时间性，又具有历史性。完满的阳光般的时空，就是"最美好的瞬间"。如果说象征是一种空间结构，布洛赫却希望同时引入时间结构，把自我和非我的认知同一理解为一个指向终极状态的过程。《理想风景》可以说是歌德创造出来的一种风景，阳光、庙宇、万物都成为渗透着人的理想的象征物，进而这幅画就象征着人类乌托邦的美好图景，而这里的风景看似描绘自然，却无关于自然，而完全是一幅人类期盼乌托邦的想象图景。

结　语

　　从中世纪到 18 世纪，随着各个时代的思想精神变化，人与自然的关系发生了极大的变化，从人膜拜自然，到观察自然，再到把握自然，到创造自然，风景画中风景的地位也随之变迁，先是忽略风景，到透视风景，再到想象风景，到创造风景，而风景与乌托邦的关系也呈现出不同的形态，从文艺复兴时期风景与乌托邦的初次结合，到 17 世纪乌托邦之光在风景之中的投射，再到 18 世纪感性的希望风景和理性的理想风景，这是一个人类逐步摆脱自然进而控制自然的过程，其中自然美逐渐让步于艺术美，所以到了黑格尔那里，艺术美优于自然美，自然美几乎丧失立足之地。

　　然而，布洛赫把"希望风景"作为乌托邦美学的基本概念，实际上既强调主观希望，也强调客观风景，表现出对于艺术美和自然美的双重观照，而风景诱发希望，希望统摄风景，"希望风景"是在乌托邦的"希望"的视角下，主—客体互动交融的结果。总之，布洛赫的"希望风景"让我们在乌有之乡和乌托邦蓝图之间"学会希望"，从而找到希望美学的通向希望之路。

附图

1. 扬·凡·埃克：《圣母子与罗林首相》

2. 达·芬奇:《蒙娜丽莎》

3. 伦勃朗:《风车》

4. 伦勃朗：《夜巡》

5. 华托：《舟发西特尔岛》

6. 乔尔乔内:《沉睡的维纳斯》

7. 戈雅:《裸体的马哈》

8. 歌德:《理想风景》

The Aesthetics of Ernst Bloch's "Hope Landscape"

Zhang Fang

(College of Literature, Hebei University, Baoding, Hebei 071002, China)

Abstract: As a transcendence of Hegel's aesthetics, Bloch's aesthetics of hope unites materialist dialectics and speculative dialectics in the way of "not yet". In the concrete art practice, Bloch's aesthetics of hope is embodied as "hope landscape". Bloch discussed the changing of the relationship between man and nature reflected in landscape paintings in the history of Western art, where the relationship between landscape and utopia took different forms. "Hope landscape" is a dynamic aesthetic form, it has the concept of realistic aesthetics, but it also contains the developmental clues pointing to the future.

Keywords: Ernst Bloch; Hope Landscape; Utopia; Not Yet; the Aesthetics of hope

人类纪的希望风景[*]

——论罗宾逊《2312》中太阳朋克式的地球化生态构想

王 珊[**]

摘 要：罗宾逊的长篇科幻小说《2312》在太空歌剧的类型写作中拓展出太阳朋克式的人类纪景观，呈现了一幅科技乐观主义的行星生态图景。罗宾逊对行星的后末世重建提出建设性设想，以此勾勒出人类纪的未来。一方面，他以一种批判态度，从生态伦理和历史的角度，思考人类的共同命运与人类当前的现实问题；另一方面，他在太阳朋克的乌托邦冲动及其地球化生态实践中创造出一个激进、内在、面向未来的进程，这为太阳朋克赋予希望色彩。

关键词：金·斯坦利·罗宾逊；《2312》；太阳朋克；生态伦理；乌托邦

屡获世界科幻大奖的金·斯坦利·罗宾逊一直活跃在绿色环境运动的前沿，被《时代》杂志评为环保英雄。他的作品广泛触及环境问题与生态伦理，从人类纪的后末世景象、拯救濒危物种，到行星生态学意义上的地球化改造实践，都成为其叙事的焦点。

罗宾逊最近一次获星云奖的长篇科幻小说《2312》结合了科学范

---

[*] 项目基金：教育部人文社会科学研究青年基金项目"金·斯坦利·罗宾逊的生态乌托邦诗学研究"（批准号：19YJC752032）。

[**] 王珊，华北电力大学外国语学院讲师，主要研究方向：英美文学。

畴与人类志趣[1],将太阳朋克式的人类纪景观融入太空歌剧这一类型写作,形成独特的行星生态构想。新太空歌剧代表作家班克斯(Iain M. Banks)谈及该作时,称其"既富于人类理性,又具有强烈的人文气息……这是作家处于或接近其巅峰状态的作品"。[2] "《2312》之所以用 2312 年命名,是因为距今 300 年的未来并非触手可及的近未来,其已远远超越现时代人的想象力范围。"[3] 更值得注意的是,"《2312》是当时唯一一部明确将人类纪作为其历史背景的作品。它从理论上说明了构成人类纪的物质条件对未来社会、文化所产生的影响"。[4] 马克思主义批评家弗雷德里克·詹姆逊曾提到罗宾逊"创造了一个完整的宇宙,一个完整的本体论,另一个完全不同的世界——正是这个截然不同的系统使我们得以与乌托邦想象联系起来"。[5] 从这些评价中,我们不难看出,罗宾逊在用乌托邦的方法思考可持续性问题。在《2312》中,他重新审视《火星三部曲》中探索的地球化改造和气候变化问题,拓展了人类改造他性社会及在不同环境中找寻出路的实验范畴。[6] 2312 年,星际探索时代终结,太阳朋克怀揣希望将太阳系改造成人类宜居之所,突出了环境与人类思想的关联,开启社会文化变革的新空间,探索非人类社会形态,最终实现平等、公正、和谐的行星生态愿景。

---

[1] See Laura Fitzgerald, "*2312*: *We have liftoff*!", https://www.orbitbooks.net/2012/05/22/2312-we-have-liftoff/.

[2] Tim Holman, "*2312 by Kim Stanley Robinson*: *Read the Prologue*," https://www.orbitbooks.net/2012/05/08/2312-by-kim-stanley-robinson-read-the-prologue/.

[3] See Clara Moskowitz, "Terraforming the Solar System: Q&A With Author Kim Stanley Robinson-Part 1," https://www.space.com/15742-2312-terraforming-kim-stanley-robinson.html.

[4] Chris Pak, "Terraforming and Geoengineering in Luna: New Moon, 2312, and Aurora," *Science Fiction Studies*, Vol. 45, No. 3, 2018, p. 508.

[5] Fredric Jameson, *Archaeologies of the Future*: *The Desire Called Utopia and Other Science Fictions*, New York: Verso, 2005, p. 101.

[6] See Chris Pak, "Terraforming and Geoengineering in Luna: New Moon, 2312, and Aurora," *Science Fiction Studies*, Vol. 45, No. 3, 2018, p. 505.

太阳朋克·日出风景

杰伊·斯普林特提出太阳朋克"集合了推理小说、艺术、时尚等方面的运动,并且试图解答'何为可持续文明'以及'我们如何才能实现可持续文明'"。①从环境美学角度看,太阳朋克更接近新艺术主义,聚焦可再生能源和可持续性主题的探讨,追求自由平等的社会,较之赛博朋克黯淡虚无的反乌托邦式未来境遇,太阳朋克展现出更加充满希望的光明愿景,就阻碍人类通往光明未来的现实问题提出解决方案,并极力克服障碍。《2312》以陌生化技巧把乌托邦的场域置于太空中的某个行星,取代了遥远的国度。在人类纪的遥远未来,经过生物进化和地球工程的推进,人类改造并重塑了自己的身体,用基因修复方法实现了寿命的延续,建立了与仿生人、克隆人、"酷立方"共存的后人类行星社群,试图将行星和小行星变成宜居之所。在太空殖民的过程中,人类为了争夺资源,进行了持续300年的史诗般战争。历经人类纪初期的末世危机,即便面对毁灭性的恐怖陨石袭击,太阳朋克依然绘制着光明的未来。

《2312》以水星日出的意象开篇,这一星际风景始终吸引着众多作为太阳朋克具象化的日光行者。一群群日光行者追逐黎明的曙光,沿明暗交界带快速行走在布满褶皱的水星岩地上。他们冒着被灼伤、失明,甚至丧生的风险,只为一睹日出的奇观:

> 一抹橘黄色的火焰跃出地平线,同时点燃了他们体内的血液。……耀眼光球的登场暂告一段落,随之而来的是愈加清晰和炫目的日冕狂舞……这颗恒星每秒钟烧掉500万吨氢气,并将继续以此规模燃烧40亿年时间。……各种气体在持续的引力场牵引中以

---

① 弗朗西斯科·沃尔索:《一种新的科幻潮流:太阳朋克》,《科普创作》2020年第1期,第8页。

不同速度移动，形成无休止的火焰漩涡。这是纯粹的物理学角度的解释，但事实上它看上去却有相当的生命力，比很多生物还要有生气得多。……它在你的耳际咆哮，与你不停对话。……你是太阳的子孙，如此近距离注视太阳，那种美感，那般恐惧……①

罗宾逊十分擅长描写风景，尤其是非人类景观。他的星际风景总透着纯粹、恢宏，使人直面非人类的环境，与之融合，抑或反观自身。水星日出的震撼，不只是物理空间距离上带给人们的身心体验，更蕴含着经年累月沉淀而成的厚重历史感。日光行者为了更接近曙光，不惜身命，这种行动已不再局限于视觉和身体感官对风景的欣赏，而是太阳朋克由黑暗奔向光明的乌托邦冲动。按秒流逝的动态时间与毫无生气的物理解释杂糅交织，而与每秒燃烧巨大能量且会持续40亿年的太阳相比，更显整个人类群体的历史短暂而卑微。无论人们生活在哪颗行星上，社群与文明形态存在何种差异，太阳都是他们赖以生存的能量之源。它不仅是维系各个社群物种存续的必要条件，而且极其广泛而持续地为人们的生产、生活提供清洁的能源。承担地球和太空之间交通量的37部太空电梯，既是众多太空飞梭和滑翔机的中转站，又是满载人员和物资的巨型港口和酒店，全凭太阳能动力支撑频繁而漫长的星际之旅。此外，人类还将太阳能应用于飞船、潜艇，格陵兰岛和埃尔斯米尔岛北部海域的超级水栅，无人驾驶的机械设备等。在《2312》中，无论何种身份的人都有平等地享有阳光的权利，并赋予太阳丰富的象征意义，从中汲取变革力量以走出人类纪的危机。

在众多日光行者中，135岁的特拉瑞（Terraria）设计师、大地艺术家斯婉总是长时间伫立在黑白交界的边缘。她比大多数日光行者更深爱太阳，每天都会怀着崇尚与敬畏之心进行简短的拜日仪式。她的风景画、高兹沃斯大地艺术和行为艺术创作都以太阳为主题。太阳，不仅是她的生活和艺术不可或缺的一部分，更是她深陷悲痛时的慰藉。正是这

---

① 金·斯坦利·罗宾逊：《2312》，余凌译，重庆出版社，2016，第348页。

份对光明的向往与希冀，促使她不断完善特拉瑞生态系统，实现了协助物种移民到后末世地球的"生机重现"计划。

地球化·生态景观

地球化（Terraforming）一词始于杰克·威廉森的《碰撞轨道》，是指将外星环境、类地环境或地球景观改造成地球生命宜居之所的过程，包括改变行星的拓扑结构、气候、地质和生态的方法，后扩展到地球工程及行星的地球化。[①] 自2014年IPCC报告将地球工程作为缓解气候危机的解决方案起，"地球化"概念便备受关注。作为一种科幻话语，它往往以人类纪为核心叙事，审视社群、机构、地方与星际环境及其内在的生态、社会、政治、经济与技术关系。《2312》回应了当代气候变化主题，融合了生态、经济、文化和社会因素，从地球扩展到星际视角，反思将行星改造为宜居环境的可行性与可能性。[②] 从300年的星际历史中，人们意识到环保的科技出现得太晚了，没能避免人类纪早期的末世灾难。太阳朋克对行星环境参数的地球化改造，不仅是运用清洁能源和环保理念的典范，更可谓一种别样的生态景观构建。小行星的改造完全取决于其接受阳光的程度：

> 随着更多光线的注入，泰坦星的改造前景似乎一片光明。可以开采和出口甲烷和乙烷；堆砌泡沫岩石，在冰上建起陆地；利用地底海洋的热度来给大气加温；在岩石和土壤构成的陆地上，将冰融化形成湖泊；美化这片陆地，引入细菌、植物和动物；将大气加热，以融化冰川，形成液态的海洋；在极薄的薄膜中保持住泰坦的

---

① See Chris Pak, *Terraforming: Ecopolitical Transformations and Environmentalism in Science Fiction*, Liverpool: Liverpool University Press, 2016, p. 1.
② See Chris Pak, "*Terraforming and Geoengineering in Luna: New Moon, 2312, and Aurora*," *Science Fiction Studies*, Vol. 45, No. 3, 2018, pp. 500-505.

大气；利用水内小行星反射的太阳光照亮一切。[1]

泰坦星（土卫六）是行星地球化改造的一个缩影。太阳朋克利用阳光的反射，将光线从水内小行星传送到土星及其卫星上。阳光改变了原本暗淡、无生命的泰坦星的气候、生态和地质结构。在阳光的作用下，泰坦星上丰富的氮气蒸腾、溢散到太空，而氮气正是火星生态改造所急需的资源。于是，泰坦星的氮气景观不再是液态海洋那样作为客体的自然风景，而是成为改善星际生态环境和行星间社群关系的关键因素。在毫无化石资源消耗的情况下，太阳朋克将太阳能转化为其他能量形式，实现了技术与自然有机结合，扭转了人类纪重工业化对环境造成的破坏。他们以平等享受阳光及清洁能源的共存理念达成多边合作，水星的重金属和稀土送至土星保障光线供应，土星恢复对火星的氮气出口，帮助水星得到火星的重建援助。2312年，太阳朋克促成了围绕清洁能源可持续应用的三方联盟。人们像从事大地艺术那样借助自然之力，完成了零污染的地球化改造，有效解决了社群间的矛盾冲突，促进了太阳系的生态和谐。

太阳朋克除了崇尚光明之外，更具反文化的朋克精神，尤其当该文化充斥着人类纪的末世悲观色彩时，他们会以批判的视角，带着革新的力量破除阻碍其奔向光明的障碍。斯婉的外婆、水星之狮亚历克斯早已预见到太空正在崩溃的边缘，太阳系很不稳定，以自我为中心的地球人的固执表现，使地球成为动乱的根源。小行星上住满了太空移民，金星成为接纳移民的新生地。随着人类的太空殖民，地球的问题延伸到整个太阳系。亚历克斯主张"把地球视为我们的太阳"[2]，只有改造地球，才能使太阳系获得长久的稳定。于是，她带领团队掏空部分小行星建造特拉瑞，牵头蒙德拉贡联盟项目，尝试用绿色的方式解决地球的问题。

---

[1] 金·斯坦利·罗宾逊：《2312》，余凌译，重庆出版社，2016，第1~2页。
[2] 金·斯坦利·罗宾逊：《2312》，余凌译，重庆出版社，2016，第56页。

> 每个特拉瑞相当于一个独立的动物保护区岛屿。……而那些较为传统的生物群系则为不少在地球上处于濒危状态或已灭绝的野生物种提供了栖息之地。有些特拉瑞看上去跟动物园很像,有些则是野生动物的避难所,而大多数特拉瑞则在以一定模式构建的生境走廊中实现了公园绿地和人类活动空间的有机结合,最大限度地为生物群系注入活力。[①]

人们在太阳系创建了19340个特拉瑞,景观各不相同,且功能各异。它们为地球和人类提供着给养,其作用至关重要。特拉瑞上的生活让斯婉感到无比自由,她独自追逐狼群,利用植入身体的酷立方开启鸟脑组织等,使她可以像动物那样存在于自然之中,成为地球人眼中的太空人。而后末世的地球淹没在水中,在斯婉看来是糟糕透顶的地方,地球人对环境的破坏程度相当深,千百年来的习俗、观念像笼子一样禁锢着人们。地球上最令她痴迷的,恐怕只有站在户外的蓝天下,迎面吹来的微风了。这种单纯的自然景观有着富于变化的蓝色,她像是摆脱了一切束缚,在风里得到抚慰。而讽刺的是,地球已然成为"自然造化的天堂,人类打造的地狱"。[②] 显然,斯婉心中的景观艺术是风景与人文环境的融合,"世界的地理完全是人类逻辑和视觉的结晶……来自真、善、美的心灵!"[③] 透过光线和色彩交织的风景,她体察着环境中人的状态,以及在人的干预下环境产生怎样的景象。面对地球的景象,她不断地思考改变现状的可能。

对星际间截然不同的风景的对比,彰显出太阳朋克对自由的向往,对至善至美的探寻,及其对理想生态观的坚守:人不再是自然的主宰者,而是转变成自然的一部分。即使是特拉瑞的创造者,依然与非人类一样,平等地成为自然的组成部分,与自然融为一体。正是基于这样的

---

① 金·斯坦利·罗宾逊:《2312》,余凌译,重庆出版社,2016,第30页。
② 金·斯坦利·罗宾逊:《2312》,余凌译,重庆出版社,2016,第77页。
③ 金·斯坦利·罗宾逊:《2312》,余凌译,重庆出版社,2016,第70页。

生态理念，人们全面开启了景观重建的地球化改造，把史上生态破坏最严重的马达加斯加变成了阿森松杂交的典范和景观艺术的杰作，那里的花园和森林吸引着络绎不绝的游客。斯婉和她的团队四处奔波，支援地球人以快速成长型珊瑚为基础材料重造海面升高后的海岸线，这些景观让斯婉感到是时候让特拉瑞上储备的动物重返地球了。从保护动物的角度考虑，她规划迁徙路线和生境走廊，开始另一种意义上的大地艺术。对她而言，协助动物迁徙就像把整个地球变成一件景观艺术品一样。她用气凝胶承载动物投放到地球，开启了生机重现计划，而完善的过程将发生在2312年之后。对于生态的未来，斯婉比亚历克斯那一代更具批判意识。她认为，不应为补救而创建特拉瑞，而是应思考如何让传统的生物群系免于灭绝。

结　语

在鲜活的人类纪星际史中，2312年是个崭新的时刻、一个潜在的节点，人类的集体意识从宿命与空洞的历史中唤起改变的可能。人们不断唤醒充满希望的意识、行为和艺术完成构建乌托邦的任务。这种唤醒，带着水星日出般的新奇，激发着太阳朋克实践地球化改造的乌托邦生态构想，勾勒人与自然有机结合的人文景观。罗宾逊用富于科技乐观主义的笔触，将太阳朋克追求平等、公正、自由、纯净，不畏艰难，探究真相的特质刻画得淋漓尽致。同时，发人深省的是，科技本身不具好坏、善恶、美丑的特质：当黑客利用人形酷立方制造恐怖事件时，科技便成为摧毁水星终结者城和金星的工具，而在心系平等、向往光明的太阳朋克手中，则成为生态改造、使行星重获生机的助力。可见，罗宾逊的科技乐观主义的伦理旨趣仍有待探究，当科技转化为可能实现的理性认识时，其是否指向乐观的未来并非取决于对科技的想象及其发达程度，而在于人心所向，以何种立场与心态运用科技。

罗宾逊勾勒了人类纪的未来，尤其是对行星的后末世重建提出可能性的解决方案。一方面，他将这个内在、激进、面向未来的进程诉诸太阳朋克的乌托邦冲动及其地球化生态实践，使太阳朋克自身成为一道希望的风景。另一方面，他将美学效果与生态伦理、历史结合，走向一种批判意识，对思考人类纪当下的现实问题和人类共同的历史命运，不无助益。

Landscape of Hope in the Anthropocene: On the Solar-punk Terraformed Ecological Concept in Robinson's *2312*

Wang Shan

(College of Foreign Languages, North China Electric Power University, Baoding, Hebei 071002, China)

Abstract: Robinson's long-form science fiction novel *2312* extends the solar-punk landscape of the Anthropocene into the genre of space opera, presenting a techno-optimistic picture of planetary ecology. Robinson sketches the future of the Anthropocene with a constructive vision of post-apocalyptic planetary reconstruction. On the one hand, he looks critically at humanity's common destiny and present reality from the perspective of ecological ethics and history. On the other hand, within the utopian impulses of solar punk and its ecological terraforming practices, he creates a radical, internal, future-oriented process that gives hope to solar punk.

Keywords: Kim Stanley Robinson; *2312*; Solar Punk; Ecological Ethics; Utopia

生态伦理视域下的风景审美

——论当代西方自然美学的"如画"批判与风景审美重构

冯佳音[*]

摘　要："如画"是西方自然美学视域下一种把自然看作艺术品的欣赏方式。在对如画审美的批判及其对风景审美的重构中蕴含着生态伦理的意蕴。风景如画的审美方式基于三大美学原则，即审美无功利原则、审美静观原则及形式审美原则。当代西方自然美学倡导"身体"走向前台，充分运用联想和想象，经由多感官体验，使得主体浸入审美对象。西方自然美学试图打破人类中心论，而主客体合一的一元论审美是其理论发展的趋向。

关键词：生态伦理；自然美学；"如画"；审美无功利；风景审美

当代西方自然美学重建"自然"的逻辑起点是自然与艺术的分离。按照一般认识，自然不同于艺术，这应该是显而易见、不证自明的。那么，为何要如此大费周章地论证二者的不同？原因主要在于自然曾长期被美学理论驱逐，或者即便得到美学理论的关注，也常常被当作艺术品去欣赏。如赫伯恩（Ronald Hepburn）所言："在我们这个时代，美学论著几乎只涉及艺术，很少真正涉及自然美，或只以最敷衍的方式关注自然美。美学甚至被本世纪中期的一些理论家'定义'为'艺术哲学'

---

[*] 冯佳音，河北大学文学院教师，主要研究方向：文艺美学。

或'批评哲学'。"① 在当代西方自然美学的视域下,"如画"(picturesque)是一种非常典型的、把自然看作艺术品的欣赏方式。

"如画"于 18 世纪末在英国兴起,是伴随着"崇高"概念而发展起来的,以挑战传统的自然美观念。风景如画的美比单纯的优美更富于变化,不那么平滑和规则,而是比较粗糙和复杂多变。在 18 世纪,优美和如画之间的区别曾引起过较多争论。有些人认为如画是优美的一个特殊的子范畴,而有些人则主张如画是与优美和崇高相并立的第三种审美类型。无论如何,如画一出现就挑战了追求对称与比例的传统自然美模式。② 此后,随着如画理论在自然审美领域的发展,它逐渐演变为像欣赏风景画一样欣赏自然的审美方式。到了 20 世纪中后期,随着生态世界观的确立,传统人与自然二元对立的关系模式遭到批判,曾经挑战传统的如画理论自身沦为"传统"后,在促进人与自然和谐与平等的新的理论语境下成为被重点批判的对象。

那么,风景如画的审美方式有怎样的特质?可以说,其在本质上基于三大美学原则:审美无功利原则、审美静观原则以及形式审美原则。③ 因此,如画风景的审美过程就包含以下几个要点。第一,它使主体保持特定的距离和视点。在 18~19 世纪,人们曾以"克劳德望远镜"——一种小巧而有颜色的凸透镜——作为辅助工具,以调整对象在主体眼中的距离和色彩。第二,它使主体把眼前的景色分割成单个的、能够独立出来的场景或片段,就像用相机的镜头将其框定出来一样,景物的线条和颜色、光和阴影等都能成为"框架"。第三,它使主体在保持空间距离的同时也保持心理距离,不掺杂主体的功利之思。毫

---

① Ronald Hepburn, "Contemporary Aesthetics and the Neglect of Natural Beauty," in Allen Carlson and Arnold Berleant, eds., *The Aesthetics of Natural Environments*, Peterborough: Broadview Press, 2004, p. 43.

② See Donald W. Crawford, "Scenery and the Aesthetics of Nature", in Allen Carlson and Arnold Berleant, eds., *The Aesthetics of Natural Environments*, Peterborough: Broadview Press, 2004, p. 259.

③ 参见张法《西方当代美学史——现代、后现代、全球化的交响演进(1900 至今)》,北京师范大学出版社,2020,第 539 页。

无疑问，在当代西方自然美学的视域中，"如画"审美存在诸多问题，因而遭到了绝大多数理论的一致批判。在此基础上，当代西方自然美学也在新的理论建构中重构了风景审美。总体而言，当代西方自然美学对"如画"的批判以及对风景审美的重构主要体现在三个层面。

其一，针对风景如画的归属问题，美学家们做出了一个根本性的追问：风景如画的审美方式是否属于"自然"审美？这一追问不仅涉及对"风景如画"的理解，还涉及对自然审美的理解和建构。对于追求自然审美客观性的理论家而言，作为审美对象的如画风景显然并非客观真实的自然，而是人类主观建构的产物，这种审美方式并未如其所是地欣赏自然本身，本质上仍是一种艺术审美。其所遵循的三大美学原则"是由绘画创作所产生出来，而且是由西方绘画的特定方式产生出来"，"这一绘画方式，是西方型的焦点透视方式和油画型的光效应方式的结合"。① 也就是说，此种方式所欣赏的是从自然中抽象出来的艺术作品，而且还是特定类型的艺术作品。由此，有些理论家便索性将风景如画逐出了自然审美领域。

然而，这种立场也存在一定的问题。首先，值得追问的是：审美活动作为一种人类活动能在多大程度上保证自然的客观真实性？不得不说，我们只能在一定限度内追求相对真实而无法实现绝对真实。并且，有学者提出自然的真实性本身应该包含客观真实性和主观真实性两种。后者意指一种"自然的情绪真实性"，即"感觉经验的主观上的真实性"。② 从这个意义上讲，我们对如画风景的审美感知并非都是对自然真实性的遮蔽，这毕竟是面对自然本身而产生的真实体验。其次，我们还应该追问：作为审美对象的如画风景必定都是非自然、不真实的吗？克劳福德（Donald W. Crawford）就指出，尽管如画风景存在艺术构图和设计特征，但"风景画家所展现的以及我们透过画家的眼睛观看自

---

① 张法：《西方当代美学史——现代、后现代、全球化的交响演进（1900至今）》，北京师范大学出版社，2020，第539页。
② 马尔科姆·安德鲁斯：《风景与西方艺术》，张翔译，上海人民出版社，2013，第239页。

然时所体验到的,都不仅仅是设计或艺术构图,而是自然对作为观看者的我们的影响"。① 因此,如画风景的形成包含真实的自然影响,不可否认的是它必定要以客观存在的自然景物为基础。总之,把如画风景逐出自然美学领域的做法并不可行,由此就不得不提到第二种立场。

其二,针对如画风景的形式审美原则,即关注自然风景的色彩搭配、形状、构图等形式美,当代西方自然美学重构了审美对象,此种重构主要表现为重新界定了风景自身的形式审美特征。

众所周知,"如画"审美方式之所以广受诟病,非常重要的一个原因是其强加给自然景物一个主观性的"框架",这种"框架"就如同绘画作品的画框,规定了自然风景的形式美特征。因而打破此种框架,保持自然景物的开放性就成为诸多自然美学家的共识。如赫伯恩所言:"如果'框架'的缺失使自然审美对象失去完全的确定性和稳定性,那么它至少提供了不可预知的感知惊奇作为回报;并且,它们的可能性为我们静观自然提供了一种充满冒险的开放感。"② 赞格威尔(Nick Zangwill)虽然没有去除"框架",但是他将"框架"重新界定为不同自然事物的"组合",使"框架"由主观建构的产物转变为一种客观存在,从而使风景的形式审美特征具有客观性。这一理论的逻辑前提是:某个或某种景物的形式审美特征是不依赖主体而客观存在的。那么,由于不同景物的"组合"——框架——也是客观存在的,主体审美只是在其客观存在的众多"组合"中选取一种,那么不同景物组合在一起所具有的整体性审美特征就同样是不依赖主体而客观存在的。③ 从这个意义上讲,风景并不等同于风景画,风景的形式审美特征是客观存在的而非

---

① Donald W. Crawford, "Scenery and the Aesthetics of Nature," in Allen Carlson and Arnold Berleant, eds., *The Aesthetics of Natural Environments*, Peterborough: Broadview Press, 2004, p. 261.

② Ronald Hepburn, "Contemporary Aesthetics and the Neglect of Natural Beauty," in Allen Carlson and Arnold Berleant, eds., *The Aesthetics of Natural Environments*, Peterborough: Broadview Press, 2004, p. 47.

③ See Nick Zangwill, "Formal Natural Beauty," *Proceedings of the Aristotelian Society*, Vol. 101, No. 1, 2001, pp. 218-220.

主体建构的产物。

　　此外，风景的形式审美特征从二维、静止、孤立的扩展至三维、动态、与周围景物和环境相联系的，风景不再是一个封闭的实体或对象，而具有更强的开放性。因而，风景审美本质上"并不是将景观作为景观画来欣赏，后者是一个三维现实的二维表现。我们在自然事物中间和旁边的活动也许帮助我们沉涵其中，饱尝各种滋味，自然事物的许多三维形式特征不依赖于我们存在。积极地浸入自然也许是欣赏其三维形式审美特性的最佳方法，正如欣赏这类雕塑品或建筑特性的最好方法是围绕这些作品走动"。① 这就意味着要改变我们对"风景"的一贯理解，或者说我们要从如画式风景转向环境式风景。这不仅意味着我们要在审美之前进行认知上的转变，更意味着我们要在审美的过程中进行感知上的扩展。而审美对象的重构必然伴随着审美主体及审美方式的转变，这正是我们接下来要论述的。

　　其三，针对如画风景的审美无利害和审美静观原则，当代西方自然美学倡导主体的感官感知应该由视觉中心转向多感官融入，无利害和静观的方式也应转向主体浸入或介入审美对象，这就使"身体"走向前台。一直以来，在审美无利害和审美静观的原则之下，视觉和听觉被看作远感受器而成为审美专属的感官感觉。随着对这种审美原则的清算以及审美对象自身的扩展，被看作近感受器的嗅觉、味觉、触觉和动觉反而有了更大的审美优势，能使主体更近距离地亲近自然、融入自然。这不仅使传统风景如画的视觉中心性被打破，还使静观的主体转变成活生生的、能够参与审美对象自身生成的主体，身体的"在场"成为自然审美的关键。诚如罗尔斯顿（Holmes Rolston III）在探讨森林审美时所指出的："最初我们可能以为森林是被观看的风景。这是错误的。森林是要进入的而不是仅供观看的……森林激发着我们所有的感

---

① Nick Zangwill, "Formal Natural Beauty," *Proceedings of the Aristotelian Society*, Vol. 101, No. 1, 2001, p. 223.

官——视觉、听觉、嗅觉、触觉甚至味觉。虽然视觉体验是至关重要的，但是如果没有闻到松树或野玫瑰的气息，那么森林便没有被充分地体验。"①

另外，与"如画"理论密切相关的主体的联想和想象也被重新评估。联想和想象曾一度被看作自然风景"如画"的元凶而遭到批判。它们所带来的如画效果正如贡布里希（E. H. Gombrich）所言："后来我们形成习惯，不仅把'如画'一词用于倾圮的古堡和落日的景象，而且用于帆船和风车那样简单的东西……我们之所以说那些简单的东西'如画'是因为那些母题使我们联想到一些画。"② 在这里，主体的联想不仅使自然与风景画而且还与其他类型的画作相联系。这就难免让人质疑主体欣赏的究竟是自然本身还是其心中想到的绘画作品。

然而，我们不妨设想一下，如果一个人（例如，一个孩童）从未欣赏过任何绘画作品，也不懂任何艺术鉴赏的知识，那么他在欣赏自然时是否会获得如风景画一般的审美效果？答案是肯定的。因此，究其实质，"如画"理论实际上是以所谓的艺术构图和设计原则去欣赏自然的，例如色彩与形状的和谐、对称等。然而，就如同"联想起艺术作品的习惯做法则是先于这种风景如画之理论的"③，同样地，和谐、对称等审美原则也并非艺术品的专属，而是沿袭了人类基本的审美习惯。从这个意义上讲，对自然而言，联想和想象的审美方式反而是与人类过往的审美实践息息相关而不可或缺的。因而，即便我们面对的审美对象是风景，即便为实现自然审美的客观性，联想和想象作为人类审美活动的重要组成部分也应该得到重视。摩尔（Ronald Moore）在发展一种自然审美的"融合模式"时，就将主体所具备的科学知识与想象力并置

---

① Holmes Rolston III, "The Aesthetic Experience of Forests," in Allen Carlson and Arnold Berleant, eds., *The Aesthetics of Natural Environments*, Peterborough: Broadview Press, p. 189.
② 贡布里希：《艺术的故事》，范景中译，生活·读书·新知三联书店，1999，第419页。
③ 安德烈·巴兰坦：《风景如画的理论及其发展》，常宁生译，见樊波编《美术学研究》（第4辑），东南大学出版社，2015，第150页。

为自然审美的两大支柱。[1] 也有学者试图为主体的想象划定恰当的范围与界限，从而更规范地评估其在风景审美中的作用。[2] 这些理论不仅使风景美学，而且使自然美学整体向纵深发展。

综上所述，我们不难发现，当代西方自然美学对如画的批判及其对风景审美的重构中所蕴含的生态伦理意蕴。首先，就理论基础而言，风景审美的重构过程始终坚持去除人类中心主义的基本立场，试图实现人与自然的和谐与平等。"如画"方式所遵循的无利害、静观和形式审美这三大原则均被看作建立在人与自然二元对立的立场之上，并未给予自然同等的地位。这是如画风景遭到驱逐与批判的根源所在。所以我们看到了更具客观性与开放性的新的"风景"样态。其次，就具体审美而言，人与"风景"在不同程度上实现了审美交融，审美主体不再基于特定的距离和视点立于风景对面静观，而是深度介入风景；审美对象也不再是被动的被观看者和对象性存在，而是会影响并作用于主体的开放性存在，主客体合一的一元论审美成为其理论发展的趋向。

不过，值得注意的是，很多理论所蕴含的生态思想都是不彻底的。例如，赞格威尔在论证风景形式审美特征的客观性时，采用了一种拆分—重组式的论证方法，他先把风景机械地拆分为相互分离的不同景物，又把不同景物机械地重组为风景，这是一种典型的还原论的、实体性的思维。而如画风景的思维基础同样是把风景从自然环境整体中抽离出来的实体性思维，赞格威尔实际上是立于传统的泥淖中反对传统。这就注定了他关于风景形式审美特征客观性的论证终将是徒劳无功的。在这种思维方式之下，赞格威尔重构的三维风景依旧是一种实体性存在，这是一种看似尊重自然实则高高在上的对自然的组装。然而，无论如何，"美"与"善"不再毫无关涉。诚如卡尔松所言："自然美学应

---

[1] See Ronald Moore, *Natural Beauty: A Theory of Aesthetics Beyond the Arts*, Peterborough: Broadview Press, 2008, pp. 32-35.

[2] See Ronald Hepburn, "Landscape and the Metaphysical Imagination," *Environmental Values*, Vol. 5, No. 3, 1996, pp. 191-204.

该有道德参与,而不是道德中立或道德无涉。"① 自然美学曾一度被批判的道德中立和道德无涉也逐渐被打破。

Landscape Aesthetics from the Perspective of Ecological Ethics: On the "Picturesque" Criticism of Contemporary Western Natural Aesthetics and the Reconstruction of Landscape Aesthetics

Feng Jiayin

(College of Literature, Hebei University, Baoding, Hebei 071002, China)

Abstract: "Picturesque" is a way of appreciating nature as a work of art from the point of view of Western natural aesthetics. The criticism of picturesque aesthetics and its reconstruction of landscape aesthetics contain the implication of ecological ethics. The aesthetic method of picturesque landscape is based on three major aesthetic principles, namely the principle of non-utilitarian aesthetics, the principle of aesthetic contemplation, and the principle of formal aesthetics. Contemporary Western natural aesthetics puts the "body" in the foreground, makes full use of association and imagination, and immerses the subject in the aesthetic object through multi-sensory experience. Western natural aesthetics tries to break through anthropocentricism, and the monistic aesthetic of the unity of subject and object is the trend of its theoretical development.

Keywords: Ecological Ethics; Natural Aesthetics; Picturesque; Non-utilitarian Aesthetic; Aesthetics of Landscape

---

① Allen Carlson and Sheila Lintott, "Introduction: Natural Aesthetic Value and Environmentalism," in Allen Carlson and Sheila Lintott, eds., *Nature, Aesthetics, and Environmentalism: From Beauty to Duty*, New York: Columbia University Press, 2007, p. 12.

◈ 书 评

开启事件之思

——读刘欣《事件的诗学：保罗·利科的"事件"概念》

崔国清*

摘　要：在当代语境下，刘欣博士的专著《事件的诗学：保罗·利科的"事件"概念》具有开启事件之思的价值和意义。该书既对事件这个概念进行了细致辨析，使我们看到这个概念与相关概念的缠绕关系；也立足于言语和事件的关系，着力凸显利科的主体理论；另外，该书通过引入巴迪欧和列维纳斯等人的相关思想，辩证地呈现利科"事件"思想的独特性和局限性。该专著增进了我们对利科诗学思想的了解，提升了我们对事件这个概念的内涵的认知。

关键词：利科；事件的诗学；话语；叙事；主体理论

"事件"（événement；event）无疑是西方文艺理论中的一个关键概念。正如作者开篇所说："事件是对线性时间之流的扰乱，它作为一种产生或发生并不固守与某物的关联性，而只发生于某一特定的时间间隙中。事件虽是一个被广泛使用的概念，却从未达成共识。"[①] 该书聚焦保罗·利科的诗学思想，从思想史视角呈现了以"事件"为辐辏之

---

* 崔国清，西北师范大学文学院副教授，主要研究方向：西方文艺理论。
① 刘欣：《事件的诗学：保罗·利科的"事件"概念》，南开大学出版社，2022，第2页。

点拓延开来的丰富而复杂的相关概念史及其背后的价值趋向。

根据布雷耶的描述，斯多葛派较早地"把注意力对准了事件的虚体特征，以及事件和这个完美虚体（incorporeo）的关系"。① 其中，这个虚体就是可言之物；进一步来说，"虚体"是伴随"命名"这个事件而产生的；换言之，"虚体"也是经由命名事件而向言说者呈现的。在这种古老的称说中，我们明显可以看到言说作为事件在通往某物之途中的作用与局限：唯有通过言说事件才可达到可言之物，但后者又绝不等同于言说事件发生之前的某物，言说事件过程中的"言"（某种程度上可以称其为话语或叙述）又绝不等同于可言之物之"言（某种程度上可以称其为文字或语言）。

正是从这个视角来说，利科"事件"概念的独特之处就在于其肯定了语言（尤其是话语）作为事件的存在（甚至是原初）意义。进入20世纪以来，语言、人的存在及意义之类的论题并不算新鲜，"语言是我们的边界""文本之外无他物""语言之后无他物"等论断层出不穷，但利科明显与这些论断保持了些许的距离。他认为："言语产生和创造世界上的某种东西；更确切地说，会说话的人创造某种东西和自我创造，但只能在劳动中进行创造。"② 这里的"劳动"不同于人们一般意义上所理解的手工劳动和精神活动。借助亚里士多德的"实践"意涵，作者指出了利科所着眼的"话语"恰恰是超越了这种二分的域外劳动，是具备反思、标示观念并带有价值（或伦理）趋向的整体劳动，是可以映照人之存在的事件。由此可言，利科通过重新阐释"事件"，赋予了它更多的象征和隐喻意义。

以语言为承载媒介的文学及其与"情节""叙述""真理""时间"等命题的相关理论被重新激活了。其中，对于亚里士多德的"摹仿论"，利科指出："我从亚里士多德的摹仿论中看到的便是想象物的真

---

① 吉奥乔·阿甘本：《奇遇》，尉光吉译，西南师范大学出版社，2018，第86页。
② Paul Ricoeur, *Histoire Et Vérité*, Paris: Seuil, 1975, p. 188.

实……这些很可能构成了隐喻话语的本体论功能。其中存在的所有静态的可能性显现为绽放的东西，行为的所有潜在可能性表现为被实现的东西。"① 具体来说，悲剧对情节（事件）的摹仿这种精神行为背后隐匿着多重事件的发生：悲剧的创作者即说话人对现实中已经发生的线性事件（第一层）进行陈述即摹仿（第二层）——其中说话人也可以根据必然律或可然律来陈述（或摹仿）可能发生的事件（第三层）。经由事件之镜，文学艺术的摹仿之论就不再只是机械地重复行为和简单的文字复述，而从本体论意义上具有创造性的价值甚至真理之维。

利科指出："（1）我们谈及的既非陈述也非话语，而是我们此前所提及的说话的主体，他们利用感官资源和陈述（the statement）的参考文献在对话情境中交流他们的经验；（2）只有当话语的作者被话语的行为推到前台，并且作为有血有肉的、带有其世界经验和不可替代的世界观的说话者的时候，这种对话情境才具有某种事件的价值吗？"② 利科似乎鲜有触及主体如何确立自身这方面的思考即主体何以生成这个事件的思考。借助对其影响较大的语言学家本维尼斯特的观点，我们或许可以把前者的主体理论再往前推一步。本维尼斯特这样谈道："指示代词在展现对象时，是根据不同范畴，从一个中心点即'我'（Ego）出发来支配空间的：对象离你或离我或近或远，它所指明的方向（在我身前或身后，上方或下方），可见或不可见，已知或未知，等等。这样，一旦支配者把自己指定为中心和标志，空间的坐标系统就能在任何一个场（champ）中确定任何对象的位置。"③ 也就是说，在本维尼斯特看来，人类对指示代词的运用是一种精神出现质变发展的体现，在这种行为中不仅完成了我与世界是不同的这一认知行为，也完成了双方之间的关系感知，更重要的是完成了逻辑上的我、你之间的转化。换言

---

① Pual Ricoeur, *La métaphore vive*, Paris: Seuil, 1975, p. 61.
② Paul Ricoeur, Oneself as Anothe, trans. Kathleen Blamey, Chicago: Chicago University Press, 1992. p. 48.
③ 埃米尔·本维尼斯特：《普通语言学问题》，王东亮等译，生活·读书·新知三联书店，2008，第 144 页。

之,指示代词的使用或可证明"我"意识的确定。据此,语言模仿作为一种人类早期精神运动的大事件,实际上是参与到了自我进行主体构建的过程中来的。我们或许可以把利科的主体间关系理论据此再往前推进一步,即言语作为事件对主体确证自身在本体论意义上的构筑作用。

除了从言语意味上理解事件以外,利科自然也关注到了一般意义的重大事件即死亡。就死亡来说,死亡事件本身退回到背景式的存在,死亡的意义才是事件讲述的重点。正如勒维纳斯所说:"悲剧已经不仅仅是一种文学体裁,它还是这一意义表演的场所。真实的东西必定要遭到知本身的毁灭,它有现实性:知是暧昧的,它引导英雄走向毁灭。"[1] 需要指出的是,利科似乎没有过多的考虑原始文化中的仪式和替罪羊现象,这些其实是人类较早开始讲述死亡事件、处理死亡事件甚至运用死亡事件的方式——这些仪式本身就当时来说也是重大事件。

除了事件本身能否被讲述外,讲述人能不能完全讲述,倾听者能不能完全倾听也是值得反复思考的,作者由此归纳出话语事件中的核心节点即占有。利科在某种程度上认为,文本意义的实现是通过占有它来完成的。这一目标的实现其实需要这样几个前提:第一,讲述者要先文本意义的产生而占有它,这在某种程度上就是理解它或认知到它;第二,讲述者要有能力讲述这个文本的意义;第三,倾听者或者说读者通过阅读有能力理解或认知到文本的意义即实现占有该意义也即文本的意义得到实现。如前文所说,可言之物是通过言说行为才可能被接触到的,但可言之物是否能被完全言说,在可言之物外如何言说等仍是值得进一步探索的问题。实际上,即便是讲述共通的伦理经验也无法确定双方是否能获得真正的交流,进而实现精神上的占有。

由此刘欣博士的专著在利科研究和事件诗学研究方面均贡献出了自己的力量,开启了"在世界中"的事件哲学与诗学之思。

---

[1] 艾玛纽埃尔·勒维纳斯:《上帝·死亡和时间》,余中先译,生活·读书·新知三联书店,1997,第99页。

Opening the Thinking of Events—Reading Liu Xin's *Poetics of Events: Pual Ricoeur's Concept of "Events"*

Cui Guoqing

(School of Arts, Northwest Normal University,
Lanzhou, Gansu 730071, China)

Abstract: In the contemporary context, Dr. Liu Xin's monograph *Poetics of Events: Paul Ricoeur's Concept of "Events"* has the value and significance of opening up the thought of events. The book provides a detailed analysis of the concept of events, allowing us to see the intertwined relationship between this concept and related concepts; Also based on the relationship between language and events, focusing on highlighting Liko's subject theory; In addition, the book dialectically presents the uniqueness and limitations of Liko's "event" thinking by introducing the relevant ideas of Badio and Levinas. The monograph has enhanced our understanding of Liko's poetic ideas and enhanced our understanding of the connotation of the concept of events.

Keywords: Ricoeur; The Poetics of Events; Word; Narration; Subject Theory

河北大学文学院·"马克思主义文艺伦理研究团队"

　　河北大学文学院"马克思主义文艺伦理研究团队"是基于文艺学既有学科资源所成立的一个学术团队。它立足于马克思主义文艺伦理视角研究国内外文艺理论、从事文艺批评。我们期望在与学界同人的共同努力下，丰富马克思主义文艺理论，推动中国文艺理论发展和促进中国文艺批评水平提高。

　　2022年，河北大学文学院"马克思主义文艺伦理研究团队"举办的学术活动

　　（1）本团队举办了一次学术论坛和一个全国性的学术会议

　　8月20~21日，"马克思主义文艺伦理研究论坛"，线下线上方式相结合；

　　11月19~20日，"2022年全国毛泽东文艺思想研究会年会"，线下线上方式相结合。

　　（2）本团队举办了12场学术讲座：

　　7月10日，主讲人：饶静（中国人民大学文学院），题目："不可能的酒神政治：朗西埃对德勒兹的解读"；

　　7月15日，主讲人：韩振江（上海交通大学人文学院），题目："朗西埃文艺理论研究"；

　　7月19日，主讲人：李世涛（北京外国语大学中文学院），题目：

"赫勒现代性思想研究";

7月27日，主讲人：杨杰（中国传媒大学艺术研究院），题目："美育与人格形成"；

8月17日，主讲人：蓝江（南京大学哲学院），题目："阿甘本的生存美学"；

9月9日，主讲人：邵瑜莲（嘉兴学院），题目："伦理力量的生成机制研究——以电影为例"；

9月18日，主讲人：李莎（北京师范大学文学院），题目："杜博思明清书画展的跨文化现代性"；

11月3日，主讲人：段吉方（华南师范大学文学院），题目："文化唯物主义与英国马克思主义文化理论的更新"；

11月5日，主讲人：徐晓军（西北师范大学文学院），题目："作为现世开端的文本——萨义德对形式批评的挑战"；

11月11日，主讲人：杨建刚（山东大学文学院），题目："马克思主义视域中的俄国形式主义价值重估"；

12月2日，主讲人：李永新（南京师范大学文学院），题目："后现代伦理学的潜流：1990年代英国马克思主义美学的伦理追求"；

12月11日，主讲人：马睿（四川大学文学与新闻学院），题目："技术批判与数字艺术"。

本刊稿约

约稿对象：高校、科研机构博士和研究人员。

常设栏目：

伦理批判与审美救赎

专题研究（卢卡奇、阿多诺等文艺伦理思想研究）

艺术哲学与技术伦理反思

马克思主义文艺理论中国化

中国美学与审美正义

学者笔谈

专家访谈

变动栏目：

马克思主义文艺伦理研究前沿问题

文学批评与文化研究中的伦理问题

书评

关键词

作者可自选话题，凡有真知灼见者，本刊均竭诚欢迎。

来稿须知：

1. 本刊采用的是首发稿，各位作者请勿一稿多投，篇幅 8000~10000 字；本刊审稿期为两个月，两个月后如未录用即自动视为退稿。

2. 来稿请寄电子文本至本刊邮箱：mkswyl@yeah.net。

3. 稿件需提供内容摘要（300字左右）、关键词（3~5个）及英译摘要和关键词；并注明作者简介（姓名、单位、职称、主要研究方向）。

4. 来稿正式刊出后，本刊将赠送作者样刊两册，并支付相应的稿费。

5. 稿件格式：稿件采用页下注释引文，每页重新编码：

（1）书籍示例：《马克思恩格斯选集》第一卷，人民出版社1995年版，第772页。

（2）期刊示例：〔德〕霍克海默：《社会哲学的现状与社会研究所的任务》，王凤才译，《马克思主义与现实》2011年第5期，第127页。

（3）报纸示例：李进书　王树江：《当代西方马克思主义幸福观与"共同体"建构》，《中国社会科学报》2017年11月30日，第4版。

（4）英文论著示例：Theodor W. Adorno, *Aesthetic Theory*, trans. Robert Hullot-Kentor, Minneapolis：University of Minnesota Press，1997，p. 32.

（5）英文期刊示例：Jürgen Habermas, Once Again：On the Relationship between Morality and Ethical Life, *European Journal of Philosophy*, Volume 29，Issue 3，2021，p. 80.

（6）译著示例：〔德〕席勒：《审美教育书简》，冯至　范大灿译，上海人民出版社2003年版，第37页。

《马克思主义文艺伦理研究》编辑部

图书在版编目(CIP)数据

马克思主义文艺伦理研究.第一辑/李进书主编.--北京：社会科学文献出版社，2023.11
　ISBN 978-7-5228-2853-4

　Ⅰ.①马… Ⅱ.①李… Ⅲ.①马克思主义-文艺学-伦理学-研究 Ⅳ.①A851.691

中国国家版本馆CIP数据核字(2023)第222846号

马克思主义文艺伦理研究（第一辑）

主　　编 / 李进书

出 版 人 / 冀祥德
责任编辑 / 王玉敏
文稿编辑 / 陈　冲
责任印制 / 王京美

出　　版 / 社会科学文献出版社·联合出版中心（010）59367153
　　　　　地址：北京市北三环中路甲29号院华龙大厦　邮编：100029
　　　　　网址：www.ssap.com.cn

发　　行 / 社会科学文献出版社（010）59367028
印　　装 / 三河市龙林印务有限公司

规　　格 / 开　本：787mm×1092mm　1/16
　　　　　印　张：20　字　数：276千字
版　　次 / 2023年11月第1版　2023年11月第1次印刷
书　　号 / ISBN 978-7-5228-2853-4
定　　价 / 89.00元

读者服务电话：4008918866

版权所有 翻印必究